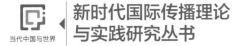

新时代国际传播理论
与实践研究丛书

当代中国与世界

本书系国家社
传播实践问题与

项目编号：19AXW005

U0462367

张毓强　　于运全◎主编

# 从形象到战略：
# 中国国际传播
# 观察新视角

外文出版社
FOREIGN LANGUAGES PRESS

朝华出版社
BLOSSOM PRESS

图书在版编目（CIP）数据

从形象到战略：中国国际传播观察新视角 / 张毓强，
于运全主编. -- 北京：朝华出版社，2022.3
（新时代国际传播理论与实践研究丛书）
ISBN 978-7-5054-4849-0

Ⅰ.①从… Ⅱ.①张… ②于… Ⅲ.①中外关系—传
播学—文集 Ⅳ.①G219.26-53

中国版本图书馆CIP数据核字（2021）第231727号

## 从形象到战略：中国国际传播观察新视角

主　　编　张毓强　于运全
策划编辑　黄　蕙
责任编辑　刘小磊
责任印制　陆竞赢　崔　航
装帧设计　杜　帅
排版设计　愚人码字
出版发行　朝华出版社
社　　址　北京市西城区百万庄大街24号　　　　邮政编码　100037
订购电话　（010）68996050 68995512
传　　真　（010）88415258（发行部）
联系版权　zhbq@cipg.org.cn
网　　址　http://zhcb.cipg.org.cn
印　　刷　北京盛通印刷股份有限公司
经　　销　全国新华书店
开　　本　710mm×1000mm　1/16　　　　　　字　　数　252千字
印　　张　18.75
版　　次　2022年3月第1版　　2022年3月第1次印刷
装　　别　平
书　　号　ISBN 978-7-5054-4849-0
定　　价　68.00元

# 总　序

## 深化新时代国际传播理论与实践研究
## 向世界展示真实立体全面的中国

中国外文局局长　杜占元

国际传播能力是综合国力的重要体现，加强国际传播能力建设是事关大国全球话语权和影响力提升的重大战略任务。党的十八大以来，以习近平同志为核心的党中央高度重视国际传播工作，习近平总书记就加强我国国际传播能力建设发表一系列重要讲话、作出一系列重要论述，将我们党对国际传播工作的规律性认识提升到新的高度。2021年5月31日，中共中央政治局就加强我国国际传播能力建设进行第三十次集体学习，习近平总书记在主持学习时发表重要讲话，进一步明确了新时代国际传播工作的时代使命和目标任务，对全面加强和改进国际传播工作、构建具有鲜明中国特色战略传播体系作出战略部署，并专门强调要加强国际传播的理论研究，掌握国际传播的规律，构建对外话语体系，提高传播艺术，为新时代国际传播工作提供了根本遵循。

当前，受多重因素影响，世界百年未有之大变局加速演进，中国与世界的关系正在发生根本性变化，信息技术革命引发的全球传播格局和舆论生态变革加速推进，我国国际传播工作正处于新的关键时期。一方面，我国国际传播领域面临一系列新的时代议题和具有基础性、战略性、前瞻性的重大问题，需要我们从理论层面持续深化研究，予以科学解答；另一方面，近年来我们围绕增强国际传播能力开展了许多有益探索和实践，需要通过系统总结形成新的规律性认识，以紧跟时代步伐、引领实践创新。同时，国际传播作为具有很强实践

1

性的专业学科，需要进一步增强理论与实践相结合的应用研究，汇聚各方面的新观点、新思维，在国际传播理论研究上取得重大创新、重要突破。

在这一背景下，中国外文局所属当代中国与世界研究院、外文出版社、朝华出版社等精心策划编辑的"新时代国际传播理论与实践研究"丛书，现在与广大读者见面了。作为中国外文局重点出版项目，这套丛书以习近平新时代中国特色社会主义思想为指导，扎根于新时代各战线开展国际传播的创新探索、丰富实践，聚焦国内外国际传播领域理论前沿，紧扣当前国际传播工作重点难点，汇聚权威专家学者、资深业界人士等高质量成果，旨在为国际传播领域科研、教学、培训、实务等各界提供参考借鉴。

丛书内容丰富，涵盖了国际传播理论与实践研究的各重要领域，从习近平新时代中国特色社会主义思想对外宣介、对外话语体系创新、国际传播理论、国际传播人才培养、传播策略和传播效能、国际传播领域新技术、地方国际传播能力建设等方面，总结实践经验，持续深化对国际传播系统性的学理研究。第一辑首批推出了《新时代治国理政对外传播研究》《新时代对外话语体系建设实证研究》《从形象到战略：中国国际传播观察新视角》《新形势下国际传播的理论探索与实践思考》4种著作。接下来，我们将持续汇聚更多知名学者和研究力量，共同开展这项具有重大意义和深远影响的理论研究工作，推出更多高质量成果。

中国外文局是承担党和国家对外宣介任务的国际传播机构，70多年来，用几十种语言向国际社会讲述中国故事、传播中国声音、促进中外人文交流和文明互鉴。新阶段新征程上，我们正在以习近平总书记致中国外文局成立70周年贺信精神为指引，奋力建设世界一流、具有强大综合实力的国际传播机构。我们衷心期待，在社会各界关心关注、共同努力下，进一步发挥国际传播研究优势和智库特色，将"新时代国际传播理论与实践研究"丛书打造成为汇聚各方智慧、交流借鉴提高的平台，持续推出服务理论研究、实际工作、人才培养的经典好书、精品力作，为引领国际传播创新发展发挥积极作用，为展示真实立体全面的中国提供学理支撑和实践指引，为中国走向世界、世界读懂中国作出新的更大贡献。

# 代　序

## 新时代中国国际传播：新基点、新逻辑与新路径

张毓强　庞　敏[①]

### 一、问题的提出

2021年5月31日，中共中央政治局就"国际传播能力建设"进行集体学习。中共中央总书记习近平在主持学习时强调，讲好中国故事，传播好中国声音，展示真实、立体、全面的中国；要深刻认识新形势下加强和改进国际传播工作的重要性和必要性，下大气力加强国际传播能力建设，形成同我国综合国力和国际地位相匹配的国际话语权，为我国改革发展稳定营造有利外部舆论环境，为推动构建人类命运共同体作出积极贡献。这次讲话，是马克思主义同中国国际传播具体实践相结合的最新成果，是习近平新时代中国特色社会主义思想的重要组成部分，为国际传播理论和实践提供了新的指引和遵循，擘画出新时代中国国际传播的新蓝图。

"集体学习机制，是指中央政治局常委会定期邀请国家智库成员，围绕国民经济与社会发展重要领域、重大问题，向中央政治局常委会全体成员做专题授课的工作机制"[②]，而这些重要领域、重大问题主题的选取"最重要的依据

---

①　作者张毓强系中国传媒大学教授、博士生导师；庞敏系中国传媒大学传播研究院国际新闻专业硕士研究生。

②　胡鞍钢：《中国集体领导体制》，北京：中国人民大学出版社，2013年版，第112页。

是当前时期党和国家最亟须解决的问题，以及当下社会的主要矛盾"①。依此逻辑，国际传播能力建设已经由一项专业性、专门性的工作领域进而上升到了"重大主题"和"亟须解决"的理解和观察范畴。

理解新时代国际传播理论和实践，必须在中国特色社会主义进入新时代的总体历史背景下展开。"中国特色社会主义进入新时代，在中华人民共和国发展史上、中华民族发展史上具有重大意义，在世界社会主义发展史上、人类社会发展史上也具有重大意义②"，开辟了中华民族伟大复兴的新格局，开启了世界社会主义运动走向发展的新纪元，拓展了发展中国家通过非资本主义道路走向现代化的新途径，在人类社会发展史上具有重大意义。③从中国与世界关系的层面看，"新时代新就新在中国与世界关系开创新局面。当今世界正在经历着百年未有之大变局，当代中国已经不再是国际秩序的被动接受者，而是积极参与者、建设者、引领者……是世界变局中的稳定器、正能量。"④

这样一个宏大的历史背景，要求我们在思想理论意义上必须跳出传统的观察和理解国际传播的范式，从更加纵深的历史意义和更加宏观的国家发展大局中展开思考和研究。一是跳出传统的把国际传播仅仅作为一种功能性手段的认识和理解范式，而把国际传播作为党和国家做好国内和国际工作的重大战略问题和核心抓手之一；二是跳出传统的以媒体宣传为主要抓手的实践范式；三是跳出过去反复强调的国际传播的特殊性问题，跳出"内外有别"的理解范式，

---

① 李亚男、王久高：《中央政治局集体学习制度研究》，《思想教育研究》，2019年第12期，第123页。
② 习近平：《决胜全面建成小康社会 夺取新时代中国特色社会主义伟大胜利——在中国共产党第十九次全国代表大会上的报告》，北京：人民出版社，2017年版，第12页。
③ 王伟光：《当代中国马克思主义的最新理论成果——习近平新时代中国特色社会主义思想学习体会》，《中国社会科学》，2017年第12期，第12—13页。
④ 中共中央宣传部：《习近平新时代中国特色社会主义思想学习问答》，北京：学习出版社、人民出版社，2021年版，第40页。

将国际传播工作作为在更加深刻意义上统筹国际国内两个思想大局的工作和研究领域来认识和推动发展。

那么，当下我们思考和研究未来的国际问题，其实践基础是什么？思考这一问题又要从何种逻辑基点生发开去？推动未来研究和实践的逻辑核心是什么？又在何种路径中进一步提升国际传播的效能？

## 二、实践基础：大外宣格局初步构建

改革开放，特别是20世纪90年代以来，中国与世界的沟通与交流问题始终是党和国家关心和关注的问题。"我们党历来高度重视对外传播工作"，特别是在"中国综合国力的提升和'西方缺位'带来的理念冲突和治理困局，推动中国日益走近世界舞台的中央"[①]的当下，这一问题也随着中国自身的发展、国际地位的提高、与世界交往交流的频度增高而不断出现新变化。如何在总体上和根本上解决这一问题，从政府到学界一直在不断探索。这种探索在党的十八大之后取得了较大的成效。

习近平总书记指出："党的十八大以来，我们大力推动国际传播守正创新，理顺内宣外宣体制，打造具有国际影响力的媒体集群，积极推动中华文化走出去，有效开展国际舆论引导和舆论斗争，初步构建起多主体、立体式的大外宣格局，我国国际话语权和影响力显著提升，同时也面临着新的形势和任务。"[②]

所谓守正，就是始终以习近平新时代中国特色社会主义思想为指导，根据党和国家的总体对外战略安排，积极配合国家重大战略需求，坚持不懈，应时而变，不断发挥传统的体制机制和人力物力的优势，形成新时代国际传播理论和实

---

① 史安斌、刘长宇：《新形势下的国家形象传播：破解困局与开创新局》，《对外传播》，2021第3期，第9页。
② 史安斌、刘长宇：《新形势下的国家形象传播：破解困局与开创新局》，《对外传播》，2021第3期，第9页。

践的总体布局安排；而创新也是在系统性、全局性的重构基础上，不断适应新的形势和新的信息传播技术特征，推陈出新，形成了系列的革新性安排。

"中国正在经历着中华民族历史上最为广泛而深刻的社会变革，也在进行着人类历史上最为宏大而独特的实践创新。"①当下，中国国际传播"守正创新"的典型性实践努力：一是"理顺外宣内宣体制"，从"内外有别"到"高度统筹国际国内两个舆论大局"，从多头出思想、出思路，到总体统筹，中央宣传部出思路政策，多方齐头并进推动实践进步，很大程度上解决了过去"内外宣"不够统一、不够协调的问题。"在实践意义上，国内的意识形态需求统辖了整个国际传播实践，并在极为深刻意义上影响着实践的进展。这是国际国内逻辑弥合，回到自身的表现。"②二是"打造具有国际影响力的媒体集群"。所谓"集群"，不仅要打造出"与我国国际地位相适应的新型主流媒体"，打造以传播效能为根本目的的"全景式"媒体集群。③同时，传播实践主体更加丰富，更重要的是各主体之间的相互协同关系以及不同层次媒体之间的角色和定位得以明确，并在一定程度上形成了合力。三是"积极推动中华文化走出去"。在文化走出去的总体框架下，国际传播实践既涵盖了政府、媒体层面上的文明交流互鉴的各种努力，又包含了一般性的教育文化交流活动。总的来说，无论是"造船出海"对外传播，还是地方性企业的文化交流、重要城市的文化传播投入和国内外高校教育文化交流等一系列的实践是"积极的"。四是"有效开展国际舆论引导和舆论斗争"。"时至今日，国内国际仍有种种不怀好意或明或暗的势力，无视中国发展进步的鲜明事实和伟大成就，必欲颠

---

① 查建国、陈炼：《用学术回应时代期望》，《中国社会科学报》，2021 年 5 月 24 日，第 2 版。

② 张毓强、潘璟玲：《嵌入与弥合：五年来的中国与世界沟通》，《对外传播》，2020 第 12 期，第 50—51 页。

③ 顾亚奇：《国家传播能力现代化与新型主流媒体建设》，《中国记者》，2020 年第 7 期，第 79 页。

覆中国共产党的领导和社会主义制度而后快。"①中美贸易战的爆发、新冠肺炎疫情的蔓延更是加剧了中国国际舆论引导和斗争的困难。其中舆论引导更多倾向于传播沟通和交流层面，而舆论斗争则是侧重于针对某些国家刻意地抹黑中国的层面。目前，这两种实践努力是"有效"的。

在以上实践努力的基础上，我国实现了"初步构建起多主体、立体式的大外宣格局"。多主体是指在一定程度上突破了传统媒体传播的范畴，包括了新型社交媒体，媒体账号，不同层面、不同类型的实践主体，构成了"官方媒体、商业媒体和自媒体的多维的话语主体矩阵"②。而立体式意味着国际传播实践的总体构架既是在空间意义上跨国界的信息沟通，又是在内容分类、传统与新兴媒体等各个层面上的破圈。"大外宣格局"虽然是"初步"的，但是一种总体性的良性发展的基础和趋势已经形成。这一格局的直接成效是"我国国际话语权和影响力显著提升"。

习近平总书记对于党的十八大以来国际传播能力建设实践的总体判断与评价，充分肯定了国际传播能力建设十多年来取得的成绩，肯定了本领域研究取得的成果，回应了之前对于国家国际传播能力建设的一些评价，有助于我们思考新时代中国国际传播能力建设的新战略、新目标和新思路，也是我们思考国际传播理论和实践创新的指引和遵循。进而，在当前"两个大局"以及全球新冠肺炎疫情带来的国际国内结构性关系改变中，未来的中国国际传播以何种总体思路、何种面向，在何种维度上展开，是我们需要思考的问题。对此，习近平总书记的讲话也给出了答案。

"加强顶层设计和研究布局，构建具有鲜明中国特色的战略传播体系"是

---

① 张跃国：《百年大党历史身份的建构逻辑：代表观与工具论的合一》，《开放时代》，2021 年第 3 期，第 24 页。

② 张跃国：《百年大党历史身份的建构逻辑：代表观与工具论的合一》，《开放时代》，2021 年第 3 期，第 24 页。

新时代中国国际传播的总体工作目标。当前，"中国在与外部世界交流过程和总体实践中，自身存在的主要问题是缺少跨领域的、总体性的、对历史和现实的把握，即在总体实践中呈现出缺少协同的碎片化特征。"[1]因而，"顶层设计"不仅要确认在党和国家的最高层面调动资源的可能性，还需要确认国际传播能力建设本身的战略性特征。"研究布局"则是指需要在哲学社会科学知识生产意义上拓展国际传播研究本身的理论圈层和实践范畴，意味着传统意义上对于"国际传播"本体含义的固化认知需要改变。也就是说，关于国际传播研究涉及的内容、学科、形式、人才队伍建设等，均需要在更为丰富的意义上进行拓展和变革。此外，中国如果没有用自己的话语构筑出自己的学术话语，用自己的概念来界定出概念内涵，就很难将中国道路崛起的优势转化为"中国话语"的优势，很难将中国故事讲得清楚。[2]当下的国际传播研究"需要从多学科、多维度、系统全面深入研究好习近平新时代中国特色社会主义思想，深化对党的创新理论的学理研究，将党的理论创新成果的核心思想、关键话语体现到各学科，切实把党的政治话语转换成不同学科、专业的学术话语，推出更多佳作"[3]，在知识生产层面上展开与全球学术界的对话。

"构建具有鲜明中国特色的战略传播体系"，是工作的总体目标。之前有很多学者在借鉴国外"战略传播"概念的基础上，试图对国家传播实践的战略性进行论证，提出"国际传播的战略目标"[4]，并推动实践的变革。经过几年的实践和调整，目前我国已经由"对战略传播的重视不够与战略传播顶层设计和战略规划

---

[1] 刘建平、张毓强：《以知识对话寻求共识：关于国际传播沟通理性的讨论》，《对外传播》，2020年第11期，第53—54页。

[2] 刘建平、张毓强：《以知识对话寻求共识：关于国际传播沟通理性的讨论》，《对外传播》，2020年第11期，第53—54页。

[3] 罗岗、潘维、苏力：《中国话语》，《开放时代》，2019年第1期，第49—50页。

[4] 刘滢：《5G时代国际传播的战略目标、实现基础与现实路径》，《新闻与写作》，2020年第9期，第85页。

不足"①发展到首次在党和国家层面上确认"战略传播"概念的使用。具体而言，"战略传播体系"需要有鲜明的价值子体系、目标子体系、策略子体系，以及明确的协同性资源调度子体系等。这一战略目标的提出，意味着作为一个实践领域，其资源投入将会进入一个全民性、整体性、协同性的全新阶段。

"五力"，即国际传播影响力、中华文化感召力、中国形象亲和力、中国话语说服力、国际舆论引导力。其确定的是新时代国际传播能力建设的效能指标，隐含着全媒体传播、文化传播、形象传播、知识传播与舆论引导斗争五个方面的内容，涵盖了传统意义国际传播和文明交流互鉴的各个方面，呈现了对于国际传播效能全方位提升的总体要求。需要强调的是，这种"战略传播"是"具有鲜明中国特色"的，也就是说，其价值依托和总体设计均应是基于新时代中国特色社会主义的发展阶段和中国国情的，其核心理念是根植于中华优秀传统文化之中的，在实践模式上也会在总体上遵从于中国国情确定的政治经济文化逻辑。

### 三、回到中国：新时代国际传播实践的逻辑基点

传播的内容首先当然是基于主体性认知和话语、叙事实践的结果，是群体意识的外化与外在体现。在经验功能主义的视角下，传播曾经被当作一个客体反映的问题，传播的主体性信息被或多或少忽略，而传播实践也被当作一个功利性工具。因此，国际传播长久以来遇到的问题之一是重传播实践研究，轻主体自身话语的研究；重外来外在评价的研究，轻自身话语和叙事逻辑的研究。因此，现在亟须改变国际传播的内容偏向，从国际传播视角进行主体意识的变迁研究。②而"回到中国"，也就是回到中国经验、中国文化、中国精神本

---

① 李沐：《战略传播：国家利益争夺前沿的较量》，《中国国防报》，2016 年 12 月 8 日，第 4 版。

② 周庆安：《当代中国国际传播的主体视野和身份认同变迁》，《对外传播》，2018 年第 11 期，第 11 页。

身，本就是传播实践和研究的题中应有之义。

现代国际关系的主要行为体是民族国家。认识国家、民族、文化间的交往与交流状态，首先是要基于民族国家自身的话语实践和叙事结构。相对稳定、符合逻辑的话语实践和叙事结构，有利于阐明自身的意义与价值，有利于阐释自我的发展逻辑，有利于阐发国家治理现代化的问题与路径的世界意义。

当然，"回到中国"的一个重要基础性支撑是中国特色社会主义建设进入新时代。新时代的一个重要特征是原来似乎模糊的中国，越来越清晰了。"随着四十多年的改革开放和新时代中国特色社会主义理论的形成，中华民族主体性重新回归和振兴。"①从旗帜到道路，从全球战略到百姓生活，从人民的思想意识到生活实践都在复杂深刻的变化中变得更加具象和明确。在"四个自信"的总体意识下，国家和民族的自我主体性认知在深刻回归。也就是说，近代以来中国对于民族复兴道路的追寻，逐渐有了更为明晰的答案。相对稳定的政治、经济、文化、生活状态所引发的问题意识在深刻变化中变得更加明确。

在习近平总书记讲话中，对于未来国际传播实践整体思路描述的第一点就是"要加快构建中国话语和中国叙事体系，用中国理论阐释中国实践，用中国实践升华中国理论，打造融通中外的新概念、新范畴、新表述，更加充分、更加鲜明地展现中国故事及其背后的思想力量和精神力量。""中国话语"是对国家和民族主体的概念性描述，是基于特定知识逻辑展开的对于特定对象的界定。"中国叙事"则是在另外一个维度上对国际传播实践提出了更高的要求，即从知识生产层面以更为体系化的逻辑，将国家发展的现实特征、问题说清楚，理明白。其背后的辩证关系则是"用中国理论阐释中国实践，用中国实践升华中国理论"，启蒙运动以来，全球范围内的基本价值、知识结构是由西方

---

① 周庆安：《当代中国国际传播的主体视野和身份认同变迁》，《对外传播》，2018年第11期，第11页。

主导的，长期笼罩在"欧洲中心主义"的阴影下。[①]"数千年来，中华民族走着一条不同于其他国家和民族的文明发展道路"[②]，走出了一条属于自己的治理成功的道路。如果依然纯粹从基于西方实践经验提炼出的西方理论体系来解释中国问题，则存在严重的不适应，而这种不适应已经持续了很多年。"应该秉承从文化沟通走向文化自觉的理念"[③]，系统地总结提炼中国道路的成功经验。这不但是凝聚自我认同的需要，还是凝聚全球认同的需求。

"要实事求是地总结我们中华的生存方式，给出关于'中国道路'或者'中国模式'的让知识界信服的阐述和理论解释。"[④]所以，所有的"新概念、新范畴、新表述"要能够做到"融通中外"，"融通"作为国际传播实践手段，"中外"则为实践主体。"融"是基于本土经验和问题意识，融合自身与全球优秀的知识成果，展开研究，形成话语和叙事；"通"则是要求话语与叙事符合国内国际的双重认同逻辑。而所有的话语和叙事，也要在"中国故事"这一话语和叙事的载体中"更加充分、鲜明"地传达中国精神和中国力量。总体上要做到"融"为"通"之前提，"通"为"融"之目标。[⑤]相应地出现的另外几个问题是：国际传播视域下的中国叙事从何说起？涵盖哪些内容？我们又要以何种姿态和国民心态展开这种研究和叙事呢？

要理解当代中国，首先必须真正理解中国共产党。无论是中国人自身还是全球各个不同国家、民族、政治党派、群体，也无论大家处于何种文化，持何种立场、观点、目的，只要他真正要和中国产生连接和交往，建立某种

---

① 何朝晖：《以全球视野开展出版史研究》，《现代出版》，2021 年第 3 期，第 73 页。
② 张城：《中国道路的方法论——以中国为中心，以中国为方法》，《开放时代》，2021年第 2 期，第 13 页。
③ 张城：《中国道路的方法论——以中国为中心，以中国为方法》，《开放时代》，2021年第 2 期，第 13 页。
④ 潘维：《敢与西方展开政治观念斗争》，《环球时报》，2008 年 1 月 28 日。
⑤ 潘维：《敢与西方展开政治观念斗争》，《环球时报》，2008 年 1 月 28 日。

特定的关系，就必须理解中国共产党的本质，理解马克思主义中国化的内在逻辑，理解中国共产党治国理政的实践规律及其背后的价值支撑。这并不是一个简单的政治判断，而是在百年来中国历史实践形成的现实必然。所以，国际传播首先"要加强对中国共产党的宣传阐释，帮助国外民众认识到中国共产党真正为中国人民谋幸福而奋斗，了解中国共产党为什么能、马克思主义为什么行、中国特色社会主义为什么好"。要做到这一点，不能是传统意义上的宣与传，而是要摆事实、讲道理，在知识生产层面上建立科学的逻辑体系，解释清楚在习近平新时代中国特色社会主义思想统率下的政治体系、经济体系、文化体系等为何，以及真正能够回答实践层面"为何能"、理论层面"为何行"和制度层面"为何好"的问题。通俗意义地说，就是要真正"解渴"。

阐释清楚中国的前提需要有透彻的、符合知识生产逻辑和学术理路的学术研究成果。"围绕中国精神、中国价值、中国力量"三者"从政治、经济、文化、社会、生态文明等多个视角进行深入研究"是着力解决国际传播内容生产实践中的"说什么"和"怎么说"的问题。它要求包括传播学在内的广大哲学社会科学工作者深入理解中华文明，全学科、全知识领域、全情投入思考"何以中国"的问题。同时要求其"结合历史和现实、理论与实际，推动理论和学术的创新，强化本土化学术理论建构，推动中华优秀传统文化创造性转化和创新性发展"[1]。只有在"学理支撑"上过得了关，才能令人信服，进而提升传播的效能。

研究是在一定的血脉纹路中展开的。中国千百年来生生不息的文脉既是研究中国问题的底色，也是国际传播的重要内容和载体。"以文载道、以文传声、以文化人"既呈现了文化在功能意义上的柔性特征，也是国际传播的长久之道。如果在人类文明发展的总体历史格局中看待国际传播问题，文化是经久

---

[1]　查建国、陈炼：《用学术回应时代期望》，《中国社会科学报》，2021 年 5 月 24 日，第 2 版。

不息的主题。"向世界阐释推介更多具有中国特色、体现中国精神、蕴藏中国智慧的优秀文化",既是国际传播的需要,也是人类文明交流互鉴的必然选择。通过跨文化对话,寻求根植于中华文明的中国价值观与全人类的共同价值相通处①,而且需要在国际传播内容生产中,寻找和厘定出少量、典型、正向、具有独特全球贡献的中国价值进行价值聚焦传播②。"继承中国优秀传统文化价值,吸收中国当代社会文化价值,结合当今世界共同文化价值的'人类命运共同体'理念"③,不仅是我国国际传播的重要手段,还是全球各类文明文化价值互动的重要方式。

中国需要把握和调适国民心态和传播心态,既不妄自尊大,也不妄自菲薄。两者都可能导致实践中的失态、失调。前者是盲目把"中华文明"视作"普世文明",认为"中国模式"不仅适应中国国情,而且可以升华为足以和西方抗衡的另类现代性。④这类心态容易导致民族主义情绪,传播姿态不讲逻辑,不顾效能。后者则是延续了鸦片战争后中华民族主体性、民族独立性、整体性、先进性和优越性受到全面打击而导致的"落后、自卑和怀疑的心理状态"⑤,容易导致对国际舆论过度反应。所以在传播姿态上"要注重把握好基调,既开放自信也谦逊谦和",进而"努力塑造可信、可爱、可敬的中国形象"。"信"是爱的基础,"爱"是信的升华,"敬"则是在前两者基础上的

---

① 陈伟军:《人类命运共同体构建与中国价值观的国际传播》,《新闻界》,2019 年第 3 期,第 92 页。

② 刘俊:《论融媒时代中国影视国际传播力提升的十个创新理念》,《东岳论丛》,2020 年第 9 期,第 96 页。

③ 唐润华、曹波:《人类命运共同体理念对中国价值观国际传播的新启示》,《中国出版》,2018 年第 20 期,第 41 页。

④ 许纪霖:《"普世文明"还是"中国价值——近十年中国的历史主义思潮》,《开放时代》,2010 年第 5 期,第 74 页。

⑤ 李长泰:《马克思主义与中华民族主体性的重建》,《重庆师范大学学报》(社会科学版),2021 年第 2 期,第 5、7—8 页。

衍生叠加。

## 四、全球中国：新时代中国国际传播的逻辑核心

由于历史和现实的种种因素影响，长久以来"中国特殊论"在人们的思想意识中有着根深蒂固的影响，无论是中国，还是世界知识界，无论是帝国时期，还是半殖民地半封建时代，抑或改革开放之后，这种心态都曾有着普遍性存在。诚然，"中国的社会主义建设与改革开放都是前无古人的开创性道路"[①]，在马克思主义思想的指导下，选择了中国特色社会主义道路，在政治制度、发展道路等诸方面与西方确有不同，在国家文化、历史直至生活方式等方面也有很大的差异，但是有三个方面的逻辑需要明确：第一，中国历史文化、文明发展自古以来就是世界文明史的一个重要组成部分；延续千年的以儒家传统文化为特色的中华文明作为世界现存四大文明之一，一直是世界文明版图中不可分割的一部分。第二，当代中国汲取了人类文明的优秀成果，结合自己的国情，成功走出了一条不同的道路，本身就是对人类自我治理经验的重大贡献。第三，中国是世界的中国。无论是从地理空间而言，还是从人类文明发展过程来看，中国都是属于世界的。由于历史的原因，启蒙运动以来西方价值逻辑在世界产生了广泛深远的影响，加之国力对比的影响，人们容易误以为，这个世界本来就应该是西方道路经验的样子。这种观念在党的十八大之后得到了极大的改观。随着国力的不断提升，"我国日益走近世界舞台中央，有能力也有责任在全球事务中发挥更大作用，同各国一道为解决全人类问题作出更大贡献"。因此，在中国国际传播的实践中应当更加深刻地理解并贯穿"全球中国"的基本理念，以更为宽阔的胸襟，将中国纳入全球文明的大范畴中来理解中国、认知中国。

---

[①]　韩蒙：《"中国化"进程的唯物史观根据——兼论马克思主义哲学的中国话语建构》，《中国社会科学报》，2021 年 5 月 27 日，第 4 版。

　　具体到国际传播实践，则是"要高举人类命运共同体大旗，依托我国发展的生动实践，立足五千多年中华文明，全面阐述我国的发展观、文明观、安全观、人权观、生态观、国际秩序观和全球治理观"。"人类命运共同体"作为一种界定中国与世界关系的基础性的价值理念，是国际传播实践中需要"高举的旗帜"。它从人类文明的优秀成果和中华文明、中华文化、中国理念中提取出来，是源于中国儒家的天下主义传统，亦即党的十九大报告最后援引的"大道之行，天下为公"，也来源于解放全人类的共产主义信念，充分观照人类文明的核心追求，呈现了新时代中国特色社会主义发展阶段的国际通适的基础性观念和遵循。它是中国作为人类族群的重要一员，对于人类不同族群总体关系的思考，宣示着中国对于世界的责任担当和作出贡献的可能。它彰显了当代中国重要的外交理念，更是当今时代人类的和平发展理念，是面对当今世界百年未有之大变局所发出的中国声音、所作出的中国判断。[①]所谓高举旗帜，绝不仅仅是在口头上时时提起，而是要映射和印涵到国际传播实践的每一个层次、每一个环节、每一项内容生产中去。要用这种理念凝聚人心，融通关系，推动交往，形成越来越广大的认同圈层。

　　"全球中国"意识强调中国是世界不可忽视的力量。这种力量有着深刻的历史蓄积，并在文明东升西降的总体背景下呈现出独特的生命活力和当代价值。所以，要在更加深刻的意义上理解这一理念，就必须"立足于五千多年的中华文明"，进一步阐释中国传统文化文明的当代意义，认识到中国传统文化、价值理念孕育出的智慧，马克思主义与中国革命和建设实践相结合后产生的活力，正在指引一个国家和民族探寻着一条成功的国家治理和全球治理的道路，而这条道路对人类未来至关重要。当然，在世界"百年未有之大变局"中，这种智慧的现实呈现是"当代中国发展的基本事实和基本成就"。也就是

---

① 邹广文：《人类命运共同体的文明交融》，《光明日报》，2021年1月4日。

说，"事实和成就"是现象意义上的，现象需要提炼和总结，其结果是中国对于人类面临的共同问题、未来发展的"主张、智慧"和全球治理的"方案"。这三者来自于中国，而不是传统意义上的西方。中国在共产党的领导下，摆脱了世界经济金字塔最底层地位，并在重振全球发展、消除绝对贫困、建立创新型社会、全球突发公共卫生事件防控等方面表现突出。[①]中国已经有能力在全球性的公共知识生产中提出自己有价值、值得大家尊重的产品。这对启蒙运动以来全球性公共知识产品的提供领域来说，对于近代以来的中国人来说，都是极为彻底的改变。

"全球中国"所提供的全球性治理方案有自己的价值、立场、关系观念，这些是国际传播理论和研究实践的理念基础，也是"国际传播概念和理论创新的一个有效切入点"[②]。"要倡导多边主义，反对单边主义、霸权主义，引导国际社会共同塑造更加公正合理的国际新秩序，建设新型国际关系。"多边主义用来表述一个主权国家从个体国家的角度考虑它的对外行为方式，也可以是一种国际互动方式。[③]这种理念，不但要贯穿于当下中国国际传播的总体设计布局中，也必须浸润在国家传播实践的每一个环节。其最终目的，当然是寻求一种"更加公正合理的国际秩序，建设新型国际关系"。而这种秩序和关系，在一定意义上是基于上述理念的一种基础性的知识结构，是对西方文明中现象与存在、此岸与彼岸二元对立的哲学—神学理念的校正。（在此结构中，经典现实主义二元对立、弱肉强食的逻辑应该替代以多元协同、命运与共、多元共存的逻辑。）在这种逻辑背后，隐含着另外一个逻辑线路，即强调"全球中

---

① 威廉·琼斯、孟庆波：《建党百年：中国共产党如何改变世界》，《国外社会科学》，2021 年第 3 期，第 17—20 页。

② 史安斌、盛阳：《探索新时代国际传播的方法论创新：基于"全球中国"的概念探视》，《新闻与传播评论》，2021 年第 3 期，第 5 页。

③ 秦亚青：《多边主义研究：理论与方法》，《世界经济与政治》，2001 年第 10 期，第 9 页。

国"，寻找在"当下国际地缘政治秩序和经济社会权力格局变化的局面中，中国国际传播战略转型升级的新方法论。""努力塑造'全球中国'话语体系、构建'全球中国'国际传播联动机制，并以'全球中国'带动国家战略传播。"①这一逻辑绝非认为中国唯我独大，而是更加强调将中国的发展纳入全球历史发展的线索中，因为"中国发展本身就是对世界的最大贡献、为解决人类问题贡献了智慧"。

## 五、可沟通的中国：人文交流的传播价值

"交往"是马克思唯物史观思想发展过程中的一个重要概念。在经历了"交往"到"交往的扩大"阶段之后②，当下，人类已经进入马克思在《德意志意识形态》中就已经提出的"世界交往"时代③。这种"交往"由于科技发展，特别是互联网信息传播技术的创新，时间和空间的压缩，日益频仍，不断升级，交往的范围也在逐渐加深和扩大。原来以大众传播为主体的国际传播范式，越来越被多元化、多主体、立体式的传播样态所取代。"传播"的意涵也在深化，传播即连接，传播即关系，传播即权力。传播弥散在所有全球性的物质文化、政治文化、商业文化、学术文化生活中，并在长久和深刻意义上，塑造着人类不同族群彼此认知认同的未来。④相比于通过媒体传播追求的"传播效果"，基于文化性、学术性、商业性的专业领域认同，若能减少因语言等因素产生的环节和误读可能，更能够在长久意义上形成沟通长效。

---

① 史安斌、盛阳：《探索新时代国际传播的方法论创新：基于"全球中国"的概念探视》，《新闻与传播评论》，2021 年第 3 期，第 5、10—11 页。

② 李包庚：《世界普遍交往中的人类命运共同体》，《中国社会科学》，2020 年第 4 期，第 5 页。

③ 余展洪：《马克思全球交往思想的实践发展》，《山东社会科学》，2005 年第 2 期，第 21 页。

④ 黄旦：《重构"谷登堡星汉"》，《现代出版》，2020 年第 1 期，第 36—40 页。

在全球化深刻演进过程中"万物皆媒"。不同的空间、场域均可被视为一种思想文化交流的样态。而每一种空间、场域、样态又呈现出不同的交往交流规则及其专业性，其总和则构成了日常性的交流交往总体。人文交流概念的丰富性，无论是在政策实践意义上还是在学术语义上均能够概括这一总体。

"交往内在的根源在于主体自我满足能力的有限性和主体间需要的共通性。"[①]国家间的交往同样少不了民族国家不同层次主体之间的互通关系。习近平总书记强调，要深入开展各种形式的人文交流活动，通过多种途径推动我国同各国的人文交流和民心相通。相较于其他外交手段，人文交流更具基础性、先导性、广泛性和持久性，是不同国家主体间加深理解的信任纽带。[②]人文交流作为国际交流的重要组成部分，和政治安全合作、经济贸易合作一同构成国际关系的三大推力，在增进各国人民友谊、开展文明对话、提高国际认同方面彰显出极大活力。[③]对于"人文交流"在民心相通意义上的作用，习近平总书记曾在多个场合反复强调。"国之交在于民相亲，民相亲在于心相通。"在明确的价值理念指引下，人文交流促进文化与思想交融，成为传播新理念的重要途径。"一带一路""政策沟通、设施联通、贸易畅通、资金融通、民心相通"的倡议中，民心相通倡议是落脚点和重要的着力点，也是人文交流的着眼点。

如前文所述，人文交流工作涉及各个不同的领域，内容形式基本可以是"全员覆盖"。而在当前国家的政治文化背景下，体制机制的约束性与人文交

---

① 陈琼：《世界交往与未来中国发展——马克思交往观实践意义论析》，《学术研究》，2002 年第 8 期，第 43 页。

② 杨荣国、张新平：《"一带一路"人文交流：战略内涵、现实挑战与实践路径》，《甘肃社会科学》，2018 年第 6 期，第 74 页。

③ 罗碧琼、唐松林：《国际人文交流的价值与路径》，《人民论坛》，2021 年第 3 期，第 102 页。

流内容形式的丰富性之间有着一定的结构性紧张关系。同时，在复杂的国际交往背景下，"文化及宗教差异对人文交流的影响、政治体制的不同对人文交流的干扰、经济发展不平衡对人文交流的阻碍"[①]等困难日益突出。在关系紧张和矛盾突出情形下，何以更好发挥制度优势、组织优势和人才优势，并把这种总体性的优势转化为传播力量，是值得我们深入思考的问题。在习近平总书记的讲话中，高层次专家的作用、多渠道多平台发声得到进一步的确认和强调。更为关键的是，作为发挥"三种优势"的政策性宣誓，"各地区各部门"而不是"相关地区和部门"的表述意味着全体全员的"特色、优势"都要被纳入国际传播的总体性框架中协同工作。在"人文交流"的总体框架下，国际传播的工作协同性被扩展到全社会的各个领域，涉及几近于全部的部门和主体，以有益于"丰富多彩、立体生动的中国形象"的构建与传播。

## 六、从效果到效能：基于人才队伍建设的国际传播新诉求

从控制论的视角看，国际传播即全球信息的传递或全球社会信息系统的运行。其运行好坏的评判包括主体的效力能力，系统运行的效率，产生的功效是否符合预期，是否产生有利作用，其保障是传播实践者行为目的和手段方面的正确性。增强国际传播效能，要求国际传播实践者要着重从"信息触达、信息解码、信息认同"三个关键性传播节点来减少和消除"文化折扣"。[②]

效能不等于经验功能主义意义上的"效果"，如果说效果是大众传播时代基于早期魔弹论延续下的一种媒体追求，效能则是万物皆媒时代对于正向沟通效率和好的工作能力的诉求。传播效果强调信息到达受众之后所引起的受传者

---

① 邢丽菊：《推进"一带一路"人文交流：困难与应对》，《国际问题研究》，2016年第6期，第10—12页。

② 喻国明：《跨文化交流中的三个关键性传播节点——关于减少和消除"文化折扣"的传播学视角》，《新闻与写作》，2020年第3期，第62页。

思想与行为的变化。传播效能不仅强调了对受传者精神和行为上的影响，还强调了这种影响是长期的、综合的。效能是衡量工作正向结果的尺度，效率、效果、效益是衡量效能的主要依据。而正向效果并不一定是高效率的结果，高效率也不一定能产生正面效果。[①]从追求效果，到强调效能是当前国家传播实践的一个重要转变。

效能的提升与传播主体实践者的战略定力、素质素养、判断力、实践能力联系密切。在习近平总书记的讲话中，提出了"加强适应新时代国际传播需要的专门人才队伍"的四个重要方面。这四个方面既是国际传播之前一直关注但是尚未系统推进或者尚未取得足够实效的方面，也是新时代国际传播人才培养未来的主要着眼点。而特别强调"适应新时代国际传播需要"则意味着新的国内、国际、中外关系、全球变局、信息传播环境变革的大背景下，对国际传播人才队伍的问题意识、研究着力点、实践重点均提出了不同的要求。

首先是国际传播理论研究人才队伍的建设。"要加强国际传播的理论研究，掌握国际传播的规律，构建对外话语体系，提高传播艺术。"这一表述中，理论研究被赋予三项基本任务。一是研究掌握国际传播的规律。国际传播是20世纪50年代冷战时期美国人提出的一个实践性语汇，主要用于描述冷战时期的宣传实践，包括教育文化交流行为。"国际传播长期被视为美国传播在海外的思想延伸或经验应用。"在20世纪，这一语汇伴随着中国改革开放的新社会发展逻辑进入中国，为学界所接受。虽在早期热心提倡、拥抱、复制西方模式，[②]但在经历一段"学术霸权"后，中国学者开始基于本土"文化自觉"，有意识地批判选择西方模式作为分析构架，并结合中国对外宣传的历史实践，

---

① 曹静:《微电影中情感元素的传播效能研究》，湘潭大学硕士学位论文，2013年，第7页。
② 李金铨:《国际传播的国际化——反思以后的新起点》，《开放时代》，2015年第1期，第211、213页。

对这一语汇的内涵进行了改造和完善，进而成为中国学界和政策实践领域普遍接受的语汇。因国情不同，历史阶段发展相异，中国国际传播规律的研究需要基于历史、现实、未来三个维度，在充分掌握实践基本经验性材料的基础上，生产出基于自身国际观、全球战略和新时代国际传播实践的创新性知识产品，并以此来指导国际传播的未来实践。"人类命运共同体"的全球性价值理念、"一带一路"倡议与"多边主义"中蕴含的基本观念、新技术背景下国际传播的主体多元化等均是这一研究需要依托和关注的。二是构建对外话语体系。"对外话语体系服务的主体目标是一国的国家利益，客体对象则是国内或在不同意识形态、社会制度和文化环境下的他国受众。"[1]目前来说，与西方相比，中国的话语体系建设还面临着西方话语霸权的阻碍，在议题设置、话语传播等方面仍处于弱势。[2]如前文所述，这要求在充分研究中国本土政治经济实践问题的传播意义与价值基础上，处理好跨文化传播的话语调适问题，并在特定逻辑上形成体系性认知，加快新时代中国特色对外话语体系的建构。三是关于传播艺术的研究。这里的传播艺术，更多还是"传播的艺术性"，也就是传播实践中的策略、形式、路径、话语形态等问题。要从"解谜题、话趣事、启未知、引入戏"几个着力点将中国故事讲得合乎情理又引人入胜。[3]"多用外国民众听得到、听得懂、听得进的途径和方式，积极传播中华文化，阐发中国精神，展现中国风貌，让世界对中国多一分理解、多一分支持。"[4]

其次是区域与国别研究人才队伍的建设。"要采用贴近不同区域、不同

① 唐润华、曹波：《人类命运共同体视阈下中国对外话语体系的时代特征》，《现代传播》，2019 年第 7 期，第 33 页。
② 徐庆超：《"学术外宣"与中国对外话语体系建设》，《中共中央党校学报》，2015 年第 2 期，第 109 页。
③ 程曼丽：《讲好中国故事的角度与着力点》，《新闻战线》，2015 年第 1 期，第 82 页。
④ 习近平：《之江新语》，杭州：浙江人民出版社，2007 年版，第 57 页。

国家、不同群体受众的精准传播方式，推进中国故事和中国声音的全球化表达、区域化表达、分众化表达，增强国际传播的亲和力和实效性。"新的信息传播技术的发展与传播全球化的表象使得全球信息交流日益丰富和多元。信息的丰富和多元一方面能够给大家提供更为丰富的世界想象，另一方面也带来更多的信息碰撞和冲突。新信息传播技术的发展，使得原来"一篇通稿打天下"的大喇叭式的宣传不能够产生有效的效果。"互联网网络传播在跨越地理疆域的同时，也通过语言的多样化、文化的适用化、社会的分众化来走向全球各个角落。"[①]全球范围内的传播受众圈层化、媒介内容垂直分发、逆全球化与地方文化抵抗等新的国际传播情势特点，都要求国际传播实践在策略上的全面调整和调适。在空间文化意义上的"全球与区域"，在文化意义上的"分众化"，都要求多学科介入，深入研究各个不同的国家、区域的基本文化特征、社会发展变化、新的受众接受特征等。即要从粗放型的"一对多"的传播，提升到"一对一"的精准传播，从宽泛的对外宣传向精准的"一国一策"传播转型。[②]实现"内容贴近当地受众口味，渠道符合本土用户习惯，表达融合地方文化元素。"[③]

再次是多学科、多专业领域国际化人才队伍的建设。"国际化"不等于"西方化"，这在中国学界基本达成了共识。改革开放以来，伴随着中国对外开放日益深入和教育文化人员交流增加，加之全球人才流动性的加剧，我们不仅培养了一批有全球视野、有本土情怀的专家学者、外交从业者、商务人士和在国际组织为全球提供公共服务的工作人员，还成功赢得了国际社会一部分专

---

① 胡正荣：《国际传播的三个关键：全媒体·一国一策·精准化》，《对外传播》，2017年第8期，第10页。

② 胡邦胜：《我国对外传播需实现四大战略转型》，人民网，http://theory.people.com.cn/n1/2017/0417/c40531—29214491.html，2017年4月17日。

③ 文建：《提升传播精准度增强国际话语权》，《中国记者》，2019年第8期，第6页。

家学者、经济金融界人士、汉学家等的关注和认同。在新时代新背景下，这一基于"人际传播"的朋友圈亟须扩大，相应的多语种人才、各行各业不同职业均需要有这样人才的培育培养意识，其目的并非仅仅是传统意义上的宣传需求，更重要的是在长久意义上"赢得人心"。

最后是舆论斗争人才的培养。"国际舆论斗争是综合国力竞争的重要战线。"[1]新时代对于国际舆论斗争提出了新的要求。一是要面对舆论全球化的现实，需要统筹考虑国际国内两个舆论大局，特别是对于国际国内界限相接的模糊地带的问题，更要慎重；二是要平衡"软硬"手段之间的关系，既要坚持"开放自信、谦虚谦逊"的传播者姿态，又要保持敢于"亮剑"勇于揭露驳斥批判的立场；三是要在总体舆论战略、具体的话语策略和传播形态上进行深入研究，以适应当下不断变化的国际局势。既要系统研究西方舆论战的历史、现实特征，摸清其主体、话语体系、实施路径，进行有针对性的工作；又要基于当前中国本土国情和传播资源调动特征，研究自己的"舆论斗争的策略和艺术"。舆论斗争人才的培养既包括舆论斗争实践者的人才培养，又包括舆论斗争研究者的人才培养，还包括全民性的国际传播素养的提升。坚持重要媒体和"名人名嘴"持续共振[2]，加之以全民的共同努力，很大程度上要做到"三合一"，才能真正起到"提升重大问题对外发声能力"的作用，在关键时刻发得出声音，产生得了影响。

## 七、国际传播素养：职业化与全民性

大航海时代开启的全球化进程，最初虽以资本主义的全球扩张和殖民化为主要特征，但在当下已经成为全球发展的现实，是每一个国家和民族，每一个

---

① 刘志富、赵和伟：《国际舆论斗争是综合国力竞争的重要战线》，《求是》，2013 年第 3 期，第 58 页。

② 叶俊：《后疫情时代国际舆论斗争的变化与策略》，《青年记者》，2021 年第 6 期，第 10 页。

群体和个体必须面对的现实。如果说早期全球交往更多是国家层面和族群整体层面的，在新的信息传播技术推动下，全球本地化和在地全球化生活已经成为我们理解实践国际传播必须关注的环境特征。在这一特征下，国际传播的重心不断下移，层面不断丰富，形态更加多样。这就要求我们关注和研究所有层面可能的全球连接。

"全球中国"的总体背景给我们提供了另外一个思考视角。中国融入世界的历程，在党的十八大以来进入了全新的阶段，中国日益走近世界中心的现实，使得在这片土地上生活的每一个个体都带着深刻的中华文化烙印走入全球，产生了与全球的连接。所以，在功能意义上，就需要我们将所有可能产生全球联系和国际连接的因素考虑到国际传播实践路径中来，不断提升"全民国际传播素养"。当然，总体上看，国际传播的实践体系是一个复杂的有机体，它的发展也是多种因素"合力作用"的结果，是多重控制逻辑相互作用发展的结果。在党的领导下展开的国际传播工作，需要体制机制上作出安排，需要在"战略"意义上给予明确。习近平总书记的讲话，从三个方面明确了新时代中国国际传播实践必要的体制机制保障。

首先，"各级党委（党组）要把加强国际传播能力建设纳入党委（党组）意识形态工作责任制，加强组织领导，加大财政投入，帮助推动实际工作、解决具体困难。"一方面，这是重视党的意识形态工作重要性的表现；另一方面，也是建设国际传播本土能力的首要措施，彰显做好国际传播能力建设的战略思维。具体而言，在党委意识形态工作纵向布局之下，贯彻做好意识形态"八个方面"工作的同时，要将国际传播能力建设落实到各级党委党组织意识形态工作制度之中。提高各级党委组织对于国际传播能力建设的自觉性，在相关国际传播能力建设实践中增加财政投入，保证充足资金流转推进具体的国际传播实际工作和应对建设工作中的实际操作困难。

其次，"各级领导干部主动做国际传播工作，主要负责同志既要亲自抓，也要亲自做。"党的各级领导干部，是党的事业的骨干和中坚，在党的各项事业中，应该发挥模范带头作用。[①]习近平总书记对于国际传播工作与各级领导干部党员的关系论述，强调了各级领导干部自身要内化国际传播工作建设思想，这意味着在今后各级干部的工作考核中需要明确加入国际传播工作考核项。同时，强调各级各类的领导干部全部动员起来"抓""做"国际传播工作，形成领导干部国际传播意识的政治自觉，担当国际传播能力建设的责任，努力在国际传播能力建设学习教育中走在前面作表率，进而形成统率性的工作格局，为整个国际传播工作大局创造良好的氛围和环境，以此推动全民国际传播的实践。当然，全面提高领导干部国际传播思想觉悟，首要面对的问题是各级各类领导干部国际传播知识储备和国际传播意识可能的不足。因此，面对这一基础性问题，还"要加强对领导干部的国际传播知识培训，发挥各级党组织作用，形成自觉维护党和国家尊严形象的良好氛围"。

最后，从更深层次来看，"加强对领导干部的国际传播知识培训"，既是"提升全民国际传播素养"的重要始点，也是重要基础，如此以全方面保证各级党组织、领导干部对国际传播知识的摄入和理解。对此，习近平总书记在讲话中最后从"各级党校""各地区各部门"两个主体上明确提出了推进更大范围知识传播的措施。即要求"各级党校（行政学院）把国际传播能力培养作为重要内容，加强高校学科建设和后备人才培养，提升国际传播理论研究水平"。要求"各地区各部门发挥各自特色和优势开展工作，展示丰富多彩、生动立体的中国形象"。总体上要求各单位需要精心谋划，切实抓好国际传播能力建设系统学习教育。展开来说，各级党校、行政学院需要设立具体的国际传播、国际关系相关课程；高校文科大融合教育中突出开展国际传播类通识教

---

[①]　鲍振东：《领导干部要带头讲党性——论党员领导干部的党性实践》，《学习与探索》，2011 年第 4 期，第 13 页。

育，并着重培养"国际传播"人才，考虑组建"特殊国际传播人才储备班"；增加国际传播理论研究课题基金项目，促进提升国际传播理论研究水平；加强中国特色智库建设，稳扎做学问的根本立场，促进学者专家的个人追求与民族发展紧密相关，把高质量的科研成果转化为服务党和国家国际传播事业发展的正确思路和有效方法。[①]各地区各部门则需发挥本身传播优势，协同合作，在城市形象、特色优秀传统文化等对外传播上下功夫；在重要国际会议、国际活动的对外传播上花心思；促进中国政治传播、经济传播、文化传播、形象传播等百花齐放，全方位、多领域展示出中国丰富多彩的积极正面形象。

## 八、结语

"国际传播"作为一个20世纪中叶由西方学者提出的概念，开始是在媒介功能主义社会学视角下，将"征服人心和思想"作为目的，在以广播技术为核心的大众传播语境下关注其功利性需求。[②]中国在融入全球并日益走近世界中心的过程中，借用这一语汇来描述我们与世界的沟通与交往实践。在作为中国人民坚强领导核心的中国共产党即将带领人民开启第二个100年的征程之时，我们正在用自己传统的文化智慧，在核心逻辑意义上赋予这一语汇全新的内涵和外延，并探索全新的概念和实践框架。在知识生产意义上回到中国，在世界文明史意义上理解全球中国，在沟通实践意义上说清实践中国的，需要我辈学人更加明晰明确国家和民族主体意识，更加明晰构建国家和民族的全球化话语叙事，更加坚定本土化道路、理论、制度、文化自信基础，为国际传播新秩序和人类沟通的未来作出贡献。

（本文曾发表于《现代传播》杂志2021年第7期，略有删改。）

---

① 辛向阳：《坚持指导思想推动理论创新》，《中国社会科学报》，2021年5月18日，第2版。
② ［法］阿苦·马特拉：《传播的世界化》，朱振明译，北京：中国传媒大学出版社，2007年版，第72页。

# 目　录

# 第一编

## 战略传播与传播战略：
## 国际传播本土化理论创新可能

# 变动不居与确定性追求：
## 关于国家"形"与"像"的再讨论（上）

张毓强　中国传媒大学教授

讨论人：

葛　岩　上海交通大学媒体与传播学院特聘教授

韦　路　浙江大学传媒与国际文化学院院长、教授

张明新　华中科技大学新闻与信息传播学院院长、教授

龙小农　中国传媒大学教授

相德宝　上海外国语大学新闻传播学院教授

张毓强　中国传媒大学教授

近代以来，中华民族生存与发展的历史经验在"天朝上邦的想象"破碎之后，逐步积累并发展起来。从"救亡图存""振兴中华"到"民族复兴"构成了国家和民族未来发展的总体意向，并影响着国家、民族主体与他者的交往、交流与认知实践。在改革开放成为中国的基本国策之后，国内经济社会的迅速发展，以及与世界交往的增加，使信息快速流动，迅速改变着中国与世界，特别是中国与西方的彼此认知。在整个20世纪90年代，中国与世界的不断交流和碰撞造就了一个中国社会讨论了近30年的话题——国家形象。

国家形象作为一个学术命题，源于20世纪90年代。对这一问题的研究，已

经持续了近30年时间。其间，论文、专著汗牛充栋，各级各类课题不断涌现。然而，无论是作为实践中的重要关切，还是作为学术中的热点问题，有关国家形象的研究似乎仍然在拓展中。一个很重要的原因是，其中的一些根本问题并未得到解决。如果将中国形象的客观存在看作"形"，将中国形象的主观认知看作"像"，我们发现，在实践中，中国自身经济社会的迅速发展变革，使得"形"之"像"不断变化；而国际政治环境及国际政治的深度变革，也使得对于中国之"像"的反馈不断变化；同时相关主体互动的复杂性因素，叠加了这种复杂性。

那么，国家形象从实践到研究如何面对这种多重的复杂性？对"形"的变动不居进行更为准确的描述是否可能？对于"像"我们是追求绝对的正向认知还是客观的陈述？"像"是一张结构性图影还是一种确定性认知？当前的研究如何结合实践进行更为有效的拓展？就这些问题，中国外文局当代中国与世界研究院联合中国传媒大学"新时代中国国际传播实践问题与本土化理论创新研究"课题组，邀请专家进行了讨论。

## 何以是为问题

**张毓强：**国家形象作为一个问题，其认知逻辑是否还是要归结到中国国家和民族主体性追寻的线索之中？也就是我们究竟走一个什么样的发展道路、发展的最终目标是什么的问题。现实的实践是，1949年之前，从改良到革命的探索一直持续。中华人民共和国成立以来，我们在社会主义的道路上，也经历了不同路径的艰苦探索。到20世纪90年代，社会主义市场经济的发展模式，推动了国家经济发展和人民生活水平的提高。1992年之后，当我们逐渐参与到全球化进程中时，突然发现全球其他族群，尤其是全球化的主导群体以一种别样的眼光看待我们。虽然这里面牵涉沟通与理解、跨文化障碍、国际政治博弈等诸多复杂问题，但是直接的表象是，其他族群的负面认知与我们的国际声誉期待之间有着巨大落差。这种落差的实质性原因是什么？如何看待和改变这种落差成为一个现实问题。然而，在解决这一问题的过程中，首先遇到的仍然是"我们如何描述确定性自我"的问题。国内经济社会的高速发展及其带来的问题，以及政治社会环境的快速变化，使得国家和民族的自我描述首先就不确定。连续和断裂之间的矛盾更加深了这一问题的复杂性。于是，学术资源集中介入，试图以相对独立的知识生产的方式解决这个问题。

**葛岩：**国家形象的实质是一个认知问题，是别人怎么看待我们的问题。我们希望别人正面地看待我们，愿意和我们合作，不和我们发生冲突，买我们的东西，说我们不错，不会整天找麻烦。亚历山大·布曼（A. Buhmann）用一个框架把国家形象研究分成四类问题：一是我们怎么看待自己，自我形象问题；二是他国公众怎么看待我们，国家的国际形象问题；三是国家声誉问题，它受国家形象影响，形象好，则声誉就可能好，事情好办，反之则处处受阻；四是国家形象传播问题，目的是改善别人对我们的看法。

**韦路：**国家形象问题的实质是国家的综合实力问题。对国家形象问题重视的关键原因是国家形象既是一个国家综合实力的体现，又能反过来促进一个国家综合实力的提升。在全球化和逆全球化进程角力的变局之下，良好的形象关系到每一个国家的生存和发展。中国亟须在发展硬实力的同时提升软实力，进而增强国家的综合实力，而国家形象则是衡量国家综合实力的一个重要标准。

**张明新：**国家形象问题的实质是一个国家所拥有的力量，或者说是国家实力的组成部分。这里所说的"力量"或"实力"，主要是精神和气质层面的。我们将国家形象视为国家软实力的构成要素，就蕴含了这种思想。一个国家拥有良好的形象，对内有助于获得民众的认同支持，对外有助于提升国际影响力和感召力，这是国家精神力量的表征。无论任何主体（如个体的人、组织、党派、城市、国家等），其精神力量的生产和维系都很重要。亚当·斯密说："富裕和发达的现代国家，必须支付维护其'尊严'的必要费用。"在现代社会，一个国家必须投入足够的物质资源以建设和积累其精神力量。全球传播时代，国家形象变得前所未有的重要。

**龙小农：** 国家形象问题的实质是认同性和合法性问题。任何一个国家，建构国家形象，对内是追求国内存在的认同性和合法性，对外是追求国际存在的认同性和合法性。人是社会性的存在，天然具有追求社会认同性和合法性的需求。作为人的聚合的想象共同体，民族国家在国际社会的民族国家之林，也是社会性的存在，必然要追求国内国际的认同性与合法性。作为快速崛起的新兴大国，面对国际社会的疑虑，建构其国际认同性和合法性尤为迫切。

**相德宝：** 由于意识形态、政治道路、价值观念的不同，国际媒体对中国形象的建构、塑造经常出现扭曲甚至"妖魔化"。伴随中国改革开放进程以及中国硬实力的不断提升，中国越来越关注在国际公众间、媒体上的形象和口碑，越来越需要一个客观、理性、和谐的国际舆论环境。因此，国家形象问题的本质是我们日益增长的塑造良好国家形象的愿望和需求与当下全球新闻流中所呈现的扭曲的中国国家形象之间存在巨大反差的矛盾。

## 作为学术概念

**张毓强：** 作为一个学术命题的国家形象源于20世纪90年代。以李希光为首的一批国际新闻记者首先认识到西方媒体负面报道"妖魔化"中国。《妖魔化中国的背后》出版后，引发了中国社会思考这一问题的热潮。之后，学界也逐步介入，并在1997年之后的几年时间里，先后出现了大量学位论文和多部研究著作。在大约30年时间里，国家形象的讨论引入了新闻学、传播学、文学、艺术学、政治学、整合营销传播学直至哲学和历史学等多学科的理论资源，以及包括软实力、锐实力、国家认同、公共外交、传媒外交等在内的多种概念，形成了一个"概念群落"，其方法范式主要是基于文本的框架研究，也使用受众调查、深度访谈直至大数据挖掘与阐释。

**葛岩：**国家形象还远未成为一个严格规范的理论概念或构念。不同研究中，大家都用国家形象这个概念，但内涵并不一致。基本概念上没有形成共识，研究结果无法沿循同样的逻辑积累起来，知识便难以增长。

**韦路：**概念是对客观事物本质特性进行抽象概括而形成的思维单位。评价一个概念，关键在于其对所要反映的事物抽象概括得如何。国家形象这一概念由国家和形象两个概念组成。国家是一定范围内的人群所形成的共同体形式，形象即形状相貌。国家形象即某一特定范围的社会群体共同体的相貌和样子。从这个意义上说，国家形象这个概念具备一定程度的抽象性，可以成立。然而，人们对这个概念的理解和使用不尽相同。有的认为国家形象是一种客观存在，不以人的意志为转移；有的认为国家形象是一种社会建构，是通过符号描绘出来的图景；有的认为国家形象是一种主观认知，也代表了当前国家形象研究的几个基本路径。也许这并不能说明国家形象这个概念不准确，而是体现了这一概念的广阔外延。内涵都是国家的样子，但是这个样子的范围既包括客观存在的样子，也包括社会建构的样子，还包括主观认知的样子。

**张明新：**作为一个学术概念，国家形象还不够严密和规范准确。在概念表述上，国家形象（national image）与其他相关概念几乎是可以互换的，比如国家声誉（nation's reputation）、国家品牌（nation branding）、国家感知（perception of a nation）等，而关于国家的表述，还可以是country、state等。至于概念内涵、构成维度等方面，也未形成比较一致的理解和阐释。

**龙小农：**国家形象近30年来成为学界关注的热门话题，但国家形象是否成为一个准确规范的学术概念依然值得商榷。形象一词，既主观又客观，在文学、艺术创作和欣赏上，"一千个读者就有一千个哈姆雷特"恰恰体现了人物形象的可想象性；作为国际公共关系、国际新闻传播和国际关系等学科中的国家形象，它应该是可测量、可解释的，但现有国家形象研究的可测量、可解释的信度是令人怀疑的，甚至让人有"国家形象，你塑造还是不塑造，它就在那里，是一种水到渠成、自然而然的产物，难以刻意为之"的感觉。

美国旧金山湾区的一对热爱中国传统京剧的中美混血双胞胎姐妹唐亦吉和唐亦祥
在表演彩排中，爸爸格雷格在安慰哭起来的唐亦祥（摄影　刘关关）

相德宝：我认为，国家形象有明确的研究对象、规范的研究方法，并形成国家形象研究的学术共同体，是一个准确规范的学术概念。

## 复杂现实中的确定性追寻

张毓强：国家形象的研究中，其实有一个问题始终没有解决，即在复杂、变动不居的民族与国家发展现实中寻求一种确定性。族群对于稳定性正面形象的诉求是思考问题的重要始发点。但是，主体性知识生产对于自身描述的稳定性限于现实的快速变化而似乎变得不可能。而研究视角不断随着政治实践语词的变化而变化，研究重点隔几年就会调整一次。从最初的"妖魔化"问题，到"中国符号""中国道路""中国话语"。政策实践中，呈现出各种不同的应激性选择，以应对各种版本的所谓"中国威胁论"。根本意义上，我们是否承认"形"和"像"本身以及两者关系、两者关系面临的环境始终处于结构性的变动中。而国家形象的研究，找到的不应是稳定的形象，而是要试图发现结构性变动中的稳定性因素，并在实践中努力推动这种相对稳定性或者说是确定性。

**葛岩**：把"形"和"像"分开，探讨存在（"形"）和对存在的认知（"像"）是什么关系，有趣也有启发性。直觉上，存在总是在变化，认知也会随之变化，但实际情形不完全如此。从底层认知过程看，关于存在的信息太多，而且千变万化，大脑没办法逐个处理。好在人有记忆，能够把以往的经验组织成稳定的事物表征结构，遇到外部信息，这个表征结构迅速被激活，影响对信息的组织和理解。认知学科的学者把这个表征结构称作图式（schema），所谓形象、刻板印象、行为脚本、原型，等等，说的都是这个图式。

国家形象也是一类图式。与那些高度依赖具体情境的看法相比，图式内容，即对事物的认知和评价，更稳定，遇到相关事物，图式内容会被结构性激活。例如，一个种族主义者看到别人的黑皮肤，其他什么都不知道，但他记忆里的黑人形象图式内容都会迅速出现在意识里，"学术黑话"称这个是结构性激活，功能是提高信息加工效率，但也会带来偏见。图式内容之外，意识里还会有不少情境化的看法。例如，我们挖掘了《纽约时报》2000年至2014年的涉华报道，发现传染性非典型肺炎（亦称"严重急性呼吸系统综合征"，简称SARS）是2003年出现率极高的词语，之后就消失了。这说明SARS不是中国形象图式的内容，它不稳定，来去匆匆。在我看来，"形"不断变化，"像"则相对稳定，是刻板印象，而一般看法更可能随"形"而变。

**韦路**："形"确实更加偏向实体，而"像"往往更加强调再现。因此，"形"与"像"的关系在某种程度上其实是物质和精神的关系、实和虚的关系、物和心的关系。对国家形象来说，既不能脱离有形的实体，又不能忽略脑中的幻象，两者是矛盾的对立统一。对应具体实践，"形"是我们要做什么，基础建设、经济发展、政府治理、文化传扬、科教创新等对于国家形象的塑造至关重要，良好的国家形象是需要硬实力支撑的；"像"是我们要说什么，政府、企业、媒体、社会组织、普通公众要传递什么信息，要讲述什么故事，要彰显什么价值，对国家形象的传播和生成也会产生重要影响，没有软实力的硬实力不但无助于国家形象的提升，甚至会催生恐惧、质疑、排斥和对抗。

**张明新：**将国家形象的"形"与"像"加以区分，非常富有启发性，可以说是十分形象的。一个国家的"形"，是其客观实在，包括了政治、文化、经济、社会、国民等方方面面；一个国家的"像"，是关于这个国家的认知、评判（感知形象）和表达、描绘（投射形象）。国家形象的"形"与"像"，两者之间存在对立而又统一的关系："形"是"像"的基础，但"像"会反作用于"形"。然而，要准确、系统地把握"形"与"像"，有很大的难度。原因有二：

其一，"形"和"像"都在持续不断的演变和发展中。以我国为例，改革开放40余年以来，中国各个领域都发生了天翻地覆的变化，即使是一个善于观察和思考的中国人，要全面深入地认识种种变化，已然不易，更何况是从未来过中国，只是通过媒体来了解中国的国际公众。一般来说，"形"的变化速度常常是要快于"像"的。然而，"像"的变化有时也很快，尤其是在重要的国际事件发生后，国际公众对一个国家的形象认知也可能在短时间内发生显著改变。

其二，"形"和"像"所涵盖的内容非常广泛，本身难以全面把握。以"形"而论，其包括了地域、文化、历史等诸多维度，可以说是纹理交叉、纵横交错。"形"的构成有多么复杂，"像"的元素就有多么丰富。"形"和"像"的多变性和复杂性提醒我们，在实践中要对国家形象作出更加科学和系统的分析。特别是，在面向国际社会时，要注意深入发掘中国的多变之"形"，积极塑造和传播中国生动之"像"。这就是"向世界展现真实、立体、全面的中国"的原因之所在。

面对对外传播的实践，尤其是"像"有时不可预期的变化，我们需要有一份"我自岿然不动"的坦然和自信。毕竟，"形"才是"像"的根本所在。如果我们要将"形"建设好，又要塑造好符合国际公众认知规律的"像"，就更需要有"不管风吹浪打，胜似闲庭信步"的文化自信和坚定。

**龙小农：** 在国家形象的塑造和传播过程中，应该避免追求"形"与"像"的绝对统一，应该允许认知客体基于已有的认知框架，对"形"进行合理映射和画像，从而让国家之"像"更加丰满多元，因为在"形"映射成"像"的过程中，映射的机制与逻辑是受多重因素影响的，包括心理机制、利益诉求、权力作用等。因而在实践中，国家形象的塑造主体，以"形"造"像"，就必须以多元样态之"形"触达不同的认知主体，以消除认知客体千人一面的刻板印象。同时，我们还应认识到，国家之"形"是变动不居的，但国家之"像"，尤其是国外受众映射的国家之"像"，是具有相对稳定性、时间积淀性的。短时的暴风骤雨式的形象映射活动，虽具有立竿见影之效，但太阳迟早要下山，影子终将消失。

**相德宝：** "形"是国家形象的客观存在，"像"是国家形象的主观建构。两者相互依存，相互影响，如影随形。国家形象研究之所以经久不衰，一个重要的原因是中国国家之"形"与全球媒体之"像"的复杂与多变。首先，中国之形自身的复杂性。中国历史之长、文化之久、人口之多、政治之独特、形势之复杂，我们自己都一言难尽。其次，由于国家利益、国际关系、国家制度、媒体制度、编辑方针、文化观念的不同，全球媒体对中国国家形象的报道中不可避免地折射出"万花筒"般的景象。

面对变动不居的"形"与"像"，我们首先需要树立大国心态，客观、理性看待国际媒体中的多元、丰富及被不同程度地扭曲的中国形象。同时，需要加强跨学科、原创性、理论性研究，把握国际媒体建构中国国家形象的深层规律，把握中国之"形"与国际媒体之"像"的恒久不变的特征，尝试以不变应万变。

（本文发表于2020年7月，略有删改。）

# 变动不居与确定性追求：
## 关于国家"形"与"像"的再讨论（下）

张毓强　中国传媒大学教授

讨论人：

葛　岩　上海交通大学媒体与传播学院特聘教授

韦　路　浙江大学传媒与国际文化学院院长、教授

张明新　华中科技大学新闻与信息传播学院院长、教授

龙小农　中国传媒大学教授

相德宝　上海外国语大学新闻传播学院教授

张毓强　中国传媒大学教授

近代以来，中华民族生存与发展的历史经验在"天朝上邦的想象"破碎之后，中华民族生存与发展的历史经验逐步积累并发展起来。从"救亡图存""振兴中华"到"民族复兴"构成了国家和民族未来发展的总体意向，并影响着国家和民族主体与他者的交往、交流与认知实践。在改革开放成为中国的基本国策之后，国内经济社会的迅速发展，以及与世界交往的增加，使信息快速流动，迅速改变着中国与世界，特别是中国与西方的彼此认知。在整个20世纪90年代，中国与世界的不断交流与碰撞造就了一个中国社会讨论了近30年的话题——国家形象。

国家形象作为一个学术命题，源于20世纪90年代。对这一问题的研究，已经持续了近30年时间。其间，论文、专著汗牛充栋，各级各类课题层出不穷。然而，无论是作为实践中的重要关切，还是作为学术中的热点问题，有关国家形象的研究似乎仍然在拓展中。一个很重要的原因是，其中一些根本问题并未得到解决。如果将中国形象的客观存在看作"形"，将中国形象的主观认知看作"像"，我们发现，在实践中，中国自身经济社会的迅速发展变革，使得"形"之"像"不断变化；而国际政治环境及国际政治的深度变革，也使得对于中国之"像"的反馈不断变化；同时相关主体互动的复杂性因素，叠加了这种复杂性。

那么，国家形象从实践到研究如何面对这种多重的复杂性？对"形"的变动不居进行更为准确的描述是否可能？对于"像"我们是追求绝对的正向认知还是客观的陈述？"像"是一张结构性图影还是一种确定性认知？当前的研究如何结合实践进行更为有效的拓展？就这些问题，中国外文局当代中国与世界研究院联合中国传媒大学"新时代中国国际传播实践问题与本土化理论创新研究"课题组，邀请专家进行了讨论。

## 研究路径及其逻辑问题

**张毓强：**综观目前关于国家形象的研究成果，一个始终没有中断的研究范式是通过对于国外传播文本经验性材料的获取，引入框架理论等理论资源进行分析，最终得出"某媒体上的中国形象"。受众调查统计与分析、自媒体数据采集与分析等方法也被使用，延续着这种研究范式和逻辑。当然，也有思辨层面上的多学科方法介入。但是，这种方法在逻辑上有一种基本的假设，也就是说，媒体上反映出来的是大众的综合性、抽象性认知，而且这种认知在特定阶段是有实证意义并能够影响到族群间的相互认知。这一逻辑的问题在于，媒体作为专业性力量反映群体认知的科学性存在问题。所以，如果不加入更多的方法，比如开展大规模的深度访谈和田野调查，并利用这一范式进行分析得出的结论及其提出的应对策略的有效性是被质疑的。当然，国家形象也还有其他的研究路径和理论介入。但是，目前，在学界还没有形成稳定和公认的其他研究范式。

**葛岩：**这里的一个关键问题是，"看法"不等于"形象"。例如，一个研究团队调查了不少国家，读了不少外国报纸，也许还进行了量化分析，计算别人说了我们多少好话、多少坏话，然后总结个中国形象出来。那么，总结出来的究竟是别人对中国的看法（opinion），还是别人心目中的中国形象（image）？

**张明新：**国家形象的主要研究路径，包括关于感知形象（perceived images）的研究和投射形象（projected images）的研究。前一种路径是从社会心理学出发，关注一个国家在人们头脑中的图像。现实是如此复杂，人们不可能去全面了解它，只能简化为一个简单的模式。因此，在人们的头脑中，外部世界是被建构起来的。心理学家所说的刻板印象或固定印象（stereotype），是人们对于某些社会群组的知识、观念和期望，本身有一个认知结构。在这种结构的定义中，人们常常对一个国家持有模式化、简单化的看法，甚至与真实情况基本不相符或完全不相符，通常还伴随着价值评价和好恶感情。后一种路径是从传播学角度出发，从历史、政治、经济、军事、外交和宗教的情景中来观察，在这里，国家形象是体现在重要媒体上的积极或消极的表达（描述）。对大多数国际公众来说，他们更多依赖于媒体而非直接经验来了解其他国家。因此，对于一个国家的投射形象的研究，就十分重要。

**龙小农：**从传播学角度看，现有国家形象的研究主要有两种取向：一是立足文本研究、内容分析，关注的是国家形象的媒介呈现，以此窥测国家的形象建构；二是立足问卷调查，通过问卷统计分析，从受众认知层面对国家形象进行阶段性画像研究。以上两种研究取向，都试图从不同面向揭示国家形象如何被建构、如何被认知，但都只是从某个环节去窥视国家形象的建构，还难以逼近国家形象建构的真谛。如何建立国家形象的媒介呈现与受众的国家形象画像之间的逻辑联系，依然是有待解决的深层学术问题。

相德宝：目前对国家形象的研究路径基本呈现两种视角：一是自塑，一是他塑。他塑关注传统国际主流媒体尤其是西方国家，以及当下的自媒体对中国国家形象的建构和呈现；自塑则是从中国政府、媒体，以及民众自身出发，强调中国作为国家形象传播的主体如何讲述中国故事，提升中国国家形象传播的策略以及提高国际传播效果。自塑和他塑强调的都是国家形象的媒体建构和修辞。国家形象不仅是媒体建构和修辞，更是一国在国际体系中的位置和相互关系的结构性问题。过去的国家形象研究拘泥于自塑、他塑的媒体建构和修辞研究，缺少对一国在国际网络中的位置以及相互关系的结构性把握。

## 实践方向与理论可能

张毓强：无论现有的研究在逻辑上存在什么问题，也无论从何种视角上看待国家形象这一概念及其背后的问题，由于中国自身的变化，以及对中国与世界关系的审视调整，在实践中，中国在世界上的形象作为一个问题仍然会存在。在可预期的时间里，这一研究的深化是可期待的。但是方向是什么？是要继续在国家形象作为一个概念的科学性视角上持续追问？还是利用主体的认同、合法性、民族国家的现代性等概念，对此进行分解，而把国家形象仅仅是作为一个研究视阈，从而更加深化？似乎需要在不断碰撞、摩擦和讨论中逐步深化。

葛岩：我读的有关文献有限，不敢妄言哪里是新方向。我的兴趣在布曼的第二个领域：别人怎么看待我们。这个领域最需要的是建立既有理论又有经验证据的形象构念，弄明白研究对象究竟是什么，但对实证研究来说，没法儿测量的理论意义不大，弄清形象构念和找到测量方法，其实是一体两面的工作。

我做的工作未必是新方向，但它有意义。例如，许多人在做外宣研究，这很重要，传播国家形象是研究国家形象最终的应用目标。但要想让别人听你的，总得先知道别人是怎么想的吧？我们提出的众多的形象传播战略、策略，效果和预期一样吗？如果效果不那么好，那么对别人了解得不够可能是个重要原因。毕竟，形象不是想象。

**韦路：**国家形象理论与实践最大的特色就是跨界，我想，这也应该成为未来最值得拓展的方向。理论方面，现有国家形象研究覆盖的学科之多，令人难以想象。我们通过对中英文文献的梳理发现，几乎所有人文社科都有涉足国家形象研究，当然，不一定都是在国家层面的。例如，政治学对政府形象的研究，管理学对企业形象的研究，社会学对社会组织形象的研究，文学对重要人物形象的研究，都是国家形象研究的重要组成部分。未来亟待拓展的一个方向是打破学科边界，开展更多交叉研究，通过多学科理论的滋养，实现国家形象研究的理论创新。实践方面，与国家形象有关的工作可以说无所不包。但正因为什么都跟国家形象有关，所以很难通过哪一个具体部门来负责这项工作，从而导致谁都管，又谁都不管。拿城市形象工作来说，有些城市是宣传部管，有些城市是当地发改委管，更多的城市是没人管，导致这项工作缺乏领导、统筹、规划和协调。杭州在城市形象领域探索的知识界、媒体界、企业界、党政界"四界联动"的城市品牌促进会机制，也许值得在国家层面予以借鉴。

**张明新：**国家形象研究具有深切的实践关怀。就我所看到的文献而言，大多数是案例式的概括和宏观性、启发式的思辨。当然，这样的研究也比较重要，但我们需要的是能更多地服务于国家对外传播实践的研究，主要包括这两种类型：其一，具有跨学科视野的理论建构性的研究。国家形象研究本身具有多学科交叉融合的特性，特别体现出政治学、新闻传播学、经济学、管理学和文学等学科的知识视野和理论旨趣。如果没有跨学科的全景观照，就无法形成对国家形象议题的深切体悟，就只能局限于一隅而无法看到全局，其思考的逻辑必然会产生各种可能的漏洞。多年来，为何我们的对外传播难以形成富有吸引力和竞争性的话语资源和体系，这多少与研究人员的视野局限性有关。如果能在更宏大的视野中思考，就会使得我们的研究更贴合当今中国国家形象建设和传播的实际。其二，聚焦于特定领域或对象的经验性研究。这种研究关注的问题比较具体，方法上要更系统和科学，通过缜密的分析，能够为该议题积累丰富的经验材料。比如，我们周边国家的民众，到底是如何看待中国的？对于这个话题，如果有经年累月的较权威的民意调查数据，就能够为这个议题提供更科学的证据。有了这些证据，就不需要一个个零散的个案式研究了，自然也不需要为此类话题产生各种不必要的争论或争议。

2018年11月，中国常驻联合国代表团邀请各国外交官和联合国工作人员观看中国残疾人艺术团的演出《我的梦》。时任中国常驻联合国代表马朝旭大使和多国大使在演出结束后与演职人员合影（摄影　肖沌）

**龙小农：**形象是客体对主体认知的映射。这种形象映射的机制与逻辑，应是未来国家形象研究深耕的重点。但深化和精确化这种映射机制和逻辑研究，不是传播学本身就能深入的，必须引入国际关系、政治心理、认知心理、语言学等学科。从当今美国界定塑造他国形象的行为实践来看，国家形象建构的实践与理论研究，应从符号与话语权力的角度去分析究竟符号和话语是如何诞生并用来界定一国国家形象的。从国际关系和政党政治的角度看，国家形象建构的操控，包括认知与错误认知，对外交政策和国家间关系的影响，有时取决于现实政治的需要，是为国家利益服务的。这一点，同样鲜明地体现在美国特朗普政府操纵话语和媒体，抹黑中国国家形象上。因此，国家形象的他塑，首先应研究洞悉其动力机制和权力逻辑；国家形象的自塑，应该关注其致效机制，通常难以改变客体的刻板印象，但可以实现第三方效应。

**相德宝**：社交媒体时代，人类社会以数字化方式生存。社会网络的迅速发展和现实世界的快速网络化，带来了海量数据的持续生成。同时，人人都有麦克风，公众、媒体、智库、国家、利益集团不同传播主体积极争夺话语权，使得国家形象呈现出前所未有的多元、复杂的声音。因此，如何理解大数据时代的国家形象传播的新规律和特点成为重要研究课题。大数据时代的国家形象研究亟须采取跨学科理论视角，运用计算社会科学研究范式，推进大数据时代的国家形象研究。一方面，政治学、国际关系、认知心理学等不同学科为国家形象的研究提供理论之源，有利于解析国家形象之变的深层根源。同时，新兴的计算社会科学研究范式为国家形象研究提供了利器。计算社会科学中的自然语义、深度学习、神经网络方法为大数据时代的中国国家形象精准画像提供了工具和算法。社会网络分析尝试从网络结构、相互关系角度解析网络行动者在网络中的位置和角色。通过社会网络分析方法解析国家形象有利于把握一国在全球国家网络中的位置和角色，从而更深刻理解国家形象。

## 摆脱困境

**张毓强**：国家形象研究中曾经出现过有关塑造与传播的争议。对于塑造的批评主要是认为，"像"的主体本身是变动和复杂的，因此所谓塑造本身未必能够奏效，甚至实践中可能适得其反。从此意义上说，承认主体本身的复杂性，放弃纯粹的稳定性正面诉求，强化"形"本身基于相对稳定的核心价值之上的连续性，规避某种负向断裂的可能，大概是一种方向。在实践中，以更加自信与平和的心态面对日益复杂的全球信息流，也许是更现实的选择。

**葛岩**：认识论的问题。国家形象本质上是一类群体间的认知。社会认同理论（Social Identity Theory）主张群体间偏见源于内在人性，无法完全避免。而国家形象是他群对我群的认知，一定有偏见，国家形象研究也难逃偏见。以偏见对待偏见，国家形象研究可能陷入一个认识论的困境，失去科学研究必需的品格——客观性。

那么，国家形象仍然值得或能够研究吗？答案是肯定的，因为对客观真实的追求同样内嵌于人性之中。我当然不会天真地相信人类对真实有无条件的爱，但在演化历史上，忽视真实可带来对环境的误判，误判又带来伤害，有时是致命的伤害。因此，追求客观真实具有演化的强制性，是由生存需求驱动的适应性行为。在国家形象研究中，抑制群体间偏见，尽可能实事求是，才可能为大家带来和睦相处的机会。在全球化遭受挫折、新冠肺炎疫情肆虐人类、国际关系日趋紧张的今天，这种机会显得特别珍贵。

**韦路**：国家形象研究需要讨论的问题还有很多。例如，国家形象的维度问题、国别问题、载体问题、测量问题、理论建构问题等。以维度问题为例，大多数现有研究都注重国家整体形象的讨论，忽略了领域形象和个体形象。然而，不论是政府、企业、媒体，还是省份、城市、乡村，抑或群体和个人，又恰恰是中国形象最直观的体现。在中国形象研究初期，将关注焦点放在国家整体形象，有助于集中力量形成有关中国形象的基础性研究成果。然而，随着中国形象研究不断走向深化，仍然笼统地谈论国家整体形象，已经难以呈现中国形象的复杂构成与演变，后续研究亟待向中国形象的其他维度发展延伸。

**张明新**：在未来，国家形象研究的重要生长点，或者说较有价值之处，在于理论建构方面的突破。目前，已积累的关于国家形象研究的理论资源，仍然不多。以多学科的概念和知识体系，建构国家形象研究的理论解释框架，是极为重要的。一个富有解释力的理论架构，不仅能较好地指导实践，也能够激发更多的理论研究。当然，这主要是针对中国国家形象的研究来说的，这是我们的根本立场。其次，在当今形势下，国际公众关于中国国家形象的认知在不断发生变化，我们需要以更加缜密的研究（比如大规模的民意调查），揭示随着时间而演变的中国国家形象的变迁轨迹。此外，在当今社会，每个人都拥有自己的社交平台，为了充分揭示国际公众对中国形象的认知状况，需要在方法上加强，比如采用大数据挖掘的方法，通过使用机器学习来自动处理海量信息（比如千万级，甚至是以亿为单位的文本信息）。唯有如此，才能在更广的范围内了解国际公众对于中国形象的认知、判断和情感倾向。

**龙小农**：国家形象的建构与研究，应回归到国家形象问题的本质上来，即国家的认同性和合法性建构。要认识到形象的建构是手段，不是目的，国家的认同性和合法性建构，才是国家形象建构的目的。从形象到认同性和合法性建构，应是国家形象研究未来拓展和深化的方向，也是提升国家形象研究学术性和规范性的需要。国家形象的建构和研究，还应注意避免邯郸学步。形象的建构和研究，固然要知悉客体已有的认知和期待的认知，对接国际通行的话语表达方式，但必须始终坚持自己的主体性。一味迎合、投怀送抱，不仅难以建构积极正向的国家形象，反而舍本逐末、渐行渐远。因此，从主体自信出发，建立并掌握国家认同的合法性话语和标准，应是国家形象建构和研究的初心和使命。

**相德宝**：大数据时代的国家形象研究需要从传统的内容分析转向大数据挖掘，从抽样调查转向全面挖掘，从人工编码转向智能处理，由新闻报道信息采集转向数据加工、可视化，从单向度的内容研究转向"内容+关系"的多维度研究，从过去的新闻传播学转向政治学、国际关系、认知心理学、信息情报学、计算机等多学科、跨学科的交叉和融合研究。

（本文发表于2020年8月，略有删改。）

# 传播与全球话语权力转移

姬德强　中国传媒大学国家传播创新研究中心副研究员

张毓强　中国传媒大学教授、国际传播战略与发展研究中心常务副主任

**讨论人：**

赵月枝　清华大学新闻与传播学院卓越访问教授

张毓强　中国传媒大学教授、国际传播战略与发展研究中心常务副主任

王维佳　北京大学新闻与传播学院副教授

黄典林　中国传媒大学传播研究院国际传播研究中心副研究员

张志华　中国传媒大学新闻学院副教授

姬德强　中国传媒大学国家传播创新研究中心副研究员

当前，伴随着政治经济和国际传播格局转型的是全球话语权力的转移和世界对于新的国际传播话语体系的探索。后西方、后美国、多边主义和新的世界信息与传播新秩序等成为新形势下国际传播的替代性话语方案。在所有方案中，由中国提出的"一带一路"倡议和"人类命运共同体"愿景更是赋予国际传播大变革以新的想象空间和发展动能。中国传媒大学国际传播战略与发展研究中心联合中国外文局当代中国与世界研究院联合组织专家就"传播与全球话语权力转移"这一议题展开讨论。

## 话语权力转移的可能与趋向

**姬德强：**纵观冷战结束至今的国际传播历史，诸多话语曾占据学术讨论和政策论争的中心，从明显带有西方中心主义的历史终结论、文明冲突观和全球主义，到逐渐超越单极格局走向多边主义的后西方、后真相、新世界主义，以及中国提出的"人类命运共同体"，全球话语权力发生了比较明显的，也是复杂多维的转移。我们应该如何理解这一趋势，话语权力转移在哪些层面正在或即将发生？

**赵月枝：**"传播与全球话语权力转移"这一历史命题的主要意涵是：第一，21世纪初以来，全球权力从西方向世界其他地方转移的进程加快，这是源于西方的资本主义体系与世界其他地区的社会体系产生碰撞，并在20世纪形成强大的民族解放运动的必然结果，在这个国际政治经济格局发生深刻变化的过程中，传播扮演着核心角色。第二，权力转移是一个动态辩证的历史过程，正在重构的国际传播秩序既有民主化的潜力，也有强化既存秩序的可能。第三，主流的权力转移的话语本身也需要被超越。权力转移的话语必然是多维立体的，而不是单一单线的。在话语转移或新话语体系的创造中，有太多需要打破的话语迷思，不破不立。

**张毓强：**于权力视野中观察传播与话语的关系，实际上更多要在历史维度上观察话语生产主体与传播主体主导性权力生成的过程，在不同文明的进化中寻找逻辑线索，并由此来判断其发展的趋势与方向。全球性话语权力与资本、语言、文化的全球化普及过程密切相关，与知识分类与知识生产的现代性话语密切相关，与各种文明形态下制度对于知识创新的支撑能力也密切相关。

**王维佳：**关于话语权力转移的论断，可能需要更谨慎的分析。首先，不可急于为字面上的能指变化而欢呼，例如从文明等级到人权话语，脱离开历史看，有其政治内涵上的进步意义，但一旦嵌入国际关系的历史进程和具体外交场景，便可看出二者一脉相承的本质；其次，也不能简单从地缘和种族角度来看，例如，日本明治维新之后的殖民总以东亚文明为其正当性口号，但实质上与西方的殖民方式如出一辙。在这个意义上，东西方的区分本身也只是遮人耳目而已。当前我们面对的全球结构，并没有超出冷战晚期的大体框架，在20世纪70年代之后，所谓的"全球南方"走上了不同的发展轨道，东亚的腾飞和非洲、拉丁美洲的衰落都是全球资本重新配置的结果，而不是其自身特性和偶然选择所决定的。因此，如果不对这种配置结构本身提出挑战，也就不可能超越原有的话语霸权，不可能让"全球南方"和"人类命运共同体"的呼声有实质政治意义。在这方面，我们要走的路还很长。

**黄典林：**从历史的视角来看，国际话语形态的变化是特定历史时期国际政治经济格局在国际意识形态领域的反映。关于国际秩序的各种学术和政策话语从来都是多元的，关键的差别在于不同历史时期这种多元性的程度有所差异。一方面，国际话语格局始终处于动态变化之中。即便是在冷战时期两大阵营及其相应的二元话语体系争夺全球舆论空间的状态下，也出现了不结盟运动和西方左翼的"第三条道路"主张。冷战结束后，这种多元性更在多边主义的旗帜下出现了众声喧哗的态势，涌现出诸多新概念、新理论、新论述和新话语体系。在这种形势下，即便是传统西方主流国际话语也发生了一定程度的内部调适和变化，以应对发生变化了的内外部意识形态格局。另一方面，这些基于不同的历史传统、价值系统、国家立场和特定地缘政治经济需求的话语体系之间的竞争关系对全球话语权力秩序产生了深刻的重构作用，新兴大国在国际传播领域不断加大的资源投入正在一定程度上重塑国际传播的版图。尽管国际传播和话语权力秩序的总体平衡正在向南方国家和传统主流西方政治经济版图之外的区域转移，但西方主流话语占据优势地位的总体格局尚未发生根本性的变化，而且短期内也不太可能彻底改变这种格局。

**张志华：**我基本认可全球话语权力转移这个论断。一方面，随着2008年体系性的危机的爆发，以及至今仍没有在资本主义体系内部找到走出危机的路径，因此，这个新自由主义全球化的世界需要另类的可替代的发展路径。与此同时，中国经济在全球经济普遍萧条的情境下，依旧坚挺，以及在应对危机的过程中，对改革开放以来的经济发展道路作了一些战略层面的调整。另一方面，随着这一在大萧条之后最大的体系性危机的出现，支撑这一体系的软实力的合法性也遭到了削弱。面对危机，世界需要可替代性的价值观，以助走出危机，以及更公正，人与人、人与自然更和谐健康的新的世界体系的出现。

## "人类命运共同体"的话语创新与传播

**姬德强：**从历史经验和当前的国际传播格局来看，中国提出的构建"人类命运共同体"倡议对全球话语权力转移或者国际传播话语体系创新有哪些理论贡献？

**赵月枝：**正如我之前所分析的，如果话语权力转移是一个多维立体的过程，那么，中国提出的"人类命运共同体"恰恰回应了国际传播中权力转移话语的多维性、立体性和动态性，用一种更具包容力的话语实践尝试构建一个新的、超越单极主义和霸权主义的国际传播话语秩序。在这个意义上，"人类命运共同体"的贡献在于超越了从西到东、由南到北、由旧中心到新中心的单向转移话语，强调了共享、共治、可持续和相互依存的全球观。更重要的是，一方面，"人类命运共同体"给全球话语权力转移的其他可能打开了阐释空间，比如"南南"传播和发展中国家之间的传播与文化流动，再如数字劳工权力、草根传播实践与文化赋权，等等；另一方面，这一理念为我们超越被新自由主义全球化危机所裹挟的身份政治和本土主义的各种本质化表达提供了想象空间，以"新地球村"理念回应"人类命运共同体"对共同利益和共同价值的主张。因此，在充满话语论争的国际传播中，"人类命运共同体"有可能成为孵化基于多种传播主体的多样化传播话语的元叙事。

**张毓强：**在中国进一步融入和改变现存国际秩序过程中，从中华民族的知识发展传统中，寻求一种能够普适于全球的理念，以支撑我们在全球范围内为人类文明作出贡献的努力，是当前党和国家必须要做的。至于这种话语与世界其他文明线索之间的关联关系，与中国"天下""和合"以及马克思列宁主义相关话语知识之间的逻辑关系，是需要我们不断研究并在实践中逐步探索的。

**张志华**：西方所主导的"中心—边缘"结构的世界体系是个不公正的体系。基于资本主义几百年的殖民史，"剥夺性积累"是其重要特征。或者说，在民族国家层面，这基本上是个只有体系核心国家能成为赢家的零和游戏。而中国提出的"人类命运共同体"，它不是零和的逻辑，而是双赢、共赢，这对于危机之后苦于找不到出路的世界体系来说，是有吸引力的。但如何在实践层面体现"人类命运共同体"，对不同层面的中国行为主体来说，既是机遇也是挑战。

**王维佳**：在我看来，"人类命运共同体"这一倡议的重要性不在于其概念内涵的新颖性，而在于其提出主体的特殊性。中国几乎是二战之后主权体系保持最完整的发展中国家，它成功地摆脱了基于债务、军事、文化各方面的外部牵制，以社会整体利益为依归，建立了独立自主的现代国家体系。唯有在此基础上，中国才能充分利用20世纪70年代全球资本结构调整的契机，走上经济快速发展的道路，取得非凡成就。如今，中国面对世界，不仅有能力为众多发展中国家提供新的机遇，而且明显保持着与传统霸权体系应有的距离，唯一缺少的就是一套完备的话语体系。这套话语体系不仅要用来说明自身，也要用来规范自身。正是在这样的历史条件下，"人类命运共同体"的倡议应运而生，它意味着一种创造新型国际秩序的理念已经具备，我们要做的是用更明确的主张来充实它，用更丰富的实践来证明它。

**黄典林**："人类命运共同体"倡议是对传统主流国际关系模式和全球发展理念中的零和博弈和单边主义立场的一种中国式回应。作为一种话语体系，这一倡议着力强调"发展共同体"和"构建持久稳定的国际秩序"这两个方面的解决方案，并以此来指导当前中国的外交与国际合作。以这种理念来指导国际传播实践，必然要求话语层面的整体转型，从单纯的民族国家立场向全球社会视角转移，除了阐述本国政策和观念体系，还应把焦点放在与国际社会利益公约数相关的议题上，尤其对发展中国家普遍面临的发展难题予以关注。除了在安全、经济和生态等领域面临的共同挑战之外，如何通过各国内部制度和社会结构的不断自我优化，在历史传统、文化观念和制度结构上找到更大的公约数，从而为"人类命运共同体"话语体系在全球观念共识层面和国际制度层面的进一步宣介和构建提供更强大的动力，是未来要着力探索的问题。

## 媒体在话语权力转移中的角色

**姬德强：** 以媒体为例，从半岛电视台和"今日俄罗斯"在全球新闻业地缘关系中的崛起，到中国媒体走出去所带来的国际传播话语转型的新动能，我们应该如何评价媒体（尤其是新闻媒体）在全球话语权力转移中的角色？

**赵月枝：** 我关注到，近期中国媒体和美国媒体有了一些直接的对话，甚至主播们坐在一个直播间里，共同讨论中美之间的贸易等问题。这无疑是打破传统国际媒体话语格局的一种有益尝试。但是，我们也不能简单地把这种在场等同于某种权力转移，或者某种不平等、不均衡关系的改变。正如上述问题所提到的，我们看到了来自非西方国家媒体的崛起，以及相应的影响力的提升，这是一个毋庸置疑的事实，但这一基础设施扩张意义上的崛起并不一定导致话语权力发生本质上的转移。

**张毓强：** 全球性媒体当然是话语交流与传播的基础性载体和渠道，更在一定程度上控制了传播的权力。媒介全球化既是话语权力扩张的一个组成部分，也是其主要推动力。然而，我们需要意识到，媒介本身的话语生产，构成了主导性话语权力的一部分，但更大程度上是话语权力的映照。根子上的问题还是文明与文化的问题，或者是中国人文社会科学的话语生产与世界共通性问题。

**黄典林：** 媒体始终是国际话语和传播秩序建构过程的主要参与者。媒体不仅是特定政治经济和文化共同体的观念在国际社会的传达者，其本身也在不同的制度条件下进入国际话语的塑造过程之中。无论是影响力巨大的传统西方主流媒体，还是新兴的半岛电视台、"今日俄罗斯"，以及我国新组建的国家级旗舰国际媒体平台，都与不同地缘政治和政治经济文化系统具有匹配性。正如上面已经指出的，这些新兴的媒体平台开辟了新的话语空间，对西方传统话语霸权构成了挑战，并在不同程度上重构了区域性乃至全球性舆论版图。但我们也必须清醒地认识到，无论是全球传播价值理念、伦理体系，还是具体实践中所涉及的技术制式、传播策略和操作流程，这些新兴传播主体都依然是在西方媒体传统所设定的诸多边界内进行边缘性或技术性的突围和有限创新。国际传播秩序是以与特定文化传统和制度实践相互建构的道德化的意识形态体系和具有文化霸权效能的共识系统为基础的。只有改变这些深层逻辑和结构性要素，表层的技术性实践才能转化为巨大的传播伦理优势和话语权威。从这个意义上说，我们依然任重而道远。

**张志华**：西方媒体的全球传播服务于其全球殖民体系，或者殖民体系形式上不具备合法性了之后的西方的"国家利益"。从原来主要是西方的媒体做全球传播，到这些年来出现了一些非西方的全球性或地区性的媒体，发出了程度不一的不同声音，这种国际传播主体的结构性变化，本身也是国际传播体系转变的一种表征。当然，现实地看，建立"世界信息与传播新秩序"仍旧是未竟的事业。中国国际电视台、"今日俄罗斯"以及拉美南方电视台（TeleSUR）的出现，尽管已经发出了难能可贵的国际层面的"非主流"声音，但是这些声音所能覆盖范围、认知度和历史都不可与西方国际主流媒体同日而语，要在西方主流媒体深耕多年的"老地盘"上出现，其阻力是巨大的。另外，这些媒体与其所在国家和地区的"国家"（state）的关系，往往成为西方主流舆论在自由主义逻辑下用以削弱其合法性的重要口实。

**王维佳**：缺少深入群众的传播动员手段，这是当下所有进步政治力量遇到的难题。无论是自由主义者还是社会主义者，无论在全球南方还是全球北方，这方面的困境都是相似的。它不会因为还有几家精英气质的另类全球新闻网而有所改变，更不可能因为某些传播工程而有所改变，与其期待现有主流媒体的作用，不如期待新的政治力量和新的政治文化。

## 社交媒体：国际传播话语权力转移的驱动力？

**姬德强：**随着社交媒体成为国际传播的新平台，其所呈现的技术的智能性、声音的多元性、参与的广泛性和地缘关系的复杂性正在丰富着国际传播的话语体系。那么，社交媒体是否实质性地驱动了国际传播的话语转型和权力转移？

**赵月枝：**在社交媒体研究中，以自由主义为内核的赋权话语影响广泛，也突出表现在国际传播的研究和实践中。然而，由于脸书用户信息泄露事件的暴发，算法推荐驱动的信息茧房现象的蔓延，虚假信息的人工与智能合成生产，以拓展连接和关系为名而行获取和分析用户数据之实的商业动因的外显，以及从斯诺登事件至今，国外社交媒体平台被发现协助国家权力进行自我审查，社交媒体的技术中立性和平台中立性迷思正在被打破。因此，思考基于社交媒体的国际传播话语权力转移，我们需要聚焦两个关键问题：第一，个体主义的赋权话语的有限性；第二，国家主权的重要性和不可缺席。这是一个"人人都有麦克风"的时代，这也是人人都是话语斗争的主体和客体的时代。中国传播领域更需要让每一个个体，都成为中国特色社会主义未来和"人类命运共同体"未来的自觉实践者和传播者。

**王维佳：**当前的主流社交媒体平台，在基本的特性上是反国际主义的。社交媒体当前遇到的问题恐怕不是怎么调动进步力量或促进话语权力转移，这个问题实在太遥远了。它现在仍然深陷各种麻烦和争议之中：社会的圈层化、群体意见的极端化、信息的无限过滤和封闭茧房、虚假信息和情绪操纵、种族主义和宗教歧视……所有商业媒体的劣根特性都在这个看上去富有生机的舆论生态圈中繁衍。这也给我们传播研究者一个启示，重要的不仅是媒体技术手段能带来什么，而是对媒体属性和社会功能的判断认知；重要的也不仅是大众参与公共生活的可能性和渠道，还有他们获取和传播多样化信息的能力。从国际传播的角度来看，我们需要的不是信息更加丰富，而是共同的问题关切，是不同的边缘社群之间的勾连交流，以及作为国际社会一员的求知欲和使命感。

黄典林：社交媒体的出现和全球性普及极大地增加了国际传播格局的不确定性和复杂性。一方面，以互联网为基础的新信息传播技术的崛起，强调了以空间偏向性为核心特征，从而倾向于打破传统地理边界限制和实现瞬间传播的信息世界主义；另一方面，处于不同制度、传统和价值体系中的民族国家主权结构，强调以时间偏向性为核心特征，从而倾向于维护政治边界和制度延续性的信息主权主义。两者之间在新的国际传播技术条件下形成了既合作又竞争的复杂关系。以平台资本主义逻辑为驱动的全球社交媒体与特定民族国家主权逻辑的刚性制度要求之间的对冲压力，导致了统一模式在局部的选择性复制和社交媒体的全球性市场分化。显然，这与全球性的话语壁垒、制度差异和竞争格局具有对应性。从这个意义上来说，社交媒体时代的全球传播格局和话语论争是20世纪下半叶的"信息传播秩序"之争的逻辑在新媒体环境下的延续和升级。未来这种态势如何演变，将取决于国际政治经济格局的整体性调整和特定民族国家内部制度框架的自我调适。

张志华：随着社交媒体的普遍应用，确实可以看到国际传播主体的多样化和下沉，但是，我们更需要看到，结构性的问题一直存在，并且通过网络、社交媒体显现出来。可以说，网络、社交媒体是新的媒介和新的媒介应用，但是问题仍是老问题。从意识形态层面说，西方的偏见依旧存在，不仅存在于它们的新闻媒体中，还内嵌于从基础教育到高等教育的教育体系中，以及以电影、电视剧等为表现形态的娱乐中，因此，那些使用互联网和社交媒体的人，是在这样的意识形态国家机器运作下成长和发声的。由此，在理论和技术上人人可以联结、人人可发声的互联网和社交媒体，在某种程度上，毋宁说是意识形态国家机器的毛细血管化。比如，我们看到推特等社交媒体要封来自中国（不包括港澳台）的账号。因此，我认为我们不能将社交媒体等新应用在软实力上所能发挥的作用浪漫化。而且，互联网上造谣的成本低，扩散范围广、扩散时间短，曾经就出现过已故前驻法大使吴建民采访的中文视频，被加上子虚乌有的外文字幕，在优兔上广为传播的情况。重要的是改变背后的结构性问题，一定要避免陷入盲目的技术乐观主义。

（本文发表于2019年10月，略有删改。）

# 发言权与话语权：
# 国际传播中的话语在场与共识达成

张毓强　中国传媒大学教授、武汉大学媒体发展研究中心特约研究员

潘璟玲　中国传媒大学传播学专业博士研究生

**讨论人：**

张毓强　中国传媒大学教授、武汉大学媒体发展研究中心特约研究员

何国平　广东外语外贸大学新闻与传播学院教授

姬德强　中国传媒大学教授

黄典林　中国传媒大学副教授

刘　朋　中国传媒大学副教授

传统意义上，在国际场域的发言权是话语权形成的一个重要基础。也就是说，声音的在场与传出，是传播能够产生预想效果的一个前提。随着信息传播技术的迭代更新，在一个所谓"人人都有麦克风"的全球化时代，这种声音的在场似乎变得更加廉价。然而，随着国际政治局势的深刻调整，发言权问题似乎又提上国际传播观察和研究的日程。如果传播渠道在一定程度上被限制，针对性的发言渠道被关闭，那么传播内容何以触达其他族群并形成沟通呢？

话语权似乎是一个更为复杂的概念。具有影响力的话语的形成，首先是一个历史性或者历时性的结果。其与权力结合成为当下考察国际关系和国际政

治的一个重要维度。在我国的国际传播实践中，从"传播中国声音"到"讲好中国故事"再到"国际话语权建设（建构）"，本身看似是一个自然进化的过程，本质意义上是从求得认知到求得共识的过程。

那么，当前发言权的问题是否会因为国际局势的深刻调整而成为一种新的实践需求？话语与声音在场的问题是否遇到了新的挑战？它又在何种程度上影响着话语权的建构？话语，在传播的维度上是否必须理解为一种权力？作为共识的话语的达成应该以何种战略和策略展开？

就以上问题，中国传媒大学"新时代中国国际传播实践问题与本土化理论创新研究"课题组联合中国外文局当代中国与世界研究院组织专家进行了讨论。

## 从发言权到话语权

**张毓强：**以我粗浅的理解，传播自己的言语与观点，更多的是物质意义上的，或者是应该在经典现实主义的脉络中理解这一问题。一个国家或者族群，只有掌握了足够的技术与空间权力，才能够有机会得以表达自己的意见。而话语，更大意义上是精英与精神层面上的。话语可以生产，但是如果要形成权力，就需要共识的达成，也就是其所依托的知识基础是共享意义上的。

**何国平：**在国际传播或全球传播领域中，发言权是表述意见和传播声音的权利以及表达和传播中体现的意志。从发生论而言，话语权是发言权的延伸，是基于话语（发言）而获得的制度性权力和话语的吸引力、感召力和影响力。但是，在现实中更多表现的是，有话语权者的发言权得到充分保障，发言内容得到认可，即话语权包含发言权。此即福柯微观权力论意义上的"话语即权力"，从权力视角审视话语背后的意义以及由意义编织的网络，话语的外在功能是"对世界秩序的整理"。这就是"权力"（power）意义上的话语权。话语权所表征的另一个维度的意义是"权利"（right），体现为知情权、表达权和参与权等权利的综合运用。

从国际关系理论中的现实主义观点看，发言权包含于话语权，权力（意志）意义上的发言权存在于表征话语权行使的多个环节与方面。有话语权的一方，其发言的声音分贝更大，影响力更广，发言所表达的观点、立场和倡议等具有强制力。但持建构主义观者则认为，发言权作为一个先发环节，能够建构和塑造话语权。"谣言重复一千遍就可以变成真理"体现的就是建构主义机制。这里"谣言"表现为在行使发言权时所传播的内容，"真理"就是已经上升为结构性制度权力的话语权。

**刘朋：**发言权和话语权是两个内涵有重叠的词汇，可以将发言权视为话语权的一部分。从历史上看，以往的国际关系中，比如19世纪古典的国际关系阶段，国家行为体并不太关注国家的话语权和发言权，因为国家的话语权和发言权与媒介和传播能力关系不大，而与国家权力尤其是军事实力直接相关，简单讲"一切都是强国说了算"。西方列强，尤其是英、法、德等国，在国际上拥有绝对的话语权。而且，在古典国际关系时代，普通民众对国际事务几乎没有影响力，外交事项基本是外交家的事情。在很多那个时代的外交精英看来，普通民众参与外交或干预外交完全是不可思议的，就像我们难以想象任选一个普通人能够操控火箭发射一样。因此，古典时代的国际关系的历史，可能没有提供多少观察当前民众和国家行为体发言权和话语权的经验。

自20世纪开始，由于公民投票权的普及、大众传播的兴旺发达等原因，民众日益涌入外交事务，外交不再是职业外交家的专属领域，外交伦理也随之发生改变，外交变得复杂起来，国际关系再也无法完全按照现实主义简单理解。比如，20世纪70年代基辛格为了尝试中美接近，秘密到访中国。正是因为"不了解国际事务"的普通民众能够影响外交政策，国际关系中"话语权""公共外交"的解释概念才有了重要的发展，变得引人关注。随着传播科技的扩散，民众层面的发言权和话语权也在不断增加，民众愈发盲目自信，外交变得更加复杂化。从这个意义上讲，不仅国家内的政治将变为争取民意的斗争，国际关系也将包含争取他国民意的斗争，甚至国家权力部分也要由民意来界定。

不过，无论如何强调民众声音或舆论，从历史上看，涉及国际关系这一相对陌生的领域，基本上还是精英在驾驭，当然，如果外交精英缺乏驾驭国内民众舆论的能力，那么将大大限制外交的灵活性。同时，不应将驾驭理解为简单粗暴的限制和控制。

**姬德强：**我觉得需要辩证地来看"发言权"和"话语权"之间的关系：一方面，以传播的过程观来看，拥有或者占有发言权确实是实现话语权的前提，如不在场，何谈影响，遵循这一逻辑，有着话语权诉求的国家、组织乃至个人往往就先以搭建传播渠道和网络为目标，致力于先发声，并笃信有了声音后就会产生影响力；另一方面，话语权并不必然来源于发言权的实现，比如具有强大吸引力和辐射力的文化传统，再如高效服务社会运行的政治和经济制度，均可以内生对外传播的话语权，只是要不要发言的问题，在这个意义上，话语权更像是某种软实力，有些"腹有诗书气自华"的意思。简而言之，话语权既来源于发声渠道的搭建和机会的把握，也来自于自身的文化和制度吸引力，两者不可偏废。

**黄典林：**发言权可以理解为主体在特定权力场域中表达自身立场或关切的资格和能力，而话语权的内涵则要宽泛得多，不仅包括在特定场域的发言权，即表达的权利和能力，更重要的是还包括这种表达能否实现表达者所欲实现的目标。换言之，话语权不只是说话，更是如何让表达对象信服和接受自己观点的问题。只有所表达的观点能在国际意见市场具有竞争力，能够获得国际公众的理解和支持，我们才能说一国在国际舆论中具备了话语权。从历史角度来看，相对于发言权的获得，作为一国软实力组成部分的话语权的形成是一个更为复杂漫长的过程，与国家意识形态和核心价值观正当性的确立息息相关。

## 从经济“脱钩”到话语对抗

**张毓强：**当前国际传播领域里必须关注的一个重要特征是，美国特朗普政府一些政客主导的对于中美甚至是全球传播领域里过度的权力干预，导致了全球沟通形态出现看似“脱钩”甚至是“对抗”的现象。这是否可以看作西方精英知识阶层的话语权危机感带来的必然反应呢？

**姬德强：**至少在相当长的一段时间内，中美之间的“平台脱钩”——基于互联网平台地缘政治的脱钩行为——会一直存在。原因有二：第一，就针对传统媒体的简单政治化操作而言，比如认定为外国代理人或外交使团，“平台化”（platformization）进程卷入了太多的结构性矛盾，从意识形态对立到数字经济扩张，不一而足。在这个意义上，我们也许可以说，互联网平台的“脱钩”行为所体现的是中美两国之间的系统性对立。以抖音国际版TikTok为例，字节跳动所面对的不仅是美国国家机器的政治攻讦，还是北美平台经济的自我保护。借用荷兰学者何塞·梵迪克（Jose van Dijck）的提法，这是世界两大平台体系（platform system）之间的矛盾问题。我们只有看到这些矛盾在两国国家政策和相关行业的地方性实践，才能抛弃幻想，超越迷思，看到这一状态的长期性问题。至于和发言权的关系，我认为需要作出冷静、务实的观察，而不是被民族主义和国家主义的情绪所裹挟。阻断中国的社交媒体平台，并不代表切断来自中国的声音。更何况，我们不能忽略一个基本事实，那就是社交媒体平台本来就是全球统合、地方运作的，TikTok的成功恰恰印证的是一个跨国公司成功的地方化策略。换句话说，TikTok在美国面对的问题之一是字节跳动失去一个地方市场，众多美国年轻人可能失去一个好应用。除非大国政治完全统合各类新媒体平台，否则，基因里自带全球性的平台公司绝不会给国际传播关上大门。我们会不断有机会去探索新的发言空间。

**何国平：**当前中美这两个世界上的大国正经历由贸易摩擦上升为“建交以

来最大的危机"，西方一些政客和学者抛出中美"脱钩"论和中美"半脱钩"论等论调，对这些逆全球化、保护主义思潮要保持足够的警惕。作为这一波中美之争的一个方面，中国社交软件TikTok被宣布将禁止在美国运营，美国总统特朗普还将禁止包括微信国际版（WeChat）等社交媒体在美国使用。随着逐渐成为世界综合国力第二的强国，中国的社会制度、文化信仰等与以美国为首的西方国家所遵循的"普世价值"观的根本差异日渐凸显，并导致摩擦与冲突增加。因此，由于中西力量对比发生改变而出现的失衡到再平衡需要多方的调整和适应，在新的动态平衡出现前，各类危机、冲突持续上演将成为趋势。

中美"脱钩"论背景下，作为一种沟通性权利，发言权在国际传播的问题意识清单中的地位将被重新认识。因为只有通过沟通所爬梳的"意义之网"，人类才得以理解彼此、消弭对立与冲突。

**刘朋：** 如果美国现政府和继任政府继续按照目前的方式做下去，"脱钩"的可能性将增大。但这种做法，是否会持续，以及下一届美国政府将奉行何种政策，还需要观察。绝大部分观察者认为中美关系难复以往。"脱钩"已成为一种选项、一种非常现实的可能，这在前几年曾是完全不可想象的。因此，我们现在也不应盲目乐观地认为不会"脱钩"。不过，奥巴马政府的跨太平洋伙伴关系协定（Trans-Pacific Partnership Agreement,TPP）从某种程度上也是一种"脱钩"，如果拜登当选，美国政府是否会重拾TPP很值得关注。比起特朗普的切香肠的做法，TPP是全局性的结构调整，旨在隔离中国。

但是无论新媒体还是传统媒体，媒体领域的"脱钩"之说可能不太妥当。中美在媒体传播方面从未整合在一起，也不可能整合到一起，因此也不能谈"脱钩"。只不过由于媒介技术的发展，传统类型的大众媒体逐渐解体，自媒体具有前所未有的影响力，传播科技企业成为大媒体，而企业和个人生活恰恰处于全球化的状态，这给类似TikTok的应用提供了成为全球性媒体的机会。不过这种机会已经被扼杀了。

**黄典林：**当前中美关系陷入紧张局面，是各种复杂因素造成的结果，既与短期的政局和双边关系的演变有关，也与两国关系的长期历史性结构相关，其中就包括在意识形态和价值观方面双方所持预设的目标差异问题。如果从长期的历史趋势来看，目前中美关系似乎进入了一个新的历史阶段。20世纪70年代末确立的中美关系架构既与特定历史阶段的国际政治情势和中美各自的利益关切有关，同时离不开从那时以来在两国主流政治意识之间形成的某种长期的政治默契或约定。但如今这两方面的条件都发生了变化，因此，即便彻底的"脱钩"并不是我们所愿意看到的局面，但某种程度的关系转型已经似乎是在所难免。换言之，中美关系已经在国际和两国各自内部政治历史情势之下发生巨大变化，进入了一个新的历史阶段，原有关系模式的调整是不可避免的。在这个大的背景下，中美间在各方面的竞争，乃至对立态势必然会不断加剧，其中就包括在舆论和意识形态方面的竞争，发言权和话语权的竞争将会变得比过去更加激烈。比如，在国际游戏规则的制定和解释方面，因为中国等新兴大国的崛起，美国的话语权在一定程度上被稀释了。为了修补这些权力，美国执政当局采取了对现有国际建制不合作乃至退出的破坏性政策，以污名化主要国际机构的正当性来削弱中国在国际空间的发言权和影响力，并出现了试图逐渐建构一套自己主导的平行国际机制的苗头。在新闻媒体、互联网和国际传播领域，中美两国的竞争和相互攻击也不断加剧。在可以预见的未来，发言权和话语权的争夺显然将是两国竞争关系的一个重要组成部分。

## 从沟通性叙事到共情传播

**张毓强：**在国际传播能力的建设中，一段时间里，我们过度强调短期的发言权，甚至将其理解为话语权，这是短视的。其实，话语权的取得需要基于实证的长期的研究、知识积累和传播。其背后更多是族群自我治理经验普适性的验证、提炼、总结，并成为足够有效的历史经验。

**姬德强：**短期的策略应该是更好地分析和应对国际传播领域因新冠肺炎疫情而加剧的紧张的地缘关系，以及不断发酵的针对中国的所谓"威胁论"和怀疑论。国际话语权的维护和提升从来都不是，或者至少不是一个简单的规范问题，而是一个实践问题。国际话语权的形成也从来不是单一主体的一厢情愿，而是主体间对话关系的建立和共识的达成，尽管其形成往往存在着葛兰西意义上的霸权过程。因此，面对实践领域的复杂性和主体的多元性，中国政府、媒体、智库等需要在短期内针对源自具体地区的具体问题做好分析研判，尤其是多进行针对他者的语境化研究，避免误判，从而有的放矢地进行回应。在很大程度上，新冠肺炎疫情所引发的中国负面舆情大多与疫情对所在国家和地区的影响有关，然后延伸至与中国有关的记忆、情感和判断。因此，认真做好调查研究，找寻主要矛盾是当务之急。

长期而言，中国国际话语权的建构是一个内力外延、共讲故事的过程。换句话说，话语权的内生力是中国自身繁荣发展的制度优势、社会生态、文化表征，以及在国际关系中的立场站位，只有认真努力解决好自身发展问题，才有可能建立稳固的国际话语权。除此之外，国际话语权是一个主体间性问题，讲好中国故事也是一个各相关方共同参与的全球传播实践。因此，长期而言，中国的国际话语权建设要彰显大国胸怀，让中国故事变得多元而生动起来。

**刘朋：**中国国际话语权建构的短期策略，应当侧重对国际的具体质疑和困惑分别予以解释和回应。采取守势，就要求我们尽量不要采取直接对抗的姿态，表现在沟通层面，就要尽可能避免"吵架式"的回应。当然，有时候我们也需要表现出一定的硬气来满足国内舆论的要求，但不要泛化。

中国在国外的解释说明工作，常常被理解为推广中国模式，被视为"锐实力"。对此，我们应当从技术操作上适当减少一些国外并未质疑的领域的传播，减少一些进攻性，而适当增加对国外质疑的方面的解释和回应。

长期战略应该着眼于做好我们自己的事。冷战时期，美苏对抗，最后苏联败下阵来，并非苏联没有吵过美国，而是苏联自己的事情没做好。因此，作为大国的中国，面对舆论形势完全可以沉着应对。而且，在历史上大国是可以忽略国际舆论的，这是大国的特点，也是大国的基本标志。不必太计较和争夺"国际话语权"的一时得失、一事长短，而应自信，只要中国实现全面的现代化和民族复兴，把握国际话语权就不会遥不可及。

**何国平：** 提升中国国际话语权需要深入剖析国际话语权的生成机制、生产流程、要素管理等。在可操作层面，可以从战略高度对国际话语权要素进行传播流程的全面梳理：优化话语主体，提升话语内容影响力，对差异性话语对象实施精准传播，创新话语方式（模式），拓展话语平台和增强话语效果。在话语策略上，在行使发言权时要告别"祥林嫂式受害人"叙事和"战狼式爱国"叙事，因为二者是基于预设的好与坏、敌与我二元对立思维，本质上是一种"零和"话语权叙事。此处倡导一种基于"人类命运共同体"理念的沟通性权力叙事，在共情传播中提升中国国际话语权的吸引力、感召力与影响力。

**黄典林：** 从中国立场出发，我们认为，短期内，中国要做的是在日益激化的国际舆论争论中，在明确自己立场的同时，通过有效的信息传达，尽最大可能消除美国等西方国家媒体报道和社会舆论中存在的错误或误解。但从长期来看，只是在说什么和如何说方面下功夫是不够的，要在中美关系日益紧张的国际形势下做好国际传播，讲好中国故事，让国际社会理解和支持中国的立场，关键还是要在国际话语权建构的制度基础上下功夫。从传播主体的角度来说，尽可能推进我国国际传播主体的多元化，在官方渠道之外，形成有效的非官方声音。尤其是面对西方舆论的强大攻势，我们要强化自己的国际话语权，就必须形成具有较高公信力的国际传播主体，避免"官方媒体"的标签和刻板印象化的价值认定对国际传播主体的公正性和可信度造成根本性伤害。总之，我们不仅要关乎说什么和怎么说的问题，还要开动脑筋，解放思想，解决好谁来说的问题。

## 从理想沟通到话语现实

**张毓强**：理想意义上的人类不同族群的沟通需要摒弃权力意识，求同存异。然而，至少在当前的国际政治现实中，它只是一种理想。当我们回到话语现实中来时，人类不同族群仍在混沌的发言与话语中苦苦挣扎。但是我相信，选择现代理性的人寻求沟通，抛弃现代理性的人选择对抗。

**何国平**：确保"权利"意义上的发言权得到充分行使和伸张。"虽然我不同意你的观点，但我誓死捍卫你说话的权利"这一名言，表明发言（说话）即在场权利的表达。真理越辩越明，只有通过在场、开放、充分的沟通，才能缩小差异，减少敌意，扩大共识，传播善意。

在"权力"和"权利"的结合中全面提升中国国际话语权。在"权力"意义上，面对当前全球治理赤字、信任赤字、和平赤字、发展赤字四大挑战，中国要加大制度性公共产品的供给力度，为世界各国提供中国在国家治理中形成的中国经验、中国智慧与中国模式，将"人类命运共同体"理念、"一带一路"倡议等中国话语转化为国际制度性权力，提升中国话语的国际影响力。在"权利"意义上，充分尊重各国的话语权，提升中国话语软实力，增强中国话语全球传播的吸引力和感召力。

**刘朋**：如果站到全人类的高度，就难以理解国家或民族的话语权了。如果"世界是平的"，人类生活在地球村，那么就应该从"市民社会""公共空间"或者个体差异等这样的概念进行解读。只有从国家主义的角度，或者从民族主义的角度，才能理解国家的或民族国家的话语权。

掌控话语权营造的国际舆论，有一定的影响力，但也不要太过于理想化看待，不要太过于看重国际舆论，毕竟民族国家只能自助。当然也不能太过于现实主义了，毕竟"话语权"和国际舆论在非权力斗争的领域是很有作用的。这里应当区分国际舆论和国内舆论的差异，对国家而言，国内舆论跟国际舆论在重要程度上不在一个重量级。

**姬德强**：对"话语权"和"发言权"应该进行一些更加细致的划分。"发言权"虽然有"权力"（power）的意思，但更多与"权利"（right）有关，往往是在一个不平等的传播关系中需要争取或者被赋予的一种负面权利；而"话语权"大多与主动的"权力"有关，指的是影响传播与沟通的一种权力。在这个简单区分的基础上，我们也许可以说，不同族群、国家的开放式沟通和理解，一方面，需要在仍然不平等的国际传播或全球传播格局中，以各种体制和机制的设计，保证，或者更精确地说，捍卫参与族群和国家的发言权利；另一方面，即便有对于话语权力的诉求，但也以开放，尤其是以对不同主体的尊重和认识为前提，才能使话语权的建立成为一个对话、共享和共建的过程，而不是依靠单一说服乃至暴力压制。这是我们从20世纪霸权主义主导的国际传播史中汲取的教训，也是在21世纪需要牢牢树立的新立场和新观念。

**黄典林**：实现不同国家和民族共同体的充分沟通，是一种美好的愿望和理想。但无论是在一国内部，还是在国际关系层面，传播的问题向来不是孤立的，而是与权力关系息息相关。人类自有史以来所形成的绝大多数社会形态，都存在权力不均等分配的问题。绝对的公平机遇，包括发言权的公正分配问题，始终是一种规范性的标准和价值追求，总是与现实状况存在或大或小的落差。在国际层面，发言权和话语权在不同国家间的分布状况，是由特定历史阶段国家间的实力（硬实力和软实力的总和）对比关系决定的。在可以预见的未来，这一点不仅不会改变，而且会在国际关系格局陷入动荡态势的背景下，变得愈加突出。

（本文发表于2020年9月，略有删改。）

# 互惠性理解：
## 当前跨文化传播实践与理论问题的探讨

肖　珺　武汉大学媒体发展研究中心研究员、

武汉大学新闻与传播学院教授、

《跨文化传播研究》副主编

张毓强　中国传媒大学教授


讨论人：

肖　珺　武汉大学媒体发展研究中心研究员、武汉大学新闻与传播学院教授、《跨文化传播研究》副主编

张　磊　中国传媒大学国家传播创新研究中心研究员、《国际传播》期刊编辑部副主任

唐佳梅　广东外语外贸大学教授、武汉大学媒体发展研究中心研究员、《跨文化传播研究》编辑

　　跨文化传播面向我们与他者（others）的传播交往和文化关系。我们始终在思考如何与他者互动，如何通过形成共有文化空间进行思想交流，进而彼此间达成理解的和谐之道。跨文化传播研究需要更多地立足人类自由交往的需要与实践，通过经验研究揭示不同跨文化情境中保持文化多样性与文化间可沟通性的独特路径，通过批判研究揭示文化间的权力关系，重构人类的普遍交往。

人类社会正处于一个高度不确定的全球化时代。尽管数字新媒体的不断发展和全球性新媒体平台的普及使得信息和文化的流动日益频繁，但不得不面对的问题是，全球化与逆全球化的纷争也把人类带入一个充满冲突，同时也是交流贫困的时代。自2020年以来，在新冠肺炎疫情全球蔓延的紧急状况下，疫情曾一度使全球对话与合作陷入困境，并呈现出一些从未有过的新现象和新问题，跨文化传播研究受疫情影响变得比以往更加困难，但也因此更为重要。因为，跨文化传播研究可以帮助我们理解和消解世界范围内的不安全感和不稳定状态，更好地认识文化模式与文化变革、文化对人的影响、移民的融合，以及社会、经济因素与价值观、信仰等因素的相互作用。可以说，我们对跨文化传播了解得越多，就越有助于彼此的理解与合作，特别是为那些正在寻找跨文化传播可能性的人们提供增进交流与和平的传播之道。

中国的"一带一路"倡议、"人类命运共同体"等主张向世界传递了一种理念，即和平、合作、发展、共赢，通过借用中国古代"丝绸之路"等历史文化符号言说文化碰撞、交流和融合的价值诉求，这些新型全球化主张被认为是中国制度性话语权的自主创建式路径。要实现这些目标，必须跨越地域、民族和国家，面对不同文化背景的各国人民，面对语言、宗教信仰、风俗习惯等不同的文化要素。互联互通、民心相通就是要在不同的文化中实现跨越和共通。由此，中国理论回应的着力点是建构文化共同体，以此开拓和建构基于中国问题的跨文化传播研究。

就相关问题，武汉大学媒体发展研究中心、中国传媒大学"新时代中国国际传播实践问题与本土化理论创新研究"课题组联合中国外文局当代中国与世界研究院组织专家进行了讨论。

## 跨文化传播能力：促进文化交流的积极力量

在我们与他者（others）的跨文化传播中，人类社会正呈现出怎样的交往实践和文化关系？特别是在疫情等问题导致的高度不确定性的全球交往中，跨文化传播能力的提升是否可以成为促进文化间交流的积极力量？为什么？

**肖珺：**我们与他者（others）间的交流与沟通是跨文化传播实践和理论研究的缘起。我深信跨文化传播能力的提升是促进文化间交流的积极力量，或许，我们也可以反问，在充满高度不确定性的全球交往中，如果我们不寻求文化间的彼此感知和理解，我们又通过什么来实现和平的人类共存与可持续发展呢？我们必须承认，当前的全球发展正处于不确定性增强的状态中，新冠肺炎疫情使得人类社会突然陷入全面的紧急状况下，民族主义、种族主义等裹挟而至，世界范围内的不安全感、不信任感、仇恨敌对情绪等不同程度地辐射开来，我们似乎陷入人类交往的无力感之中。但与此同时，人类自身会比之前更多地省思病毒，以及生物意义上和社会意义上的病毒带给我们的教训和启示。面对全人类共同的灾难和痛苦，正在发生的人类灾难也在推动"我与你""我就是你"的主体间性公共空间的形成，或许，人类在关于病毒的生命叙事中，将有可能通过互惠性理解与沟通建构一种新型的全球社会。我相信，我们对跨文化传播了解越多，实践越多，就越有助于彼此的理解与合作。

**张磊：**跨文化传播应当是交流性的，而非宣传性的；应当是双向的，而非单向的；应当走向文化互惠，而非文化输出。甚至，"我们与他者"这一组关系也需要反思。萨义德在对东方主义进行解剖的时候，已经指出了"我们"与"他者"所处的不平等地位。正因为如此，著名犹太哲学家、翻译家、教育家马丁·布伯（Martin Buber）反思"我和它"关系，强调"我和你"关系，"凡真实的人生皆是相遇"，而不是某一方为主体，另一方为客体。香港城市大学媒体与传播学系讲座教授李金铨曾经借用管道昇的《我侬词》来喻指跨文化传播："把一块泥，捻一个你，塑一个我。将咱两个，一齐打破，用水调和。再捻一个你，再塑一个我。我泥中有你，你泥中有我。"真正良性的关系，应当是"自我"与"他者"互相建构，在差异中明确自身，形成的不是优越感，而是相互尊重与理解。这应当成为人类文化交往的价值基石。

以"韩流"文化为例。它的成功，不仅依赖韩国政府的推动、资本的注入和文化从业者的创造力，同样依赖各国"粉丝"的消费、参与和再造，而细究其中的文化源流，我们可以看到儒家思想和基督教理念的交汇，看到中国香港电影、日本动漫和西方嘻哈文化的影子。甚至，连"韩流"（Hallyu）这个词，都是来自中国媒体的创造。文化的交光互影，由此可见一斑。

2020年新冠肺炎疫情初起的时候，我正在韩国国立首尔大学访学。有一天，我居住的宿舍楼前贴出了一个标语，用中文写着："武汉加油，中国加油！"我在这个标语前驻足良久。遇到灾难的时候，同情心成为打破阻碍的桥梁。当韩国也遭受疫情困扰，中国大使馆捐赠的物资上写着新罗时期旅唐诗人崔致远的一句"道不远人，人无异国"，同样具有跨越心防的力量。从这个角度讲，跨文化传播的力量远远胜过文化输出。

**唐佳梅：**我想以基于本土观察的几项跨文化传播经验研究来反思和探讨这些问题。2014年"马航事件"后，我们曾分析了外派到海外的中国记者如何进行跨文化报道，疫情暴发后我们又调查了如何针对在华外籍居民发布疫情信息。一方面是我们的媒体和各行各业走出去开展全球交往，另一方面是聚居国内的族裔飞地和国际移民社区不断形成，具有不同的群体特点和传播习惯。跨文化交往不再只是移民国家的显性问题，而成为我国和许多国家的常态实践，全球疫情让我们更深切体会到，应对危机使人类社会跨越文化差异成为命运共同体，但文化及其他差异又导致共同体的命运充满不确定性。无论如何，跨文化交往已经是我们从个体交往到公共治理，从生活实践到理论探索都要面对的充满挑战的议题，提升不同主体的跨文化传播能力肯定是促进文化交流的积极力量。我们调查中国记者在海外报道的问题，分析外籍人士疫情信息传播的有效性问题，就是尝试为媒体提升跨文化报道能力和加强管理者移民社区善治能力提供参考。

## 新媒体平台：挑战人类的跨文化关系

数字化的信息传播技术正在不断更新人类交流的方式和通道，人们不断创新数字媒体中的跨文化互动等社会实践方式，与此同时，这种文化间接触导致的大变革又会深刻改变人类社会的交往模式、思想观念和价值观，这些汇聚成为全球连通的结构性重塑力量。全球性新媒体平台如何通过传播改变或挑战了人类的跨文化关系呢？

**肖珺：**之前我们曾经讨论过"平台"（Platform）在全球交往中的力量。时至今日，我们已经清晰地看到，全球性新媒体平台既是推动人类交往的积极力量，也是消解人类团结的权力结构。数字化信息传播技术的不断更替、发展是全球化得以向前推进的基础要素之一，世界流行的新媒体平台正在通过制定新规和挑战传统实现自我的全球扩张和话语霸权，在此情境下，跨文化传播正在面临一些新的挑战：一是世界范围内的文化间疏离与敌视加剧，一方面，互联网的大连接实质性地造成全球化的趋同效应；另一方面，在网络空间中，右翼民粹主义、种族歧视问题也不断凸显。二是人们在跨文化虚拟共同体中的冲突表明，新媒体有助于提高跨文化沟通效率，但不必然带来文化间的深层交流和理解。此外，新媒体的沟通方式，如多元会话模式可能带来更多的冲突。三是划分边界和敌我的抗拒性认同带来难以缓解的文化间困境，跨文化传播中的误读和抵制不断挑战传统社会权威。

**张磊：**第一，全球性新媒体平台带来了高频交往。这种交往极大提升了文化交流的数量及频次，不仅远超传统社会，也远超大众媒介时代。它增加了不同文化之间相遇的可能性，当然，其中也往往蕴含着冲突。

第二，这种全球性媒体平台是以科技为中介的。因此，它偏离了人类所惯常使用的符号系统，纳入了标签、算法、屏幕、自动翻译、全球时间系统比对等因素。社交机器人已经遍地皆是，那么人工智能真正发展出自主性之后，又会给人类的传播境况带来什么？或许应反思人类中心主义，以更谦逊的姿态来重整自我与他者、人与环境、社会与自然的关系。

第三，这种全球性媒体平台既是跨越地理疆界，也是基于地理空间而形成的。我们应当重新思考地理在媒介传播中的重要意义，建构具有公共性的空间，把文化交流与人们的地方性知识结合起来，真正使其具有有机性。

**唐佳梅**：还是从我们的调查研究谈起，我们对广州的常居外籍人士做过一些历时性的媒介使用调查，发现社交媒体，尤其是微信已成为外籍居民使用越来越多的平台，这意味着要针对目标群体规划设计更多适用于社交媒体传播的医疗卫生信息，健康促进与传播都需要整体转向社交媒体平台。然而疫情期间的外文信息不少还是通过相关部门的网站来发布，触达率不够理想。另外，虽然社交媒体的使用逐渐普及，但不同外籍社群的信息沟通传播方式又有差异，有些偏向熟人社交获取，有的依赖就职机构或社区通知，新媒体只是人际传播和组织传播的载体和工具。有针对性的跨文化信息传播规划和策略制定，应该基于对不同移民社区的调查了解才能达到有效沟通。在跨文化交往实践中，新媒体平台一方面让不同文化背景的群体在沟通工具上趋向一致，共同的信息传播平台为跨文化交往与信息传播提供了载体；另一方面不同文化社群又使用新媒体延续原有或逐渐发展各自不同的交流与传播模式，媒介使用工具和信息传播载体的趋同并不一定导向交往方式和文化差异性的趋同。新媒体究竟如何改变了不同文化社群的传播生态和跨文化关系，还需要我们通过更多的经验研究深入了解。

## 可沟通的中国：中国跨文化传播的表征

中国正在不断探索与世界沟通的理念和方法。从国际传播的角度看，中国作为一个独立民族国家一直以来都非常积极地在新媒体空间建设全球传播渠道，并通过制度设计努力提升国际话语权。从人际交往的角度看，"一带一路"倡议、"人类命运共同体"、打造对外开放新高地等新型全球化主张使得跨文化传播正在成为中国的日常实践和经验，除了频繁的国家间交往，驻外企业、海外留学生、外国移民、境外旅游、网络文化产品等使得文化间互动成为传播常态。从中国出发，正在涌现哪些值得关注的跨文化传播议题呢？

**肖珺：**当前，我们确实需要更系统、更多元地思考从中国出发的跨文化传播，原因之一是中国的跨文化传播实践和理念已呈现出重大转变。2015年，武汉大学新闻与传播学院单波教授与华中师范大学新闻传播学院副教授辛静提出"建构具有对话性的中国形象"，他们基于对外传播的纪录片提出，通过追问现实生活真相的内容策划、站在他者视角的思维方式，实现意义联合的问答式对话结构，建构和传播了具有对话性的中国形象。2019年，单波教授和武汉大学新闻与传播学院博士研究生林莉基于新华社的对外传播实践，修正了"以中国作为方法"的结论，提出理性的对外报道是中国与世界互为方法与目的。这些研究拓展了从中国出发的跨文化传播认知方式和理论路径，"可沟通的中国"是中国跨文化传播的表征。我已连续四年跟踪和分析中国跨文化传播创新实践，我们从2017年至2020年的研究中发现，中国的跨文化传播在观念创新、内容创新、平台创新等方面不断发力。在构建"可沟通的中国"的跨文化传播中，我们需要思考，如何主动尊重相异文化的主体地位，增强互惠性理解或减少文化冲突和矛盾；如何结合历史情境或时代语境进行文化间的互动；如何不断增强跨文化传播创新能力，进而推动跨文化传播实践的发展；如何有力回应全球关切与质疑、改善跨文化冲突，促进中国与全球的信任连接和价值认同。

**张磊：**就中国角度而言，应该寻求更能形成全球共识的传播课题。

例如，扶贫减贫。这是中国社会主义建设最伟大的成就之一，也是全球社会普遍关注的话题。当《山海情》在国内赢得市场与口碑的双丰收之时，我们是否可以考虑如何面向全球贫困状况提供中国智慧？

再如，环境保护。中国的高速铁路系统在全球数一数二，但容易被人忽略的是，高铁如何保护自然环境及其生态？西成铁路在穿越秦岭时专门建立鸟类保护网，这应当成为跨文化传播的故事元素。

此外，还有中国乡村的故事。李子柒的视频之所以在海外社交媒体上广受欢迎，很重要的因素是描绘了一幅令人神往的田园景象。加拿大皇家学会院士、中国教育部讲座教授、加拿大国家特聘教授赵月枝早就提醒要讲好中国乡村故事，它可能是文化吸引力的重要来源。

**唐佳梅：**我自己研究的跨文化传播议题是基于身边的经验和观察，主要关注媒体记者的跨文化报道和在粤外籍人士的媒介使用、信息传播等，从身边熟悉的跨文化传播实践进行在地的经验研究，可能是一种研究追着实践跑的可行路径，自己感兴趣的议题就是最好的研究动力；另一种路径是更加前瞻性的研究，透视各种跨文化实践，超越相关经验研究去洞察能够指导跨文化传播实践发展的理论命题。理论探索也可以从自己的经验研究中衍生发展，比如我在经验研究基础上开始思考不同主体的跨文化能力指标与评价体系、跨文化传播伦理规范等问题。研究者的生活经验和学术旨趣常常不同，自己感兴趣的，可以深耕持续坚持的，都是值得关注的议题。

## 开拓中国跨文化传播研究新境界

跨文化传播能有效促进跨文化关系的建立和发展，跨文化传播能力的提升也将有力建构一个和平共存的多元文化社会。中国的跨文化传播研究应该在哪些方面着力开拓呢？

**肖珺：**2020年下半年，武汉大学媒体发展研究中心、《跨文化传播研究》编辑部与海内外学者进行了多次讨论，我尝试着总结一下大家的观点。

从实践层面上看，可开拓的议题主要包括：（1）中资企业"走出去"中的跨文化传播问题。比如，北京大学新闻与传播学院程曼丽教授提到的当地官民对中国的认知偏差，文化、社会习俗的差异，外部因素引发的矛盾，以及中国企业缺乏风险防范意识等造成的交流阻碍，中资企业在"走出去"的过程中需要做好风险评估，提高员工素质和危机意识，通过有针对性的传播消除误解和偏见。（2）海外主流社交平台上的中国形象建构问题。比如，清华大学新闻与传播学院陈昌凤教授指出，我们现在处于第二代人工智能的阶段，社交机器人在社交媒体信息扩散中已有较大影响，要警惕社交媒体的工具化等问题，人机交互中的跨文化传播更需要恢复人在传播中的主体性。（3）新冠肺炎疫情时代的全球对话与合作问题。比如，美国跨文化对话中心主任温迪·利兹-赫维兹（Wendy Leeds-Hurwitz）强调，病毒没有国界，这是一场全球性的疫情，我们可以观察和分析全球合作中人类是何以面对全球性挑战和对抗共同敌人的。（4）新的技术中介如何促成不同的文化连接。比如，澳大利亚迪肯大学大卫·马修（David Marshall）教授认为，技术中介有利于个人分享看法、图像和情感，我们可以探索跨文化传播如何在人类文化中实现了更好的分享、理解，并加强了政府、机构、公司和个人、社群、文化之间的关系，进而改善全球以及特定跨文化关系。此外，还包括数字时代仪式化的日常生活、对外沟通的有效框架等议题。

从理论层面看，可开拓的议题主要包括：（1）跨文化传播中信任与理解问题，比如，瑞典哥德堡大学的延斯·奥尔伍德（Jens Allwood）教授表示，在这个时代，我们需要对跨文化传播有更深层的认识，以便更好地理解文化模式与文化变革、文化对人的影响、移民的融合，以及社会、经济因素与价值观、信仰等因素的相互作用。（2）跨文化传播中的全球性思维问题，比如，美国伊利诺伊大学香槟分校教授克利福德·克里斯琴斯（Clifford G. Christians）指出，在全球媒体技术正改变历史的分水岭时，教师们和学生们都需要具有全球性思维，传播学的研究要恰当地以世界为中心，必须重视特定的人类生命价值，而不仅仅是普遍的人类生活，随着传播学研究的深入和概念成熟，需要新的轴心来取代单一文化轴心。（3）人的跨文化感知与关系建构中的新议题，比如，复旦大学新闻学院孙玮教授提出感官传播的跨文化意义，她认为媒介从仿真走向全真，同时使人们的媒介交往从理性理解拓展到本能体验，跨文化权力、智能感知、生命体验、文化与意识形态、跨文化传播目标等都可能面临着新的定义；暨南大学新闻与传播学院刘涛教授指出，在话语冲突中存在着争议宣认和框架争夺，在跨文化沟通的公共修辞实践中要凸显视觉框架。此外，还包括平台世界主义、互惠性理解的价值观视角等议题。

**张磊：** 首先，应重塑价值基石。资本主义现代性的核心是一个"竞"字。从达尔文主义的物竞天择、优胜劣汰，到市场自由竞争中的"大鱼吃小鱼"，到舆论和文化领域的意见自由市场，再折射到体育竞技和大众文化中层出不穷的比赛，都将竞争视为核心价值。然而，它并非天经地义。我们可否试着用一个"通"字来挑战它？谭嗣同的《仁学》以"通"为要旨，并提出其四义——中外通、上下通、男女内外通、人我通，且说"通之象为平等"。政治不一定是权力争夺，更应是协同治理；经济不一定是剥削与逐利，更应是分享、服务和礼物交换；文化更不应当是国力竞争的工具，而应当成为沟通交流的手段。

其次，应寻求新的概念和理论。"软实力"源自帝国主义意识形态，充满陷阱。"文化输出"带有强烈的竞争色彩，未免落人口实。实际上，古今中外的智慧尚有大量理论富矿未曾好好挖掘。是否可以将"人类命运共同体"与中国古代的大同理想、西方近代的世界主义进行对话，结合新的媒介技术与传播形态，激发出新的理论火花？

最后，应探索新的研究视角。到海外去，开展海外民族志或跨境民族志研究，是值得思考的方向。如果采取文化互惠观，我们所关注的不应是传播效果的达成，即当地人受到了中国文化的哪些影响，而是文化在彼此碰撞之后的微妙流变。学会讲述固然重要，学会聆听，也是跨文化传播研究者应该具有的能力。

**唐佳梅：** 在回答上一问题基础上继续探讨，我觉得中国的跨文化传播研究可以在以下几方面继续拓展：首先关注本土的跨文化传播实践，观察和调查不同领域、不同行业、不同维度正在发生的新实践，扎扎实实多做一些微观的、细致的、多种多样的经验研究。然后勇于进行理论探索，扎根的、批判的、跨学科的，努力争取在新时代基于本土的跨文化传播实践有一些理论突破。还要融通国际学术前沿，加入跨文化传播研究的国际学术共同体，联结和比较全球与本土视角，参与学术研究本身的跨文化实践。当然，关于跨文化传播研究方法的讨论尝试也非常有必要、有意义。除了在地经验、国际视野、理论建构和方法探索，我还想特别指出在跨文化传播的基础研究之外，不要轻视或忽视为跨文化传播本土实践提供参考和指导的应用研究，针对正在进行的、出现问题的、亟待解决的具体跨文化传播实践问题，通过包括调研报告在内的形式不同的应用研究方式，让应用研究和基础研究一起，观照长期或当前的现实问题。

（本文发表于2021年3月，略有删改。）

# 中国国际传播中的信息生产、信息在场与沟通达成

张毓强　中国传媒大学教授、国际传播战略与发展研究中心常务副主任

黄　姗　中国传媒大学传播研究院硕士研究生

**讨论人：**

赵永华　中国人民大学新闻学院教授

吴　钢　《环球时报》英文版时政要闻部原主任、《中国日报》原时政记者

张毓强　中国传媒大学教授、国际传播战略与发展研究中心常务副主任

姬德强　中国传媒大学国家传播创新研究中心副研究员

刘　朋　中国传媒大学广告学院副教授

王洪波　中国外文局当代中国与世界研究院对外传播研究中心副主任、中国传媒大学国际新闻专业博士研究生

**整理人：**

黄　姗　中国传媒大学传播研究院硕士研究生

近代以来，中国与世界的关系处于不断变动中。中国在国家和民族层面，一直努力试图让世界了解中国，达成良好的沟通。这种努力在2001年申奥成功之后到达了一个新的阶段。这一年，中国获得2008年奥运会举办权，成为世界贸易组织成员，中国改革开放政策带来的全球化红利有效释放。这一年，也被称为中国"全球化元年"。

此后，中国国际传播中的信息生产速度不断提升，到2008年奥运会之后，更有一个量上的重大飞跃。随着国家政策支持力度持续加大，加之中国与世界贸易的深度融合，中国在全球传播渠道中的信息在场不断强化，沟通效果也发生着良性变化。

时至今日，以中央广播电视总台、新华通讯社、《人民日报》、《中国日报》、中国新闻社等在国际传播能力建设中的巨大投入为代表，全国配合"一带一路"倡议、中华文化走出去等政策议题，在国际传播信息生产方面取得了巨大成就。在全球信息传播主渠道中，中国的信息在场比例也得到了有效提升。然而，在沟通的有效性方面，似乎难得见到突破性成果。特别是在涉华重大议题中，沟通效果仍然和国家要求有差距。那么其中的问题是什么？这种问题是一个自然的历史性问题，还是在短时间内可以解决的问题？在国际传播实践中，如何处理好信息生产、信息在场与沟通达成之间的关系？中国传媒大学国际传播战略与发展研究中心组织专家对以上问题进行了研讨。

## 概念逻辑

**张毓强：**本质意义上，国际传播是国家诞生以后，不同国家、民族之间基于彼此的认知，处理相互关系、进行对话和交流的过程。这个过程中，信息不断被生产，并以特定的载体，通过不同的渠道到达彼此的信息认知场域。在场之后，则有被关注与不被关注，关注之后是否接受，接受之后能否达成认同的问题。这其中的影响因素也比较复杂。

**吴钢：**这三者分别表示信息的生产、传播和达到的效果，是信息传播过程的三个重要阶段，缺一不可。从时间顺序上讲，先有生产加工，再有通过各种媒体渠道传播，最后才到达特定的受众群体并产生一定的影响。虽然它们是先后递进关系，但沟通达成的预期效果也反过来影响信息内容的选择和加工方式，同时可能影响到传播渠道和传播方式的选择。

**赵永华：**信息生产的质量优劣与信息传输的通畅与否，决定着沟通能否达成。其中，内容是基础，在内容中，事实信息与其中蕴含的价值理念，均影响到沟通的达成。沟通行为在信息的生产者和信息的接受者之间进行，受者是否接受信息，传受双方是否能持续沟通对话，取决于信息传播的实质内容与传递出的价值。一般来说，受者对信息要求内容可信和价值可取。内容的真实可信是第一位的，而事实信息通过叙事传递出的价值影响着受者的沟通意愿。内容是沟通达成的关键。不过，再好的内容，如果没有好的渠道，也达不到预期效果。信息不能在场，无法与受众结合，传受双方也就不能产生沟通行为。渠道在快速与多元化方面助力信息的传播，保证信息的及时性与到达率，实现信息内容的价值，继而使沟通得以达成。因此，信息生产是基础，信息在场是条件，沟通达成是结果。

**刘朋：**从整体上看，信息生产、信息在场与沟通达成的思路仍然是一种宣传说服逻辑，这个逻辑依然是站在传播者的角度去理解现象的模型。这一逻辑关注的是信息的生产者和传播者如何对传播对象施加影响。尤其是信息在场一词，该词非常类似于广告中的亮相（exposure）。在场意味着信息传播者试图对某个"场"或"舆论场"施加影响，场是一个客体和对象。"在"与"不在"解释了一种从主客体的思路去理解舆论的观念。

从信息生产、在场到沟通达成，是一种线性逻辑，这种逻辑不能很好地适合融媒体时代，因为信息已经不是先生产再投放的问题，而是共同生产的问题。内容生产者生产的信息，在传播中会被不断改变、建构或解构，沟通也并非是信息生产完成之后的过程，而是从信息生产过程中就可能发生，即信息的生产者如果没有预先进行交流，而是仅仅凭主观意愿，忽视传播对象的"信息需求"，那么，生产出来的信息，除了成为"舆论场"中的冗余信息之外，难以有其他表现。

**姬德强：**这三者既是一种从信息生产到信息在场，再到沟通达成的线性关系，同时也是一种互动的、非线性的关系。首先，在国际传播中，不管是以建制化媒体和文化机构为代表的工业化，还是以跨境个体和社交媒体为代表的后工业化，其信息生产均会拓展信息在场的广度和深度。在很大程度上，通过信息交换、协商或共享，最终会导致两种可能的结果，即沟通达成或分歧增加，这也是国际传播的常态。因为信息本身解决的是认知的不确定性问题，不是态度和观点问题，所以最终要达成沟通乃至共识，还需涉及怎样讲好故事、传递怎样的价值观等维度。其次，如果结果是沟通达成，那么反过来对信息生产和信息在场的需求就会加大，也有助于推动更大规模和更深层次的信息生产；如果结果是分歧增加，那么各方就会主动修建信息交换的栅栏，任由刻板偏见主导国际范围内信息的生产和获取。观察近来国际范围内出现的政治极化、民粹主义等现象，我们可以发现，信息生产确实可以促进信息在场和沟通达成，但也往往会受制于后真相的舆论环境，任由极端观点横行。

## 生产与在场的互动

**张毓强：**在一个全球深度融合的世界中，信息的传递越来越便捷。信息到达与在场的方式也发生着深刻变化。但是，如果以民族国家为国际关系的主要行为体来理解和看待世界的话，利益的分割、文化的差异、政治的考量等多种因素还是在一定程度上影响着信息的到达与在场的时空。

**赵永华：**打造媒体的国际传播力是中国对外传播媒体多年致力于发展的目标。近年来，中国媒体表现出更强的向世界说明中国的愿望。经过多年的不懈努力，在信息生产方面，中国媒体已经积累了大量宝贵的经验，可以说，现在中国的国际传播实践中，信息生产已很充足，但需要更具有针对性以及进一步精细化。信息在场的实现可以分为两个步骤：一是信息覆盖，二是信息落地。经过多年的渠道建设和大量的资金投入，特别是"一带一路"倡议实施以来，中国对外传播媒体的覆盖地域和覆盖人口大大增多。但是，大幅提升的覆盖率不能说明实际的传播效果。我们发出去的信息存在"半悬空"现象，而没有真正落地。

**刘朋：** 考察国际传播实践，是一种停留于传统的信息匮乏时代的理念，而当前受众的"注意力"才是稀缺资源。就中国而言，信息在场的问题实际上没有得到解决，因为受众所需要的信息，依然是匮乏的。这就要求提供用户或受众真正需要的"中国故事"，提升我们讲故事的本领，尤其要注重"讲什么故事"。比如《战狼Ⅱ》，从讲故事的角度，它很好，但是在国外它不仅缺少观众，而且好评度也远不及国内。这是因为《战狼Ⅱ》式的内容，已经不是西方人希望了解的中国故事。当然，它的目标受众本来也不是西方观众。但国内不少类似的国际传播信息仍习惯使用国内传播的内容，这很不符合信息需求。西方民众对中国充满了好奇，但是我们却没有真正提供能够满足这种需求的信息内容，尤其是能转化为中国软实力的信息内容。这很可惜。

**王洪波：** 在国际传播实践中，中国已经展现出强大的信息生产能力。不过，中国的信息生产存在一定的结构性问题，有些生产出来的信息并不是世界所需要的，而一些世界需要的信息并没有生产出来。因此，我们在与世界对话时，有时存在信息缺失的问题，这会影响信息在场率的进一步提高。

**姬德强：** 从建制化媒体或文化机构的角度而言，当前信息生产已经比较丰富，这也是21世纪以来中国媒体、文化、企业等主体主动走出去的多元结果之一，也确实在很大程度上满足了世界各地民众对一个不断全球化的中国的信息需求。但从国际传播的角度而言，这一生产是否充足，需要从两个角度来进行评估：第一，信息的直接到达或在场率，换句话说，有多少来自中国的信息直接由中国渠道抵达世界各地的民众；第二，信息的间接到达或在场率，即任何一个国家和地区的信息环境主要由其本土或与其政治文化相近的媒体和文化机构所型构，来自中国的信息是否被地方信息环境所吸纳、过滤和重组，这应该是下一阶段分析中国国际传播是否在场的重要依据。中国国际传播的信息生产在直接到达或在场率上有了显著提升，但在间接到达方面还较为欠缺，即"我们推出去了，但却较少被拉进去"。国际范围内信息的多级传播，或者中国国际传播实践与世界不同地区的相关性，依然是我们要研究的重要问题。

## 沟通达成及其问题

**张毓强：**信息到达与在场后，会遇到一个更为复杂的问题，就是共识的产生。话语状态、表达方式、价值认同、文化认知，甚至是信息的渠道与场域，都会深刻影响沟通的最终达成。

**刘朋：**就沟通达成而言，如果这个词指的是形成共识，那么，中国与世界其他国家达成的共识还是非常多的，但这个理念主要是西方人最早提出的，我们中国在这方面的贡献依然比较少。如果沟通达成指的是达成一种期待的说服效果，那么，中国国际传播的成效并不理想，至少是事倍功半的。比起我们传播投入的资源，说服效果是非常不成比例的。

**吴钢：**由于强大的资金支持和丰富的人力、物力资源的投入，中国在国际传播中的信息在场方面取得了很大成果。但是，这些信息是否达到了"讲好中国故事"的效果，从而让外国受众客观公正地看待中国经济社会的发展，不被西方一些戴着"有色眼镜"的报道带偏，仍是一个需要持续关注的问题。

**赵永华：**国际受众对中国的认知和评价并不单单取决于中国的对外传播媒体，有关中国的信息来源是多种多样的。与国际受众沟通的主体是多元化的，不只有媒体，还有驻外机构、企业组织、涉外人员、留学生、旅游者，甚至是出访的国家领导人等。综合各种调查和研究数据，中国在国际上的国家形象正在逐步改善，但偏见和隔阂仍然存在。宏观上，对中国制度的不理解；日常中，对中国习俗的看不惯……这些都或多或少地存在于西方的媒体和民众的头脑中。

**姬德强：**成效也许更多地体现在两个方面：第一，处于高速发展、全面改革、深化开放中的中国整体形象的高曝光度；第二，中国在具体领域传播成效的集中突破，比如整体发展、领导人思想和经济成绩等。整体发展可以围绕中国模式的讨论为代表；领导人思想以习近平总书记的国际传播实践为主，以大国领导人之身份担任中国国际传播的发言人和行动者，起到了顶层的议程设置和全方位的传播成效；经济成绩自不待言，这也是目前中国国际传播中障碍和矛盾相对较少的领域。中国国际传播的问题还是在于对外部世界缺乏必要的跨文化认知和他者视角，陷于中外、中西的自我中心主义或简单二元论中难以自拔。这一点需要国际传播的从业者高度警惕，多学习国际社会中的文化传统和最新社会动态，将有利于讲好有对象感的中国故事。

## 理想模型

**张毓强：**我们是否可以从"实然"之中解脱出来，从"应然"层面看理想状态下三者的关系如何处理得更好？大家讨论下来，总体上有一个感觉，目前我们可控的是主动的信息生产，后两者似乎都暂不可控。而三者之间其实又是融合在一起、无法分割的。那么理想的模型是否存在呢？

**王洪波：**在理想的实践状态下，信息生产、信息在场和沟通达成三者应是一种良性的互动关系。在信息生产环节，既要坚持以我为主，又要平衡好受众的信息需求和阅读喜好，使生产出来的信息有人听、愿意听、听得进。

**姬德强：**理想的实践关系其实是一个多线性的过程，或者是以沟通达成为中心的辐射图。即围绕沟通达成，进行多样化的信息生产，让不同的信息都能在场，尤其是让与沟通对象有关的信息在场。如果沟通对象根本不关心你，或者你的影响力还没有进入其工作生活环境，那么，单向的信息生产就是徒劳的，信息在场的可能性也不会很大。在这个意义上，如何理解国际化和地方化的关系就成为一个重要逻辑。一个完整的国际或者全球传播，需要有国际化或全球化的拓展，更需要地方化的吸收和挪用，而不单纯是接收。认识到后者非常重要，因为单向的信息生产、在场和沟通，往往遮蔽了受众所处的复杂多样的信息环境、文化传统、地缘政治，以及受众是否与你传递的信息有关这一最核心的信息选择与接受变量。接受在地化的挪用和多样化再生产也是衡量中国国际传播成效乃至气度的标准之一。正如中国文化很多都被以好莱坞为代表的文化产品所吸收和再生产一样，我们也可以把沟通达成理解为一个多元协商的过程，而不是单向射击的目标。对于当前复杂国际局势下中国的国际传播而言，这也许更加具有紧迫性。

**吴钢：** 重点还是要在新闻和其他信息的生产方面下功夫。首先是对外国受众关心的中国政府政策信息的加工和生产。在政府部门出台新政策的时候，是否能有英文信息同步公布以供查阅变得越来越重要。许多受众可能不相信媒体加工或者包装的信息，希望能查到政策声明全文。其次，中国对外传播媒体在报道中国政策信息的时候，如何清楚解读政策的含义和影响，也是非常重要的工作。如果只是做政府声明的摘引和传声筒，恐怕读者读完新闻之后仍然是一头雾水。在政策解读方面中国媒体要多向外媒学习，看外国人关注中国政策的什么方面，从而用通俗易懂的话解读给普通外国读者。

**赵永华：** 在国际传播的信息生产方面，中国应与国际规则接轨。中国的对外传播媒体在国外参与国际新闻竞争，这就要求中国媒体也必须遵循国际通行的一些规则。由于历史的原因和英语语言的强势，英美媒体在国际新闻舞台上占据主角地位，美国新闻学树立的原则成为普遍遵守的新闻操作规范。在改变规则之前，应先接受和适应既有规则，先进入世界，再改变世界。

信息在场的途径有两种，一是加强自身渠道建设，二是开展合作传播。目前，改善信息在场状况的更有效途径是与国外媒体开展合作传播，即所谓的"借船出海"。与国外媒体的合作有利于提高中国国际传播的信息在场比率。

沟通达成的关键在于人。说到底，国际传播遇到的困难来自文化的差异，国际传播的根本特性是跨文化传播。无论是信息生产，还是信息在场，要解决的难题都是跨文化适应的问题，要处理好"自我"与"他者"的关系。信息生产要遵循什么样的规则，是国内的规则，还是国际的规则，信息在场如何通过与"他者"的合作实现"自我"的主体性，这都涉及跨文化传播。

　　**刘朋**：在优化信息生产、信息在场、沟通达成的逻辑关系前，首先，应当明确，它们所要解释的是一种对话沟通，还是一种说服性传播。其次，要将这些传播模式与现有的传播模式相对接。最后，它们如果是用来解释国际传播的，那么就要思考，它这个模型解释的是以国家为主体的国际传播，还是跨越国界的国际传播，这在根本上完全不同。前者受到权力的支配，结构简单；后者则完全是一种多元的传播形态。如果要改造该模型，不宜再放到拉斯韦尔的"5W"框架内去建构理论，而应该跳出现行传播的模式，以一种参与和对话的姿态而非试图影响他国和他国民众的传播者的姿态介入舆论场。

（本文发表于2019年8月，略有删改。）

# 以知识对话寻求共识：
# 关于国际传播沟通理性的讨论

刘建平　中国传媒大学教授

张毓强　中国传媒大学教授

讨论人：

陈卫星　中国传媒大学教授

刘建平　中国传媒大学教授

王洪喆　北京大学研究员

张毓强　中国传媒大学教授

新冠肺炎疫情的全球大流行正在加速中国与西方关系的百年未有之大变局形成。意识形态冷战、地缘战略压迫、种族主义歧视，折射出近代以来的中国与西方关系史。对此，是作某种理论概念化的判断而放任对抗性发展，还是尝试在知识对话的共识过程中寻求建设性关系的可能性，意味着中国与西方的关系是回到20世纪抑或真正开始新的纪元。在作出总体性战略判断基础上，强调主体性知识生产，树立有知识生产主体性和知识对话能力的文化自信，形成和坚持国际传播的沟通理性，应该是必须的选择。就此问题，中国传媒大学国家社科基金重点项目"新时代中国国际传播实践问题与本土化理论创新研究"课题组、中国传媒大学国际传播战略与发展研究中心联合中国外文局当代中国与世界研究院组织专家进行了讨论。

## 百年变局的认知逻辑

**张毓强：**当前，中国的国际传播特别是与西方国家的交流遭遇巨大压力。这种压力出现的历史与现实原因是什么？或者说，我们应该以何种逻辑、在何种层面上理解这一问题，从何种意义上去把握这一现实呢？对于这个问题，目前的一些讨论涉及三个不同层面：一是认为这仍然是冷战框架的延续。在这个框架下，国际传播应该回到舆论对抗的逻辑中，意识形态的对抗仍然是首要的考量要素。二是回到马克思主义的阶级分析方法，认为目前仍然是多年来不合理、不公平的全球秩序背后的阶级性问题。在这一逻辑下，我们必须回到人类大历史的进程中，去看待一种似乎不可调解的矛盾。三是在人类文明史的角度上考察，认为人类文明已经到了一个转换节点，基于现代性的"恶"和二元对立思维的逻辑，已经在很多国家引发了众多问题，而中国文明所提供的诸多共生性理念正在为人类破解困局贡献智慧。当前的压力与困局实质上更多是其他文明与治理形态自身的压力和矛盾带来的。

**陈卫星：**如何看待目前中国面临的国际传播局面？已经呈现的各种言论提供了各种不同角度的表述。从学术探讨的角度来说，是不是还可以从认识论的方法论角度来分析这个现象的复杂性，就是说，不能局限于一种单因单果的简化逻辑，而是从多因多果的复合机制来试图还原现象成因的演化机制。从《威斯特伐利亚和约》以后的国际关系演进路径来看，西方学者先后提出三种竞争模式的归纳或指向，一种是霍布斯定义的丛林法则，一种是洛克提出的契约精神，一种是康德提出的世界政府。当然现实和理论的互动总是一种相互修改的逻辑，比如说，今天可能很难看见赤裸裸的丛林法则，但总有看得见和看不见的大小霸权主义；冷战结束终结雅尔塔体系以后，以世界贸易组织（WTO）为代表的各种条约机制所代表的自由制度主义又面临着不断被冲击的脆弱性，从而引起不同意向的地缘政治—经济板块的重组；本来欧盟体制在全球范围是最成熟的地区主义实践机制，但从2015年难民危机对欧盟的冲击，以及有统一货币但没有统一财政的欧元区经济困局来看，人们也还没有找到新世界主义的现实路径。

**王洪喆：** 首先，冷战的历史阴影依然徘徊在中国与西方国家的外交关系和国际传播事务中。中美贸易战和后疫情国际关系的走向，让我们不得不去反思之前对历史的线性认知在此遭遇的挑战。在2020年谈及"新冷战"与20世纪冷战的联系，比过去30年有了更加具体和具有逻辑的指向性。似乎当下距离冷战年代更加切近，而自20世纪80年代全球新自由主义转型以来的当代史反而成为距离我们更加遥远的"平行宇宙"。

这就使得我们在"历史终结论"后所形成的国际传播理论与实践，并不完全适用于当下的现实。只是到了近几年，人们才意识到冷战从未在东亚终结。在国际法框架下，朝鲜半岛依然处于交战状态，海峡两岸也尚未完成统一。这些都提示了亚洲尚处于由20世纪"热战—冷战"历史所构造的国际秩序及其困境之中。

中国"一带一路"倡议的提出，在更长的文明史视野里揭示了欧亚大陆自大航海和工业革命以来的海权和陆权转移，以及处于两洋（大西洋—太平洋）之间的诸文明究竟何为中心、何为边缘的文明史议题。

由此，我们可以看到，当下的挑战和压力，并非由中国崛起所带来的与过往历史相断裂的全新议题，而是处于贯穿整个现代历史的资本扩张、大国协调和文明冲突长时段变化的绵延过程之中。这就要求我们必须在世界历史的整体视野中去重新理解这些变化，重新把握这些事实，重建国际传播的历史与现实自觉。

**刘建平：** 我更愿意从东亚国际关系格局发展的经验性视角来讨论这一问题。在纪念联合国成立75周年之际，国际合作受到新冠肺炎疫情大流行的冲击而似乎呈现出前所未有的脆弱性，"新冷战"鼓吹、"去全球化"动向、民族主义政治冲突给所谓冷战后世界新秩序或和平发展主题论蒙上浓重的阴影，因此，多国领导人在第75届联合国大会一般性辩论上的演讲，发出了维护和平、发展贸易、反对霸权之类应景于时政的呼吁。但值得注意的是，韩国总统文在寅特别强调正式结束朝鲜战争的必要性，请求联合国协助缔结终战宣言以"完全、永久地"结束战争。他指出：终战宣言将为朝鲜半岛的无核化与永久和平"铺平道路"，通过它迈进"和解与繁荣"的新时代，成为保障东北亚和平稳定、给国际秩序带来积极变化的开端。

毫无疑问，东亚地区的大国政治机制受谋求半永久驻军的美国操纵，联合国难以设置、推动相关的外交议程和国际法进程。然而，韩国媒体肯定文在寅总统谋求朝鲜半岛和平的决心，积极报道政府"锲而不舍地为明天的和平做准备"。

新华网对第75届联合国大会一般性辩论的报道截屏

对此，中国的国际新闻虽有所反映，但并无些许的兴趣和思考，这意味着，即使在新闻舆论生产的最前线，所谓国际传播也尚未得到可见证于历史意识和文化自觉程度的理解。而且事实上，当前的中国媒体与西方尤其是美国之间进行着被称为"舆论战"的激烈斗争，直白的象征暴力修辞也无疑是国际传播障碍的表征。

## 主体性的回归与追寻

**张毓强**：面对当前的国际政治和国际传播秩序的现实，也许无论我们从何种层面上去理解，都首先要确定中国作为一个独立的国家和民族的战略需求。也就是说，应当在明确主体性的基础上，明确我们与世界其他国家和国际关系行为体的交往与交流方式，以及对话的姿态。这种主体性问题在中国近代以来一直在知识分子中讨论。中华人民共和国成立之后的革命和建设的过程，也是延续着这种主体性追寻的逻辑。我认为，基于国家的经济实力、科技实力、综合国力，当前国际传播中出现的一些实践现象与逻辑，根本意义上是这种主体性重建的过程中必然遇到的问题。只不过，我们要更加明确，我们这种主体性要通过何种与客体的交往与沟通姿态完成其历史使命。也就是说，面对这种现实，我们应该以何种原则去讨论和确认中国国际传播的战略需求，并在此基础上思考实践路径与方式？

**陈卫星**：中国的特殊性首先在于中国从时空范围和人口数量所形成的超大体量，中国加入经济全球化以后成为经济上举足轻重的国际行为体，曾经在2008年的全球金融危机时充分发挥经济火车头的作用，为世界和平发展作出重大贡献。但同时不能掉以轻心的是，和平与发展的相互保障中需要充分重视的一个要素是非传统安全几乎和传统安全一样重要。尤其困难的是，面对非传统安全的不确定性危机，治理观念和行政效率的不同会带来不同的结果，经济全球化一旦遭遇巨大的技术性障碍，不同的民族—国家之间的政治互信就有可能滑出相互承认的轨道，甚至把非传统安全问题转化为传统安全问题，引发全面的国际关系危机。显然，解决危机的方式应该把问题还原到问题本身。比如说，通过新的技术开发和制度安排，找到解决非传统安全问题的方式，并惠及全球，为全球治理的修复和创新作出贡献。

**王洪喆：**我对于国际传播战略的理解始终带有跨学科和跨领域实践的认识，即国际传播和外交战略在现代历史当中从来不是独立发挥作用的，而是紧密镶嵌在国家与外部世界的政治与经济关系及其战略选择之中。也就是说，必须在一个综合的、总体性的系统中去把握国际传播战略定位的角色。比如，二战后，美国对欧洲的公共外交背后同时是"马歇尔计划"所开启的大规模经济援助和军事协作，而日本在东南亚等亚洲国家和地区的宣传活动配合的是其长达数十年的综合援助和青年外派计划。由此我们很难去区分，欧洲人对美国的认同，或者东南亚国家和地区对日本的好感，在多大程度上是其国际传播战略的独立贡献。或者说，20世纪国际关系的特征就是如此，即国际传播从来不是孤立运作，而是在国家的整体对外关系战略中形成的，是一个包含了从情报工作、军事协作、经济援助、贸易往来、人才交流、技术转移、文化和公共外交等领域的有机整体系统中的一部分。因此有必要在这个总体视野中讨论和确认中国国际传播的战略需求，并在此基础上思考实践路径与方式。

**刘建平：**仍然回到东亚的经验性材料上来。以朝鲜半岛为例，在几十年民族分裂、战争状态未解的和平不确定性折磨之下，韩国政治精英仍不失知识对话的国际传播理性，即使疑似不可为亦不放弃追求正式结束朝鲜战争的国际法进程，这符合人类社会经过世界大战及其后审判战争犯罪、缔结和平条约的地区政治和国际法实践。文在寅总统对于正式终结朝鲜战争的国际法文件的世界政治定位和历史意义信仰，传达着韩国社会高度的知识思想能力和国际传播主体意识。以此为鉴，把当前的中国与西方关系危机理解为"崛起陷阱"效应之类的宿命论和"美国遏制中国发展"的阴谋论就更加显得武断，因为韩国并不把朝鲜半岛和平统一常常疑似绝望的挫折归因于韩国的经济起飞和发达国家化，而是执着于推动结束朝鲜战争的国际法进程。

战后处理的国际法进程就是战争当事国达成和平关系规范共识的国际传播过程，不可能想象用一种新的暴力形式处理战后历史遗留问题，因为那会造成历史连续性创伤与和解障碍的扩大再生产。而这种国际传播理性的确立，需要以国际政治史的实证研究和比较文明史的知识生产为前提，以形成交涉主体基于有根据的知识、有逻辑的思想才能具备的交涉能力。

## 理性交流的逻辑与姿态

**张毓强**：国际传播应该强调一种开放式的、理性的交流逻辑与姿态。也就是说，在中国与外部世界交流的过程和总体实践中，应该具有清晰的主体性和对象感。主体性和对象感是相伴相随的。相对独立的知识生产是一个国家基于长期的国家和民族生存经验寻找到的一种稳定的理论性阐释。这种阐释形成了与世界沟通与交流的理性基础。在这个意义上，我们需要对当前的研究与实践进行某种调适，以力图理解、阐释并应对当前的困局。

**王洪喆**：当前中国在与外部世界交流过程和总体实践中，自身存在的主要问题可能是既缺少跨领域的、总体性的、对历史和现实的把握，同时又在具体的工作中缺少切实有效的措施和方法。换句话说，在总体实践中呈现出缺少协同的碎片化特征，在具体操作层面上又缺少有效的专业人才、知识与技能。

在这样的问题面前，中国的国际传播战略应该既有国家层面的顶层设计，又能落实在具体的多元主体中——即不同的政府部门、企业和民间团体在开展对外的政治、军事、经济和技术交流过程中，都应该在国际传播上有所作为和担当，认识到任何一个毛细血管的疏通与否，都会对整体国家机体的对外传播造成影响。对外交流无小事。这同时就需要我们的国际传播研究和实践能够灵活地对接这些具体的多元主体，不能停留在书斋里做学问，而必须真正深入中国与世界交往的基层去发现和解决问题，通过总结和提炼基层经验生成可供推广的一般规律，进而上升到对原有理论的修正和创新。广阔天地，大有作为。

刘建平：作为近代政治和国际关系的文明进化，民主价值和战争违法化原则确立之后的民族国家共同体和共同体间外交是有组织的共识过程，共识过程即主体间表意自由、对话可能的交往或传播。战后世界的国际关系曾经发生过种种不了了之的意识形态批判和道德谴责运动，其不了了之或间歇性复活从历史教训的方面提示了国际传播理性和能力缺失其实是知识思想贫困和共识行为障碍。共识行为障碍源于知识生产缺位导致基本认知障碍并向逻辑表达和传播功能缺失的主流话语障碍发展，造成运用知识方法达致共识形式的主体间关系合理化与公共理性能力的挫折。因此，改变这种状况的启蒙，首先需要"问题史"研究的知识生产。由此就可以理解，韩国政治精英的深层问题意识不在于"半岛无核化"或"合作抗疫"之类时髦议题，而是锁定终结朝鲜战争的外交议程和国际法进程不放松。

### 面向未来的理性选择

张毓强：阐释当下当然是立足于国家和民族与世界交往的历史经验所展开的。然而，我们更需要一种基于历史经验和现实判断的良好的问题意识，去看待中国与世界的当前与未来。在总体意义上，也就是我们要对外宣介一个什么样子的"世界的中国"，并力图在互动中寻求一个理性的、有秩序感的、公平的"中国的世界"。在不同的战略意识下，我们要面对的问题不同，实践的路径会有差异，进入的姿态当然也是不同的。在可预见的一段时间里，问题的不断出现与解决是常态。然而其中最关键的是什么？我们应该在何种意义上去把握？

王洪喆：一方面，中国与外部世界在经济、贸易与技术上的交往一定会越来越紧密。现代工业与信息社会的复杂分工状况，决定了大型经济体不可能从全球协作中脱离出去而独立存在和发展。同时，全球经济的稳定和复苏，也有赖于中国这个最大的发展中经济体的参与。简而言之，中国需要世界，世界也需要中国。

同时，我们也必须承认，在另一方面，中国的高速崛起必然加速新旧力量之间的冲突。这符合自工业革命以来的周期性增长级轮动的普遍规律，但又是主导性工业中心从欧美向亚欧大陆转移的历史新阶段。冲突的性质也不仅仅表现为经济冲突，而更多以文明和文化冲突的面貌出现。这些新的历史特征，使得预测中国与外部世界关系的走向变得更加困难。

可以预见的是，中国将比过去任何一个时代都更深入地参与到国际事务中。我们将不能只顾埋头发展自己的经济，我们所熟悉的外部世界也将不再仅限于过去几十年间的欧、美、日。随着"一带一路"倡议的提出，广阔的第三世界国家和人民将越来越快地进入中国人的世界认知和日常话语当中，而这本来也是在20世纪中国人曾经具有过的"亚非拉"视野，我们只不过需要将"亚非拉兄弟姐妹"重新回忆起来。

在后疫情时代，内外两个循环之间的关系，也将深度影响中国与世界之间的关系。我们能够在多大程度上有效处理经济发展中的社会与环境代价，解决不平衡、不充分发展的矛盾，将成为中国道路、制度和文化是否能够在国际社会赢得尊重的重要基础。如何将这些为了人民的发展的中国经验传递给世界，进而汇聚成构建人类命运共同体的共同经验，将成为新时代中国国际传播所面临的重大挑战与机遇。

**刘建平：** 最为根本的是冷战政治所遗留问题的解决，同时要解决冷战话语修辞的对抗性问题。冷战政治的话语修辞特征是意识形态对抗，只有通过知识对话提供新的价值论证、达成和解的政治共识才能解构这种对抗。

中国要确立相应的知识生产和知识对话构成的国际传播战略，就有必要重新认识学术生产力的核心地位，即认识到学术不仅在知识生产和社会教育的意义上决定了国民的认知和思想能力，而且在国家外交行政体制和媒体产业之外进行着广义的外交政策思想、国家间关系的信息生产和舆论生产。学术是一个民族可能存在思想的知识前提；没有民族的学术，知识生产依附于他国则丧失对话能力，必然导致种种迷信盲从或教条主义而损害尊严和利益，这是近代化过程中的殖民地国家在第二次世界大战后实现了民族独立但仍然残留着后殖民性的文化病灶所在。在这种意义上，知识生产和知识对话的能力也是民族国家主体性的前提。必须认识到，在第二次世界大战后形成毁灭性威慑确保和平的大国政治体制下，人类历史曾经的人体战、机械战等物质暴力战争已经得到遏制，征服思想的信息战成为主要的权力斗争形式，而信息战则由人体战、机械战时代的情报战和宣传战发展为知识话语形式的国际传播。可以说，知识生产和知识对话构成的国际传播能力决定着未来的世界秩序和民族命运。

**张毓强：**国际传播在根本意义上是国际关系的处理问题，独立的知识生产与理性知识对话是一个很大的话题，其背后有很多的问题。我们将这一问题作为国家传播的一个根本性问题来讨论，本身确实应该在经验性的基础上，寻找更多的关键性案例去阐释清楚这一问题。当然这背后的问题，在国家和民族的历史文化发展、政治文化特征等很多方面都会有所映射和体现，其本身就构成了我们讨论的一个部分。本次讨论在一定意义上是一种尝试，旨在一个更加广阔的学科和知识背景下讨论国际传播理论和实践中的问题，并寻求基于确定性的、准确的经验性材料的实证性研究。这本身也构成了我们主体性知识生产的一个部分。对后续的讨论，我们保持期待。

（本文发表于2020年11月，略有删改。）

# 系统重构与形象再塑：
## 中国国际传播新形势、新任务、新战略

范　红　清华大学国家形象传播研究中心主任、新闻与传播学院教授

张毓强　中国传媒大学教授、国家传播创新研究中心研究员

**讨论人：**

程曼丽　北京大学国家战略传播研究院院长、新闻与传播学院教授

于运全　中国外文局当代中国与世界研究院院长

胡　钰　清华大学新闻与传播学院党委书记、教授、文创产业研究院执行院长

范　红　清华大学国家形象传播研究中心主任、新闻与传播学院教授

姜　飞　北京外国语大学国际新闻传播学院院长、教授

钟　新　中国人民大学公共外交研究院副院长、新闻学院教授

张毓强　中国传媒大学教授、国家传播创新研究中心研究员

2021年5月31日，中共中央政治局就加强我国国际传播能力建设进行了第三十次集体学习，习近平总书记在会上发表讲话，肯定了中国国际传播实践多年来取得的成就，并就新时代中国国际传播新任务、新战略、新路径、新理路、新效能等提出了新的要求。为了在中国与世界的关系发生深刻变化的当下深入学习和领会习近平总书记的重要讲话精神，在全球交往时代的意义上更深

刻地理解国际传播与中国主体性之间的关系以及中国与世界的沟通样态，把握新时代下中国国际传播研究的新概念与新机遇，更加深刻地认识新的战略实践体系给中国国际传播理论研究和人才培养等带来的新要求，中国传媒大学国家社科基金重点项目"新时代中国国际传播实践问题与本土化理论创新研究"课题组与清华大学国家形象传播研究中心、中国外文局当代中国与世界研究院组织专家进行了讨论。

## 新思想：进入的尺度

**于运全：**习近平总书记在中共中央政治局集体学习时发表的有关国际传播的讲话是在新形势和新历史阶段的背景下进行的，我们要重点学习思考的是，讲话中提出了什么样的新任务和新要求？在百年未有之大变局和中华民族伟大复兴的战略大局的背景之下，我们要从全新的角度看待提升国际传播能力的问题。根据新的目标定位，全面加强理论研究和学科建设、创新国际传播思维范式、系统性地进行人才培养培训、构建全民参与的工作体系至关重要。

**程曼丽：**习近平总书记指出，必须加强顶层设计和研究布局，构建具有鲜明中国特色的战略传播体系。以前，我们需要反复论证战略传播体系建构的必要性和重要性，现在，必要性和重要性已毋庸置疑，我们讨论的重点应当放在"具有鲜明中国特色的战略传播体系"如何构建、如何取得预期效果方面。在这方面，习近平总书记也指出了明确的方向，比如理顺内宣外宣体制，打造具有国际影响力的媒体集群；构建起多主体、立体式的大外宣格局，等等。

**张毓强：**要从历史纵深的维度上理解习近平总书记的讲话。党和国家一直以来都非常重视对外传播工作，总书记的讲话是对党的十八大以来的国际传播工作的总体肯定。同时，要理解现阶段的历史性。中国特色社会主义进入了新的阶段，随着信息技术的发展，我们进入了真正的新全球交往时代。国家和民族的主体认同感和凝聚力向好发展，国民内部的认同感和凝聚力不断增强，对全球性认同的期待也在增强。尤其是在新冠肺炎疫情之后，全球交往的空间性中断和媒介技术的新发展，都对国际传播实践提出了新要求。

**胡钰**：做好中国的国际传播是刻不容缓的战略任务。要树立崭新的观念，更加重视非官方机构、个人作为传播主体，更加重视文化类、娱乐类、生活类等非意识形态内容，更加重视面向非洲、中东、南美等非西方的国家和地区，要为增强国际传播能力打造宽松、积极的政策环境与社会氛围，动员全社会力量特别是高校力量、青年力量投身其中。

**姜飞**：习近平总书记的讲话从三个方面发出国际传播冲锋号：一是要深刻认识国际传播新形势；二是要加强和改进国际传播工作；三是要下大气力实现三大目标——形成同我国综合国力和国际地位相匹配的国际话语权，为我国改革发展稳定营造有利的外部舆论环境，为推动构建人类命运共同体作出积极贡献。

## 新形势：国际传播的历史观

**于运全**：总体来说，党和国家一直以来都非常重视对外传播工作，这是一脉相承的。鉴于当下的时空背景，此次讲话重点强调了国际传播能力建设。经过前一阶段中美的战略博弈和舆论战，我们深刻认识到国际传播需要与时俱进，不断加强顶层设计和战略传播体系建构，思考总体姿态和系统架构的问题。国际传播能力是国家综合竞争力的体现，是国家整体实力不可或缺的组成部分。在国际传播力建设方面，尽管之前已经开展了很多工作，但是现在，我们需要进行体系性的重塑与重构，用整体性的部署和安排应对新阶段和新形势的新要求。习近平总书记强调的顶层设计和研究布局，尤其是战略传播体系的建构和整体效能的提升，都是未来国际传播能力建设的新方向。

**范红**：20世纪90年代初，我在我国驻新西兰大使馆工作时，我们只有供海外华人华侨阅读的《人民日报（海外版）》，能够提供给外国人了解中国的信息资料微乎其微。当时，我们的国际传播还处在非常被动的局面，各级领导和工作人员的思想还很保守，通常对西方媒体的负面报道不回应、不澄清，对西方记者的采访几乎都回绝，西方世界很难听到我们发出的声音。随着中国国力的增强，中国人民对政府的信任度提升，中国形象的国际认知与中国国民对本国信心不断增强的现状不匹配。因此，在中国共产党成立100周年之际，国家开始重视国际传播的整体战略，新形势对国际传播提出的要求就是要兼顾做得好和讲得好。

**程曼丽：**中国国际传播进入新时代是毋庸置疑的。党的十九大已经作出中国特色社会主义进入新时代的政治论断。习近平总书记从三个方面对"新时代"作出阐释：一是从民族复兴的角度来看，意味着近代以来久经磨难的中华民族迎来了从站起来、富起来到强起来的伟大飞跃，迎来了实现中华民族伟大复兴的光明前景；二是从社会主义实践的角度来看，意味着科学社会主义在21世纪的中国焕发出强大的生机活力，在世界上高高举起了中国特色社会主义的伟大旗帜；三是从中国特色社会主义对世界发展中国家的贡献来看，意味着中国特色社会主义道路、理论、制度、文化不断发展，给世界上那些既希望加快发展又希望保持自身独立性的国家和民族提供了全新选择，为解决人类问题贡献了中国智慧和中国方案。这三个"意味着"同时也为新时代中国的国际传播指明了方向。

**钟新：**中国共产党成立100周年之际，中国实现了"第一个百年"全面建成小康社会的奋斗目标，正以新的起点继续"第二个百年"建成富强民主文明和谐美丽的社会主义现代化强国新征程，继续为中华民族伟大复兴而奋斗，为在人类命运共同体理念下建设一个更加美好的世界而奋斗。同时，持续一年多仍然难以彻底遏制的新冠肺炎疫情、美国新政府新的外交政策等重大影响因素使中国面临的国际舆论环境更加复杂。新的国内环境和国际环境把中国国际传播推向新的阶段。为中华民族伟大复兴营造良好的国际舆论环境、巩固老朋友、结交新朋友，同时，为构建人类命运共同体、营造多样性世界合作共赢、共同发展的国际舆论氛围，是作为负责任大国的中国的国际传播在新阶段的重大使命。

**姜飞：**中国国际传播到了一个重大节点，亟须百年规划。首先是跟在第三次全球传播浪潮后面，迎难而上，消积止咳，解决历史遗留问题；其次，还要有勇立潮头，开启、带领第四次全球传播浪潮的勇气和规划。

## 新战略：问题意识与体系重构

**范红：**当前我国在国际传播中仍然面临许多威胁和挑战。第一，传播理念和能力跟不上国家竞争的需要。国际传播工作停留在点和面上，中国国家形象缺乏战略性、竞争性的顶层设计以及中国故事体系的支撑，尚未向世界展现一个"可信、可爱、可敬的中国形象"。第二，传播能力建设不足，缺少专业的国际传播人才。在国家形象的对外传播过程中，政府、企业、城市、媒体、高校、国民等作为重要传播主体，应该积极发挥自身的作用，但目前还没能形成传播合力。第三，受众针对性不强，国际传播效能不高。在新形势下，我们应该解放思想，创新国际传播理念，以吸引不同文化背景的受众了解中国、引导国际受众认同中国价值、改变国际受众对中国的态度为目标，提升国际传播的效能。另外，还要加强市场和用户思维，针对不同文化背景的受众，把中国故事讲好。

**胡钰：**西方民众对中国缺乏了解，疫情对全球人员流动的阻碍更加剧了这种不了解。由于西方媒体的声音强大，中国的国际传播需要更多地以来华外籍人士的口碑传播。高校都有许多海外留学生，许多人没来中国之前因不了解中国，比较担忧。从我所接触到的清华大学外国留学生来看，在清华学习之后，了解了中国，爱上了中国，不少学生都选择留在中国工作，他们常常在自己的社交媒体上展示真实而美丽的中国。

**钟新：**互联网思维的核心思想是"互联互通"。如今，社交平台成为人类交换信息、建立连接的最重要工具之一，但中国面临微信等中国自主社交平台国际化程度不足、受到国际民众欢迎的抖音国际版被有些国家恶意打压等问题，同时，面临参与国际主流社交平台的中国各界人物总量少、有的国际主流社交平台对中国国家媒体传播设限等难题。如何破解这些难题是中国在国际传播能力建设方面面临的重要课题。在这些问题、难题短期内难以找到破解之道的情况下，国际传播多元主体积极开展与国际同行间的直接沟通与国际合作传播应当是有益、有效的路径，让大家早已熟悉的"借船出海""借嘴说话""一国一策""精准传播"等理念与传播模式在新的国际传播语境下释放出新的力量。互联网发挥价值作用的底层逻辑就是"开放"和"连接"。让"开放"和"连接"产生更强生产力、更大影响力，同时，预见并管理好"开放"和"连接"可能带来的风险，应当是中国媒体深度融合发展、提升国际传播能力持续探索的课题。

## 新队伍：人才培养与队伍建设的丰富性

**于运全：**系统性地进行人才培养培训至关重要。这关系到整体战略传播体系怎么构建、可信可爱可敬的中国国家形象如何塑造，以及国际传播效能如何提升等问题的有效解决。国际新闻传播历来主张培养复合型人才，但当前高校和用人单位的人才培养与实践需要还存在一定的脱节，应当关注对人才的定制化培养和实操性培训。

**钟新：**具有战略意义的是，系统性提升全民国际传播能力。在关乎顶层设计的政策层面可能的切入点：制定国家形象与公民国际传播素养教育与能力培养相关政策，推动幼儿、中小学校教育，"从娃娃抓起"，培育国民对国情、国际的认知能力，养成"既开放自信也谦逊谦和"的国民心态，提升国际表达能力，增强高等教育中的国际新闻与传播专业教育，提升所有涉外专业学生的国际传播意识、国际沟通能力，提供对所有专业学生的国际传播、公共外交通识教育；优化党校面向各级领导干部的国际传播培训政策，优化国际传播专业媒体、涉外企业事业机构的相关培训政策，制定个人"网红"培训政策，制定鼓励主流媒体、重要网站开发国际传播大众普及教育产品的相关政策；全民国际传播能力提升需要更多专业教师、教材，需要更多、更系统、更深入的国际传播研究，更多区域国别研究，更多面向不同文化、人群国际传播策略的研究，需要制定相关政策吸引更多研究人才进入国际传播研究领域。

**程曼丽：** 针对目前国际传播领域的人才急需，提出几点建议：一是对2009年起国内五所高校国际新闻硕士的培养情况，以及各高校新闻院系开设国际传播课程或专业的效果进行调研，在此基础上进一步强化和完善国际传播学位教育。二是联合培养。许多学校都实行校部共建或新闻院系与主流媒体共建。利用这个有利条件，可以考虑双方共同搭建人才培养平台。三是进行"人才定制"。媒体提出人才培养订单，学校定向培养、定向输送，以快速解决某一方面的人才短缺问题。除此之外，国际传播人才培养，要有宏观视野，不仅面向媒体培养人才，走出去的企业也需要这方面的人才，个体传播者也需要整体提升国际传播素养。

**胡钰：** 我们要重视高校青年国际传播人才培养，更大力度地组织学生走出中国看中国，看到文化多样性的世界，看到中国在世界的位置，切实提升全球胜任力。文化传播是当代国际传播中的基础性、普遍性的内容，要树立文创理念，通过创意视角、科技视角、生活视角来打造文化内容、文化产品、文化业态，让中华文化以更加生动多样的方式向世界传播。

**姜飞：** 中国国际传播能力建设要有三个"一百年"意识，系统性人才培养要有百年工程目标和规划。要加强国际传播能力建设，中国的研究和实践触角需要有三个"一百年"的阶段格局意识。第一个"一百年"，19—20世纪初，英国和法国相继成立路透社和法新社，奠定了殖民主义时期的第一次全球传播浪潮和传播格局；第二个一百年，整个20世纪，美国和苏联两个超级大国，利用世界大战和广播、电视、互联网等信息传播技术的革新，打造了各自的势力范围，奠定了全球争霸的第二次全球传播浪潮和全球传播格局；第三个一百年，随着5G以及相关社交媒体应用的创新，中国开始出现在全球传播舞台上，在更宏大的舞台上，中国将邀请越来越多的世界朋友会聚到人类命运共同体的理想盛宴。中国正在踏实稳健地走向世界传播舞台中央，沉稳有力地发出平衡世界秩序和客观讲述世界的声音。

三个"一百年"的阶段格局意识可以让我们看清楚上述近30年来发生在传播领域表象历史积淀的实质，带着新"一百年"目标和规划的意识，可以更清楚地看到我们的现实处境：诸多的拥挤和冲撞，势必有诸多沉潜之后的奋起，也势必有诸多喑哑之后的高亢，读到这段文字的人群在有生之年，将目睹一台第三次全球传播浪潮东西方博弈的宏大歌剧，我们身处洪流、勇立潮头，也拭目以待。

## 新路径：丰富多元与全民参与

**范红：**国际传播应该重视基于相互沟通、相互理解的人文交流。国际传播并非仅仅是新闻传播、媒体传播，公共外交、文化传播、国民与国民之间的友好交往通常能够起到润物细无声的好效果。

**程曼丽：**习近平总书记的讲话涉及受众的精准定位、分众化表达、区别性对待等重要问题。其中的"区别性对待"，既包括"广交朋友、团结和争取大多数"的战略思维，也包括与舆论斗争相关的问题。"广交朋友、团结和争取大多数"是中国总体性的外交战略。长期以来，中国始终致力于与世界各国广交朋友、互惠互利、共谋发展。

但是，美国前总统特朗普上台以来，尤其是在新冠肺炎疫情中，美国方面针对中国发表了大量无中生有的攻击性言论，显然具有"战"的味道。舆论战是一种战略布局，是出于对目标国家实施精准打击的需要进行的话语建构。美国的舆论战历史悠久、技术娴熟、经验老到，具有很强的蛊惑性与杀伤力，相比之下，中国的舆论反击更多是见招拆招，疲于应对，虽然取得了局部成效，整体上却常常处于被动境地。鉴于此，中国的研究者应当对新的国际关系格局，以及美国等西方国家对华战略的未来走向进行研究，了解"舆论战"的策略、方法、技巧，为中国的"舆论斗争"提供有力的理论支撑。

**钟新**：任何单一主体都不可能完成中国形象建构任务，但任何单一主体都可能或大或小地影响中国形象，国家形象建设需要全民参与。全民国际传播教育就是要鼓励全民广交国际朋友，从而丰富国际关系连接，牢固国际关系的社会基础，强化国际信任。与国际人士分享知识、建立对话、合作关系、强化情感联系更是尤为重要。

## 新研究：多学科知识的介入

**于运全**：研究布局这个词不仅仅强调研究的整体性，它还强调国际传播能力的顶层设计和战略传播体系构建。这里强调的布局，不仅是指研究工作，还指整体性的能力提升和力量的科学分布。从整体布局上来看，虽然也使用了战略传播体系的提法，但是学界讨论的新概念，进入实际工作层面需要实践检验，有一定的滞后性。当实践发展到一定阶段的时候，才会激活这些概念。国际传播中有很多概念和词汇是从西方国家借鉴而来的，在中国的具体实践中有一个本土化的过程。

在疫情之下，我们看到不仅是媒体，几乎每一个系统都在努力讲好国家故事，着力加强国际传播能力的建设。当今中国的国际传播是系统性的布局与整体性的推进并行，注重将各类传播主体纳入整体的战略传播体系，把各类传播资源汇聚在一起，协同建设具有当代中国特色和中国气派的国际传播体系。

从当前国际传播能力建设的重点来说，在中国从富起来走向强起来的新阶段，在走向现代化强国的新征程中，向世界说明中国，希望别人多了解中国已经成为最低的目标。今天的中国不仅需要与世界加强沟通与理解，更需要向世界强调理念沟通和价值传递。要构建新型国际关系和人类命运共同体，应当有一套与之相适应的世界观。新时代中国话语和中国叙事的主体逻辑、沟通的重点、传递的价值，需要我们从当代中国与世界关系的历史性变化中去追寻、探究。

范红：应加强对学科布局和战略传播的研究。国际传播学科应该以广阔的知识结构为基础，如国际政治、国际关系、全球传播、跨文化沟通、公共关系、商业传播、文化外交、媒体产业，等等。除了扎实的多学科知识背景之外，还要具备丰富的文化游历体验，以及与不同国别的人打交道的经验。国家形象的研究也应该从"品牌化"的角度出发，将商业传播的模式与技巧融入中国叙事，将国家形象凝练为鲜明的、个性化的品牌符号来传播。

## 未来展望：国际传播的新可能

范红：在国家形象的对外传播过程中，政府、企业、城市、媒体、高校、国民等都是重要的传播主体，应该形成国际传播的合力。建议国家建立一个国家形象国际传播的专业指导委员会来系统指导国际传播工作，将当前各自为政的国际传播力量统筹整合起来，围绕同一目标来实施不同任务，分步骤、分部门协同实施国家形象国际传播战略，系统设计传播主体、目标受众、故事体系、传播渠道、叙事方式等。

姜飞：站在现代传播学多元发展的十字路口，当前的国际传播有需要也有必要增加人文视角，朝向中国特色的传播美学转身，在加强大美中国故事传播的同时，还要以传播的美学思路加强国际传播能力建设。

张毓强：第一个关键词是"回到中国"。从最早的中国话语到现在的中国叙事体系建设，需要解决实践中的一个难题，就是说不清我们自己是谁，或者说不清中国自己的问题。所以回到中国，回到我们自己的知识和价值构建上，这是当前国际传播中最基础的问题。第二个关键词是"全球中国"。全球中国的意义体现为中国不仅可以自己做得好，还可以为全世界提供公共文化知识产品以及它背后的价值支撑。从历史上来看，中国解决好了自己的问题，就是为世界作出了巨大贡献。第三个关键词是"实践中国"。新中国成立以来，中国所有的制度探索一直是一个摸着石头过河的过程。中国特色社会主义道路建设是一段有活力、有生命力的新探索。正是因为中国的特殊国情，我们才有了自己完全不同的做法，有了自己结合国情的独特实践探索。实践当中有正确的必然也会有错误的，有优点必然也会有缺点。在实践中，我们需要以一种更加包容、自信、大气的心态，面对自我，面对世界。

（本文发表于2021年7月，略有删改。）

# 第二编

## 中国话语与中国故事：
## 回到中国与理解中国

# 在变局中回到自我：中国与世界沟通的未来五年

张毓强　中国传媒大学教授、武汉大学媒体发展研究中心研究员

潘璟玲　中国传媒大学传播研究院2020级传播学博士研究生

讨论人：

唐润华　大连外国语大学特聘教授、中华文化海外传播研究中心首席研究员

张毓强　中国传媒大学教授、武汉大学媒体发展研究中心研究员

李　宇　中央广播电视总台国际传播规划局主任编辑、博士

姬德强　中国传媒大学教授、人类命运共同体研究院副院长

刘　俊　中国传媒大学首批"青年拔尖人才"、副研究员

刘　滢　北京外国语大学国际新闻与传播学院副教授

王洪波　当代中国与世界研究院副研究员、中国传媒大学传播研究院博士
　　　　研究生

尚京华　中国传媒大学电视学院讲师、传播研究院博士研究生

　　有效沟通必然是主体之间基于自身认知与彼此及其关系认知基础上形成的总体性实践。当前的中国与世界经历着深刻变化，主体性及其机构性的关系也处于深刻调整之中。全球性的沟通格局样态也受到来自于信息传播技术变化带来的文化上的深层次影响。在复杂多变的环境中，以更加理性的态度面对人类的共同问题，让世界能够在一个相对稳定的环境中运行，是全球沟通实践的

基本目标。中国传媒大学"新时代中国国际传播实践问题与本土化理论创新研究"课题组联合中国外文局当代中国与世界研究院组织专家对未来五年中国与世界沟通中的一些基本问题进行了讨论。

## 沟通的问题意识及其价值

**张毓强：**当前，我们需要在三个层面上讨论中国与世界沟通的问题：其一是沟通现实及其存在的问题；其二是在何种意义上理解和认识沟通的当前与未来价值；其三是究竟我们应该赋予沟通何种期待。比如，信息传播技术的进步带来的沟通量的增加，或者说全球信息的透明化，是否就一定意味着沟通更加顺畅，是否带来了更多的障碍与问题；再如，沟通在我们处理国际关系时是否为一个核心的存在，是趋向于稳定性和理性的存在，还是作为斗争的一部分；再如，未来五年中，沟通的范畴是否应该重新定义，由媒体意义上主导的沟通还原到媒介意义上主导的沟通。这些问题，也许是我们在思考中国与世界沟通问题时需要深入思考的。

**李宇：**当前中国和世界交流遇到的主要问题是三个障碍：话语障碍、文化障碍和意识形态障碍。话语障碍的产生，是因为中国国内话语体系（政治话语体系、媒体话语体系等）与国际话语体系在一定程度上仍存在脱节甚至逆向发展的问题。文化障碍是因为中国与世界其他国家的历史发展、社会演进等方面存在差别，因此在价值观、社会制度、生活方式等方面或多或少存在差异。意识形态障碍是因为中国基于自身的历史发展和现实需求采取了符合自身特点的国家治理方式和政治运行模式，这与大多数国家尤其是西方国家迥然不同。这三大障碍的产生都源自三大差异，唯有"求同存异、各美其美、美美与共"，才能有效解决中外交流中遇到的问题。

**唐润华：**既然意识形态冲突无法避免，那是否意味着中国和世界的交流就无可能？答案显然是否定的。有效的破解之道应该是在坚持原则的前提下寻找灵活的沟通进路——在事关国家利益、国家安全的重大问题上绝不退让，同时以更加博大的胸怀和宽阔的视野，将国际传播和对外交流的重心转到各国人民普遍关心、关乎人类共同命运的其他议题上，诸如气候变化、人口老龄化、脱贫减困、重大公共危机应对、移民、资源短缺、全球经济失衡、贫富差距、科技发展及其对社会生活的影响、文化传承，等等。这些议题的意识形态色彩相对较淡，更能唤起不同社会制度和意识形态环境下各国人民的共情，同样也能体现中国价值、中国声音，讲出丰富而鲜活的中国故事。

**姬德强：**最主要的问题还是中国议程框架和世界多元议程框架的不匹配问题。借用陈韬文等人早期的研究成果，造成这一议程矛盾的主要原因是国际传播中的"驯化"问题，以媒体为例，就是各自按照自身的媒体话语和受众习惯进行故事的讲述，而对域外市场和受众的传播也大多基于上述话语惯性，表现出较为强烈的民族中心主义倾向。即便在更为多元而流动的赛博空间里，这一惯性依然有着强大的生命力。要改变这一状况，首先就要多做调查研究，了解目标国家、地区和社会的内部话语生态及其国际化延伸，找寻话语的对接点或对话点；其次还要关注互联网平台所创造的去语境化的全球传播新生态，打造超越传统政治、经济、社会和文化边界的新话语空间，适应年轻一代以脱域化为趋势的信息传播和社会交往需求。

**王洪波：**当前，中国和世界的交流遭遇困境，中国国际传播环境趋于恶化，表面上由新冠肺炎疫情而起，更深层的原因在于中国与世界的关系发生了历史性变化，西方社会对华意图出现明显的战略误判。习近平总书记指出，世界正在经历百年未有之大变局。美国前国务卿基辛格也讲过，当今国际体系正在经历400年来未有之大变局。无论是哪个大变局，中国都是其中的最大变量。从大国力量对比、国际格局演变、全球化进程等多方面观察，中国的快速崛起和西方的相对衰落已经是难以逆转的历史趋势，但中国无意取代美国在世界上的主导地位。面对世界权力自近代以来首次开始向非西方世界转移，西方国家并没有做好准备，他们感到极度不适，甚至是警惕和恐慌。在西方特别是美国看来，作为新兴大国和守成大国，中美正在走向"修昔底德陷阱"，两国之间的结构性矛盾难以调和。抱有这样先入为主的观念，西方社会往往对中国与世界沟通的各种努力进行曲解和误读，"中国渗透论""锐实力论"等由此而生。同时应承认，我国的对外传播工作需要在内容理念、渠道方式、话语体系等方面进行切实的改革创新，坚持效果导向，真正了解和把握国际社会对华关切，以外界易于接受的话语清晰表达中国的战略意图。只有保持滴水穿石的战略定力持之以恒地加强交流，世界对中国的偏见和误解才会消于无形。

刘俊：虽然中国国际传播力不强的问题已经成为全社会关注的焦点话题之一，无论是政界、学界还是业界都在积极探索对策，并为此开展了大量工作。但我们在付出心力和精力的同时，需要关注一个较为关键的问题，那就是我们是否真的能够得到海外目标接受群体的真实反馈？我们是否真的在理解目标接受群体切实所需的基础之上，作出了正确的内容、形式和渠道选择？

刘滢：要回答这个问题，首先要对"世界"有一个清晰的定义。长期以来，由于传播实力的限制，我们采取"重点突破"的国际传播战略，为了"影响有影响力的人"，把传播的重点放在美英等西方发达国家的精英阶层，把英语作为主要对外交流语言。但是，这些国家和人群仅仅是"世界"这个交流对象中的少数群体，而且是最不容易被影响的群体。在交流中我们遭遇了意识形态的激烈冲突和固有偏见的顽固抵抗。从主观上找原因，我们的传播软实力与我国的经济实力增长速度尚不能匹配，亟待加强；从客观上分析，西方发达国家的国际地位和国际影响力是长期形成的，在话语权不平等的前提下，交流也很难实现平等对话；另外，作为高媒介化国家，西方国家占有的传播高地短期内也没有那么容易被突破。

用历史的、发展的眼光去看待这些问题，我们会发现，中国和世界的交流尽管仍然困难重重，但是总体上是螺旋式上升的，大趋势是向好的。特别是随着我国国际传播能力建设进入第二个十年，我们与世界的对话能力不断增强，经验更为丰富，多语种国际传播体系逐步建立，交流的对象更加多元，交流的手段更加多样，效果也将不断显现。

**尚京华：**当前中国和世界交流遇到的最主要的问题就是新冠肺炎疫情所带来中国形象危机。皮尤研究中心2020年10月初公布的一项对世界14个发达国家的调查显示，这些国家对于中国的负面评价达到了调查开始以来的峰值，而这个峰值是从2019年起开始直线上升的，这与疫情的暴发有着直接关系。调查结果呈现出来的对于中国应对疫情61%的负面评价中值，与中国抗疫所取得的实际成就完全不相称。

究其原因，还是疫情以来世界各国民众积攒的怨气被西方政客成功地引到了中国身上。其实在疫情暴发前，西方媒体就一直在利用香港问题等持续不断地制造各种有关中国负面形象的议题，但所取得的效果比较有限，主要影响集中在习惯了传统媒体的中老年受众上，而他们本身对于中国的偏见也比较深。在以使用新媒体为主的外国年轻人中，对于中国年轻人的正面评价还比较多。但是，疫情在全球的暴发，影响了世界的每一个人，它不再是与己无关的遥远的东方的政治议题，而是自己身边实实在在的事情，这时候西方媒体再借机政治化疫情和污名化中国，效果就十分明显了。而此前和此后西方媒体制造的其他有关中国负面形象的议题，就可以轻而易举地搭上疫情的"列车"，一起叠加形成世界范围内对中国的负面印象。

上述情况的出现，我认为是以下几方面造成的：

一是西方从未放弃过冷战思维，各种版本的所谓的"中国威胁论""中国强硬论""中国崩溃论"都是这种思想的体现。在中国制造分歧和混乱、用西方意识形态征服中国、和平演变中国是打压中国成本最低的方式。在这种思想下，西方媒体一定会利用一切可利用的机会，挑起各种问题来打压和孤立中国。

二是新冠肺炎疫情暴发以来西方一些政客借机污蔑中国，也是出于各自国内政治的需要。面对自己应对疫情不力的局面，指责别人总比自己承认错误要容易得多，转移责任、嫁祸于人是更方便的选择。

三是西方舆论的猛烈进攻，实际上也显示出西方国家对于中国崛起的焦虑。从历史角度看，1500年以前，中国一直是世界文明的中心之一，西方通过工业革命和海外殖民，将自己变成世界的中心。而中国通过改革开放，向西方学习，迅速缩小了自己跟西方之间的差距，这让西方忧心忡忡，因为按照他们的逻辑，中国是不可能和平崛起的。而中国政府和中国人民在这次抗疫过程中体现出来的高效和高度团结一致，又同一些西方国家的失守和溃败形成了鲜明对比，这让习惯了西方中心论的人形成了一个失意者联盟，这一点从西方媒体上一些对中国抗疫成就充满了"酸葡萄心理"的文章中可以明显感受到。

## 回到中国，面向未来

**张毓强**：在深刻而全面性的变局中，更容易把握的当然还是自身。过去五年来，至少在哲学社会科学领域的一个明显变化是回到中国自身，关注中国经验，对于自身历史与现实经验的研究成果在不断增加，一个采用比较多的概念是"以中国作为方法"。我认为这是近代以来，国人在探求自身国家和民族主体性中的重大进步。这种进步增强了对于西方主导的知识体系的反思，同时也增加了对于自身问题的反思。诸多领域的知识生产在总体上不断建构着新时代的主体意识。既在回答"世界的中国何以实践"，也在真正意义上回答着"中国的世界何以展开"的问题，同时也是对于这对结构性的关系的重塑与重构。

**刘俊**：中国在未来注定会实现民族复兴的伟大目标，但在这个与全球顶尖强国缩短差距的过程中，以美国为首的一些西方发达国家必然会利用越来越短暂的对华优势期来打压中国，因此，中国注定不会拥有改革开放前四十年的相对宽松的国际环境，在未来，我们每坚持一个发展的五年都是阶段性胜利。而这种"打压"，显然不会只是科技的、经济的、政治的，也必然是文化的、传媒的、艺术的。

不过百年来中国的发展，几乎一直遵从绝处逢生的逻辑：正所谓"穷则思变"，越是大的窘境，越是大的危机，越是大的绝地，越是促发了更加彻底的、正向的改革、创新和完善。因此，面对百年未有之大变局，我们注定会遭到全方位打压、封锁、孤立的情况，而这或许是我们又一次"逢生"的机会，是解决中国国际传播顽疾、变革中国国际传播方略、改善中国国际传播格局的上佳契机。

**唐润华：**最重要的，一是开放的心态：开放带来进步，封闭必然落后。开放既意味着引进来，也包含着走出去。通过与外界的交流互动，让世界更好地了解中国，也让我们更好地认识世界。在这个过程中，对人类社会创造的各种文明，我们都应该采取学习借鉴的态度，都应该积极吸纳其中的有益成分。包容是开放的重要特征，也是开放的基本前提。在对外交流中，包容就是接受并维护世界文明的多样性，不把自己的意志强加于人，而是互相尊重、求同存异。秉持这样的心态，不但可以在对外交流中构建起平等、民主、互利的主体关系，而且有利于形成更加可靠和可持续的共识与互信。

二是自信的心态：这种自信心态的理论来源是中国特色社会主义的"四个自信"。在对外交流中，首先，自信意味着胸怀坦荡，坚信自己的所作所为符合人类共同价值和时代潮流，勇于以公开、公正、公平的原则处理与各方的关系；其次，自信意味着以诚待人、互敬互信，既能够坚持原则、敢于说实话说真话，也能从善如流、坦然接受不同意见；最后，自信意味着对自己现状和未来目标都有清醒认识，既不会妄自尊大、对他人指手画脚，也不会妄自菲薄、看他人眼色行事。

**姬德强：**新冠肺炎疫情已经深刻改变了全球传播的格局和发展趋势。未来五年，曾经立体而丰富的中国与世界的交往状态将会受到较大影响：政府要更多处理复杂背景下的国际舆论危机，媒体要当好释疑者和解释者的新角色，人员跨国交往受限将导致构建网络空间命运共同体变得更加重要和急迫。在这个崭新的充满不确定性的新语境下，中国需要以更加自信、包容、冷静和智慧的心态面对世界：自信于自身文化传统和发展道路的旺盛生命力，包容于世界文化多样性和各国选择发展道路的自主性，冷静于全球传播进入深度后真相时代后情绪和偏见成为主要信息流的新常态，智慧于可选择可使用的传播手段的多样性和智能性。当全球传播进入平台化发展的新阶段，各个国际传播主体需要做的是如何充分利用好互联网平台在打造流量和搭建虚拟社群上的技术优势，打开中国故事的多维讲述空间，将中国故事融入世界故事，才能一同讲好"人类命运共同体"这个大故事。

**王洪波**：世界对中国的刻板印象和认知偏差并非一日形成，增进世界对中国的了解和认同也是一个长期的过程。对此，我们应以更加开放、包容、平和的姿态，秉持"人类命运共同体"理念，以文明交流互鉴为指引，推动中西文明平等对话，增进共识、化解分歧。文化是一个国家、一个民族的灵魂，文明交流互鉴是推动人类文明进步和世界和平发展的重要动力。世界各国早已成为休戚与共的命运共同体，"中美脱钩"是一个经不起历史推敲的伪命题。因此，我们应树立平等、互鉴、对话、包容的文明观，从人类文明的整体性价值中重新发现东方的价值贡献，努力寻找发掘中国文化的美丽精神，以文明交流超越文明隔阂、文明互鉴超越文明冲突、文明共存超越文明优越，使中华文化成为能够和西方文化平等对话的一方，在世界文明语境中获得广泛理解和尊重。进而，推动中国与西方摆脱意识形态之争、超越发展模式之辩，实现"各美其美，美美与共"。

**李宇**：面对中外之间存在的话语差异、文化差异和意识形态差异，我们需要注重以下三个方面的心态：一是实事求是、直面问题的心态。我们需要深入研究、客观看待这些差异，在话语、文化和意识形态领域发掘具有共享性的因素，通过识别差异点来构建共同点、弥合分歧。二是从容自信与笃定前行的姿态。我们要坚定"四个自信"，不可以人云亦云，不可以邯郸学步，也不必锱铢必较，我们要充分认知和认可自身的优势，朝着既定目标坚定前行。三是虚怀若谷与海纳百川的姿态。我们要秉持有容乃大的文化气派，不断学习和充分吸纳其他文化、国家于我有利的东西，例如媒体国际传播中就需要充分吸收西方国家在国际化、市场化、商业化等方面的成功模式，提升国际传播工作的可持续能力和抗风险能力。

**刘滢：**从根本上讲，还是应该把世界作为一个命运共同体，摆脱"吾它关系"的二元对立式传统对外传播思维桎梏，建立"吾汝关系"的平等对话传播模式，少一些剑拔弩张，多一些心平气和，用心营造一个相对友好的国际舆论环境，促进世界范围内信息的平衡流动。在政府层面，多关注全球性议题，把为世界发展、人类进步贡献中国智慧和中国方案作为出发点，谋求共同发展和共赢合作；在媒体层面，多报道全球新闻，把中国置于全球视野下进行考量，讲述世界中的中国的发展故事，突出中国与世界其他国家的友好往来与合作；在民间层面，每个机构和个体都应把自己视为国家名片，切实提升自身素质和跨文化交际能力，尊重其他国家和地区民间组织和个人的文化、风俗、习惯等，积极建构和谐的公共外交网络。此外，进一步扩大我们对"世界"的定义，把广大发展中国家和地区纳入传播重点范围，通过多语种传播、"一国一策"、"一国多策"等思路促进信息在发展中国家之间平衡流动，为下一步突破高媒介化国家的传播高地奠定基础。

**尚京华：**面对目前这种状况，未来五年甚至更长一个时段，我们可能需要再次经历国务院新闻办公室原主任曾建徽所说的"融冰、架桥和突围"的过程。但是，目前我们总体的国际传播能力，要比之前强很多，我们可以运用的交流渠道，也比以前多很多。与中国的国际地位相称，我们在与世界进行交流时，要有更加包容、开放、共情、合作和对话的心态，要利用官方和民间的媒体渠道。

我比较想强调发动民间柔性传播力量的作用。在目前的状况下，一直被西方媒体戴着"有色眼镜"看待的中国官方媒体，不易走出传播困局。当然，我们的官方媒体依然要继续客观、理性地传递好中国官方的立场和态度，官媒的新闻报道体现出克制、理性和不卑不亢的态度是比较重要的。而对于中国民间的国际传播力量，我认为它一直处于未被释放的状态。中国的官方媒体已经在利用海外社交媒体平台传递中国声音，但是因为国内普通民众无法参与这个平台发声，所以这一块实际还有大面积空白。在一个人人参与的"微传播"时代，国际传播的神经末梢已经连接到每个人，如果中国这些"末梢"都参与国际传播中，那么，中国的声音就会强烈得多，也会被更多人听到。

此外，中国的海外企业也是与所在地人民进行沟通和交流的重要桥梁，海外企业做好世界各地的"和平亲善大使"，对于重塑中国的国际形象意义重大。我们过去在第三世界国家所作的一系列工作，对于建立我国良好的国际形象是有很大帮助的。总体来说，在中国崛起的过程中，出现这样那样的不利国际舆论都是可以预料的，只要我们用实际行动尽显爱好和平、负责任大国的姿态，那么世界各国人民终将认识和接受世界多极化发展的趋势。

（本文发表于2021年1月，略有删改。）

# 中国：何以"故事"以及如何"故事"

## ——关于新时代的中国与中国故事的对话

张毓强　中国传媒大学教授、国际传播战略与发展研究中心常务副主任

黄　珊　中国传媒大学2018级硕士研究生

**讨论人：**

张毓强　中国传媒大学教授、国际传播战略与发展研究中心常务副主任

于运全　中国外文局当代中国与世界研究院副主任

杨新华　中国网副总编辑

张　磊　中国传媒大学教授

刘　俊　中国传媒大学讲师

**整理人：**

黄　珊　中国传媒大学2018级硕士研究生

自2013年以来，"讲好中国故事"成为国际传播和实践领域里的一个焦点和热点问题，各类研究课题与学术成果纷纷涌现。实际上，我们如何去认识和把握"故事"以及"中国故事"的具体内涵，牵涉中国人自身的主体性认知、话语与叙事的现代性特征、中国传统文化的现代性表达等多个方面。2019年伊始，中国传媒大学国际传播战略与发展研究中心联合中国外文局当代中国与世界研究院就此开展对话。

## "讲好中国故事"何以成为学术话题

**张毓强：** "故事"本非学术话语，它以日常话语的形态存在于人们的生活之中，因此也难以用严谨的学术规范对其加以界定。但当"故事"与"中国"这一具有具体指向性的概念加以组合形成"中国故事"的话语表达时，其交叉叠加的复杂性便会被凸显出来，"讲好中国故事"的内容也超越了一般意义上的"讲故事"，而更强调的是整个国家和民族在明晰的自我认知基础上进行"全面、客观、立体"的自我描述与自我表达的主体行为。尤其要注意的是，这种行为主体不单是媒体，而是在国际传播中以人为中心的所有信息携载者。

近代以来，中国的知识体系一直处于一个外向型学习的过程之中，而国际传播场域中的信源具有多重复杂性，建立在知识体系基础之上的认知体系和话语体系也呈现出复杂的特征。此外，由于我国对外传播实践活动的接受者受到跨文化接收障碍的影响导致传播效果减弱，这些内部和外部因素已逐步成为我们国家和民族与世界交往过程中的显性的现实问题。但随着中国国际地位的不断提高，中国自上而下以及全社会民众共同投身于对外传播的实践已是不争的事实，这一现象引起了包括文学、艺术学、政治学以及传播学等在内的多个学科学者的关注，并将其上升至学术话题的高度，也是情理所致。

**于运全：** "讲好中国故事"是国际传播发展到一个新的时代所要面临的一个课题。相对于其他的传播手段，"讲故事"具有较强的情绪感染性，所想要传递的价值和理念在某种程度上可以得到更加有效的传播和落地，也更易于受众的接受和理解。

2013年，"讲好中国故事"的理念已然上升成为一个国家层面的话题。但实际上，自中国成为世界第二大经济体之后，如何跟世界更好地沟通显得极为迫切，我们有必要将民族复兴、国家发展、人民幸福的故事讲好。为此，我们当代中国与世界研究院也作了一些探索，我们举办了"讲好中国故事创意传播大赛"，强调"中国故事"应该由所有中国人来讲，号召各个领域的人"讲好中国故事"。同时，也征集了一批各行各业的、生动的"中国故事"文本，并在中国网上进行了呈现。《对外传播》杂志这些年来也都设有"讲好中国故事"的专题，组织各方的专家来讨论。

**刘俊：**学术问题的形成主要是基于问题的出现。如果说在中国人的认知视域中所理解的"故事"是经过设计的，那么我们在讲"中国故事"的过程中则更加强调的是道路、道理、形象、价值等。而西方人理解的故事是生活化的、个人化的，是自然流淌的。中国人所强调的传播的"仪式化"可能恰恰是他们所不易理解的，因此中西方在传播理念上出现了差异。

"讲好中国故事"之所以能成为一个显性的学术话语，一个很重要的原因在于我们在对外传播的实践中遇到了诸多问题，急需在指导思想上的回归。我总结至少有两点现实问题需要加以重视。

第一，表达上的两个极端。要么过于隐晦，要么过于浅表。一方面，影视剧中隐晦的东方表达和思维，中国人都不一定能看得明白，西方人就更难以理解；另一方面，中国很多商业片的思想内涵不足，容易让西方民众对我国人民与社会产生错误认知。

第二，叙事上的两个不足，一是过度注重本土化叙事，二是叙事价值过于分散。"讲好中国故事"的实现，一方面要规避过度本土化的叙事话语，即思考如何讲述别人才愿意听；另一方面就是在叙事价值方面，要注重对外传播过程中国价值的集中化表达，避免因叙事价值过于分散而导致传播失去焦点。

### "讲好中国故事"是国际传播实践的重要转向

**张磊：**"讲好中国故事"代表着一种国际传播整体理念和实践导向的变

化。此前，我们没有明确地意识到国际传播是一整套的实践，需要我们从各个方面去着力。"讲好中国故事"的理念提出来了之后，帮助我们明确了国际传播的着力点，即提醒我们需要从故事这个角度去着手，逐渐改变我们以前比较宏大的，尤其是从道路、道理、形象、价值这些方面来着手的表述，转向注重叙事。之前我们可能更多地在想怎样去"晓之以理"，但现在我们要通过讲故事来"动之以情"。"故事"是全人类共通的表述方式，讲故事则是通过一系列形象的塑造和情节的勾连，使蕴含了整个人类的价值面向得到不断延展。我们现在从"故事"的角度去思考如何去做国际传播，实际上是我们整体发展方向的一个重要的转向。

**杨新华：**我觉得"讲好中国故事"这个概念的提出，反映了时代的变化。从"站起来""富起来"到"强起来"的历史转折过程中，我们意识到"讲好中国故事"成为一个特别现实的问题。如果从宽广的视野来看，我们不能太拘泥于一人一事一物，但是从讲故事的方法和切入点来看，可能从个体、从一人一事一物出发是比较好的一种方法。大视野和小切口相结合来讲"中国故事"，最终希望达到的一个目标是：我们自己要更加自信。我们越自信，我们在国际视野里表现出来的中国特征就会越清晰，这样能够减少误读误判。

**于运全：**在这种转向中，讲好"中国故事"有三个特别值得注意的点：

首先，强调是现代中国的故事。改革开放40多年以来，中国发生了翻天覆地的变化。国家富强，经济社会高速发展，人民的生活面貌都发生了很大的变化，这里有很多伟大的实践，有很多生动的故事需要提炼好，对外讲述好，让国际社会能了解我们这些年是怎么发展过来的，向着什么样的目标和方向去，有怎样的价值观念。故事要言行合一。

其次，在讲述中要特别注重见人见事。我们不仅要反映国家发展硬实力的变化，更要注重反映普通中国人在这40多年，甚至是新中国成立70年来发生的变化。我们中国人其实跟其他国家的人民一样，都是爱好和平、热爱生活、追求个性发展的人。故事要特别注重人性化表达。

最后，要特别重视融通中外。"中国故事"不是只将我们认为有特点的故事讲述出来，而是要让国际社会能听得懂，能引起国际社会受众的强烈共鸣。

## 如何处理"过去中国"与"现代中国"的关系

**张磊：** "过去中国"和"现代中国"是"讲好中国故事"时较难处理的一组关系。我们现在偏向于讲好传统的中国，但实际上它是最不用我们去讲、去改善的那一部分。有时候我们会发现，我们讲给国外听的最好的、最精彩的那些故事，其实本来就是西方对于中国存有好感的那一部分。

而西方对于现代的中国存在着一定的误解。对此，我们一方面，我们要把传统中国里一些好的东西挪过来，帮助他们正确理解"过去中国"；另一方面，我们也要把现代中国独特的实践、理念、道路讲好，展示给西方看，从而破除误解，达到沟通的效果。

中国古代看待世界和国际的眼光，跟现代是完全不同的一套体系。我们那时候是用"天下"的逻辑来看的，一个明显的特征就是中国古代的地图是没有国界的，我们认为天下无外，全天下都属于同一个共同体，而那个时候中国由皇帝统治，皇帝位于天下的中心，是天子，再逐渐地向外扩散。费孝通就把这种认识比喻为"同心圆"，就是差序格局。但在现代我们所处的世界是基于另外一套不同的体系运行的，即西方资本主义文明发展起来之后的帝国和民族国家的新体系。它表面上是国家间平等自由交往，背后其实是国家实力较量之后霸权与统治的一个结果。而我们现在讲故事的一些逻辑，背后所隐含的一些观念，还是受到古代的"天下"体系的影响。这就是为什么会出现这样的中西偏差。

## 如何处理"东方"与"西方"的关系

**于运全：** 新加坡学者郑永年曾把西方比喻成"橘子"，而将中国看成是"苹果"，西方社会习惯于从"橘子"的视角出发去解释"苹果"，这必然会因为价值体系的差异而导致误解与误读。将这个例子放置在我们国家身上同样适用，即我们一直在强调的，要建立融通中外的话语体系，最大限度上削减西方民众对中国的误解。尤其是通过建构学科体系、学术体系和话语体系，可能在某种程度上有助于将"中国故事"讲好。

很多人是被中国文化吸引而到中国来的，关于中国文化的故事一直是比较好讲，也是讲得比较好的。但是在现实层面，尤其是涉及政治制度道路，甚至是意识形态领域，可能"中国故事"的讲述难度就比较大，因为这里存在着巨大的价值鸿沟。西方是一种民族国家的实践，而中国的很多学者，也包括西方的一些学者，他们认为中国其实是一个文明型的国家，不是他们一般意义上的民族国家。所以说在制度上就有很多的差异。

**张毓强：** 我们在讲述"中国故事"的时候有两种负面倾向：其一是完全建立在本民族的话语体系之上，这种倾向导致了西方受众对"中国故事"接受无力的尴尬局面；其二是一味地迎合西方受众，完全套用西方话语逻辑与表述体系，这也必然会导致在国际传播中自主性的削减。在对外传播的实践过程中，一个根深蒂固的矛盾就是话语体系的问题。中国在追求现代性的过程中，我们自己的话语体系没有特别完整地、成体系地建设起来。我们究竟应该为了传播效果的需求，用人家听得懂的话，或者说用人家那套话语体系去解释我们，还是说我们要坚守我们自己？

**刘俊：** 这牵涉一个国际传播的本土化问题。在国际传播中应该坚守自己的东西多，还是应对别人的多，或者是二者结合的多？比如，海外的受众对中国电影是什么偏向？根据调查，海外的观众更加喜欢的是中国的功夫电影，倾向于了解历史上的中国，而非现代化的中国。

因此，我们需要将刻板地讲述"中国故事"的方式和元素，拓展到更为丰富的当代问题、人性问题、复杂问题、中国价值问题，吸引海外观众更加关注现代化的中国。

## 如何处理"故事"传播中"质"与"量"的关系

**张毓强：** 过去十年间，国际传播内容的生产能力是我们所强调的重点，我们认为首先要创造出足量的内容产品，再辅之以资金和人才投入便可以在国际传播场域中大显身手，但实际上的传播效果却未必能达到预期，甚至走向对立。有人便提出了一种看法：传播的内容越多，引发的冲突就越多。这里有一个基本逻辑问题：传播的能力真的决定了传播的效果吗？当两种文化相遇，必然会产生碰撞，对外传播的频率越高，不同文化之间产生矛盾和摩擦的可能性也会随之增加。"讲好中国故事"是要以量制胜，还是侧重于精准、有效？

**于运全：** 从国家层面上来看，保证对外传播的媒介产品一定的数量是必要且必需的。当下中国正全面融入全球化，国际社会对中国的信息需求巨大，在很多国际性的论坛和会议上，无论中国是否在场，中国话题都备受关注，很多国际事务需要中国的参与才能更为妥善解决。伴随着中国国际地位的提升，"中国故事"在国际上具有广阔的传播空间，且国际受众对于"中国故事"的需求也呈现出了多元化的格局。因此，从国家层面上供给的"中国故事"必然要达到一定的数量，才能再去谈质的问题，然后才是用户会不会满意，是不是让受众满意的问题。

**张磊：** 以中国目前的经济体量、综合国力和国际地位来讲，我们是不可能降低数量的，关键是怎样在提高量的同时，还能够达到比较好的效果的问题。这一问题的关键在于如何开展好公众外交，以及如何在互联网时代发动民众借用用户生产内容（UGC）的力量来实现"中国故事"在量上的增长。如果这一问题得到解决，那么传播效果问题也就迎刃而解了。因为在这个过程当中，真正的人文交流会促进民心相通，也会建设出更长久、更有效、更有美誉度的国家形象。

**刘俊：** 在影视的国际传播领域，我们现在越来越明确一点，就是必须要把国内的产业做大。如果国内的产业做不大的话，国际传播的影响则无从谈起。若要解决"中国故事"的质量问题，首先要做的就是价值聚焦。我们需要厘定出少量的价值点，然后在国际传播中聚焦于这些价值点的传播。现在我们进入国际传播的影视作品中，常常是价值混乱而琐碎的，"东一榔头，西一棒子"，中国形象、中国价值、中国人的形象是模糊的。

那么，聚焦什么价值？我想有这么几个判断标准：有中国特点，又能为西方所认同，为人类共通的认知所认同；且这些价值是中国传统的，但又能够进行当代转换的。基于这些标准，我初步设想了三个可以厘定出来的价值：大同之道、君子之道、中庸之道。

第一个是大同之道。这是人类社会一个最高的理想，是兼济天下的，即中国是胸怀天下之国，会为世界的"共同"美好作出最大贡献，是可信、可靠、可依赖的。

第二个是君子之道。君子之道就是秩序，体现为人和人之间的礼让、谦让、温文尔雅等社会整体的秩序。

第三个是中庸之道。中庸之道讲求的是天人合一。中国人不走极端，其实这也是对西方一些哲学观念的有效替代。中国人中庸的思维也是对零和思维的回应。我们不走极端，我们永远是以太平融合、事缓则圆的状态来解决问题、处理问题的。

这三个可能是中国人、中国价值的光辉之处，同时也是能被西方人所认同的。

其次要做到质量聚焦，在保持住一定量的情况下，下一步就要提升质量。

在影视领域，往往一个"爆款"能够抵成百上千个作品。我们在渠道有限的情况下，打造一两部"爆款"影视作品，或许会大面积地扭转西方人对我们中国的形象认知。

## 情感与链接：讲好中国故事的最新范例

**于运全：**《记住乡愁》这一类纪录片是近些年我们在"讲好中国故事"的实践与探索中出现的较为典型和成功的作品。这一部纪录片的亮点在于借助"他者"的视角，让"他者"参与进"中国故事"的文本建构之中，借由"他者"之口来讲述在中国的所见、所思、所想。此外，乡愁反映的是世界人民共同的一种情感诉求，不同的人、不同国家的人、不同时代的人，都有自己的乡愁，乡愁背后反映的是大家对传统文化的一种记忆。尤其是面对国际社会在这一方面的疑问和关切，即随着中国经济社会的高速发展，中国的传统文化有没有随之消减？换言之，我们是否还有乡愁？《记住乡愁》通过"他者"的视角，通过"他者"的参与回答了这个问题。虽然中国的发展很快，但对于家乡的眷恋依旧深深扎根于中国人民的血液之中与心底深处。

**刘俊：**《记住乡愁》的成功可以聚焦到两个方面。首先在于它对目标受众的选择。《记住乡愁》先要回答的问题是谁来记忆。显然，这个问题的答案并不是中国人民，而是特定的受众对象。现在在国际传播实践中，出现了一个较为严重的问题，即目标受众划分不细致，而这一部作品实际上是有意地去相对细致地划分目标受众，那就是海外的华人。这部作品把海外华人设定为精准的、特定的受众群体。当然，西方受众也会从中观察和体会到中国人的情感、中国的发展，从而出现接受的连带效应。

其次就在于这部作品所表现出来的，我们的纪录片创作在国际传播过程中，正在逐渐地从"自塑"走向"他塑"。近些年的纪录片创作，西方受众主动来了解中国、记录中国、传播中国的现象越来越常见。我们的纪录片，抑或是传媒艺术的对外传播，已经分成了三种传播主体：自塑、华人塑和他塑。这是中国传媒艺术对外传播的三种主体的来源。这种华人塑华人的中国精神、中国行为、中国价值，举手投足之间可能会深度影响海外对中国的认知，它散发的力量可能是我们未来需要特别重视的。

（本文发表于2019年3月，略有删改。）

# 从"妇女节"到"女神节"：
# 新话语、新传播与新叙事

张毓强　中国传媒大学教授、国际传播战略与发展研究中心常务副主任

周庆安　清华大学新闻与传播学院副院长、副教授

**策划人：**

周庆安　清华大学新闻与传播学院副院长、副教授

**讨论人：**

吴　飞　浙江大学求是特聘教授

张　磊　中国传媒大学教授

张毓强　中国传媒大学教授、国际传播战略与发展研究中心常务副主任

周庆安　清华大学新闻与传播学院副院长、副教授

尚京华　中国传媒大学电视学院副教授

**整理人：**

张毓强　中国传媒大学教授、国际传播战略与发展研究中心常务副主任


"三八妇女节"，称谓在悄悄地发生变化。尤其是今年，全国政协委员海霞在接受采访时说，她更愿意叫"妇女节"，而不是"女神节"，因为"妇女"是自己赢得的，"女神"是社会赋予的。新媒体时代，传统的话语发生了很大变化。从"帅哥"到"男神"，从"妇女"到"女神"，这种称谓的变

化，既是社会不同性别对自身和其他性别的定位，又是新时代新传播形态的一种具体呈现。话语的变化，代表了一个国家在自身发展中的认同变化，也代表了不同阶层的崛起和自我定位。而在国际传播跨文化的视域下，新话语传播的可能性如何判断？

中国传媒大学国际传播战略与发展研究中心联合清华大学爱泼斯坦对外传播研究中心，邀请相关专家就此问题进行了讨论。

## 从"妇女"到"女神"的话语意味

**张毓强：** 这几年的"三八妇女节"，热点都在于节前，各个大学纷纷兴起在3月7日过"女生节"的热潮，也有一部分女性把3月8日这一天称为"女神节"，而回避传统的"妇女节"称谓。话语本身是一种社会行动，新话语伴随着新传播关系不断涌现，体现了社会关系的变革。其所定义的社会叙事也在发生着变化。作为历史的产物，新话语在新的历史条件下呈现出的契合与意义是国家与社会认同的重要审视环节。

**尚京华：** 称呼的转变，是社会观念变化的结果，而社会观念的转变又是社会发展变化的结果。"妇女节"变身"女神节"，体现了国内女性地位的变化和提高。"女神"本是男性对于自己无法企及的女生的称呼，这些女生往往才貌双全，或者容貌出众，只能远远仰望。后来这一称呼被逐渐泛化，被用来指一般女性。这个称呼着实体现了女性社会地位的提高。"国际劳动妇女节"的英文International Working Women's Day在汉译过程中加上了"妇"字，也就附带了其所代表的传统观念。本来，"妇"只是一种身份（已婚）的标志，并不带贬义，但是随着女性自我意识的觉醒，她们更希望因为自己的性别本身而受到尊重，所以就希望在节日名称中摈弃这种身份标志。因此，她们需要一个新的称呼。"女神"就是女性（以及男性）心里完美的形象，再合适不过了。大学女生想在3月7日过"女生节"，也是这种想要区别于传统"妇女"观念的愿望的体现。

**周庆安**：有些女性认为，"妇女"这一概念有比较强的从属性，带有物化的因素，同时又带有比较强的传统意味。她们更愿意创造属于当代，也能够被网络原住民认同的概念，来替代"妇女节"。我想，"妇女节"变身"女神节"，背后有两方面的原因：一方面是新媒体语境下，人们开始拥有更多的定义权，因此不少网民开始对传统文化重新定义，这些定义既有颠覆性，把一些传统话语进行根本变革，又有更新和完善，展现不同代际在同一个问题上的不同理解；另一方面，传统话语体系中的一些表达，在新媒体文化传播环境中表现出了较大的变化，也说明了这些词语本身的时代背景在发生变化，指向的意义也在发生变化。

**吴飞**："三八妇女节"，是在妇女地位提升之后才出现的，不过，真正实现女性平权，还有很长的路要走。近几年，在网络上出现的"女神节"概念，以一种轻松的方式，对"三八妇女节"所认定的女性地位的提升以一种积极呼应状态而慢慢流行起来。语言学家认为，语言是人们表达思想和情感的媒介，但并不等同于思想和情感本身。使用一个柔软舒服的语词，是网络时代人类圆滑的标志，"女神"这个词来了，仿佛女性的地位真的就很高了，但事实是否如此呢？

**张磊**：我把消费主义嵌入这一话语实践来理解这个问题。因为这可能会使女性物化的程度进一步加深。当前消费场所向互联网转移，消费主义也借机向网络文化嫁接。每逢节日，无论是中国传统的春节与中秋节，还是西方舶来的圣诞节与情人节，抑或是新近发明的光棍节和女神节，都成为消费商品的盛宴。似乎只有现代民族国家的政治性节日暂时幸免于难。借助"女神节"，商家全力推销口红、项链、皮包、蒸汽美容仪、美颜手机、双人浪漫晚餐和各种小礼品，使得商品附着在女性身上，成为构造所谓"女神气质"的符号。

## 话语演变及其新媒体实践

**张毓强：**"女神"作为一种话语实践，总体观察是在互联网这一场域兴起的，并逐渐在现实中普及开来。其实，自从互联网在中国兴起以来，催生了很多新的话语形态。而这些话语有的很快消失，有的则在一定程度上影响着中国人自己的生活实践。我们如何理解其背后的动因呢？是媒介的？社会的？还是社会实践本身的？

**周庆安：**我把"三八妇女节"看作一种国家政治话语。其变化的主要原因有三方面：一是时代背景发生了变化，政治话语中的很多概念带有强烈的时代感，随着时代的变迁，时代感在逐渐消失，人们基于时代的理解，对政治话语的理解也在发生偏差；二是对话方式发生了变化，传统的国家政治话语，反映的是主权国家的集体意志，带有很强的权威性和共识性，但新媒体时代，不再是单向度的信息传递，受众有权利进行话语权威的消解和重构，年轻受众更有这种意愿对话语权威进行消解；三是政治概念也在发生变化，传统的集体主义话语，增加了很多个性化和个体化的色彩。主权国家作为单位的国家话语，也受到全球传播中网络环境的挑战，不同的群体被赋予更多的传播权利，他们重视的概念也更加突出，这些概念往往会先在公众中间找到共识，然后逐渐成为媒体和社群热议的话题，最后影响国家政治话语的表达。

**吴飞：**国家政治话语变革，可能有多方面的原因：其一是网络传播。因为新生代在网络上有自己的表达形式，如果政治言说想要到达年轻人那里，国家政治话语就必须选择一种让年轻人乐意接受的方式来传播。其二是跨境传播与跨文化情境的出现。跨文化传播，自然会有不同的语言，有些词是没有办法直接翻译过来的，因为语词都是特定的生活方式的产物，不同的生活方式都会有一些独特的语言符号形式，跨文化的传播，使得两种经验交汇，也自然而然地是两种语言的交汇，那些不能化约的话语，就会用一种新的方式流传开来。其三是政治活动本身也需要新的话语。英国作家乔治·奥威尔有言："谁控制了语言，谁就控制了思想。"社会在变化，政治形势也会因势而变，需要有自己的新词汇和新话语，每一位有抱负的政治家都会在话语上做大量文章，原因就在这里。其四，思想和使用语言是同时发生的同一事情，正所谓"思想是无声的语言，说话是有声的思想"。如果国家的政治变革有新的成就，自然会有与之适应的话语体系的创新。

**张磊：** 作为新的话语场域，互联网催生了一系列新的命名，背后隐藏着转型期中国的复杂社会认同。人们一向是通过话语对自己与他者进行分类、命名、比较、排序，以此建构社会身份认同。新的政治经济环境使得人们的社会身份更趋多元，也使得新话语实践层出不穷。就拿"女神"来说，其中不乏美好意涵，它蕴含着性别的再次界定，以半戏谑的姿态将女性凌驾于男性之上，如神凌驾于人之上，对于性别权力是一次良性解构。不过，我不同意"女神"只是称呼"女性中的佼佼者"，这意味着性别意识的固化。在流行文本中，比如一部颇受欢迎的春晚小品，将"女神"与"女汉子"并列比较，把一种特定的女性气质树立为模板，不仅忽视了性别光谱上的多元性，而且迎合了男权的欲望凝视。

**尚京华：** 观念的更新基本都是从年轻人开始的。年轻人求新、求变，也渴望不同于父辈活出自己的态度。新媒体的运用是从以年轻人为主体的群体开始，逐渐扩散到其他人群的。面对年轻人，新媒体只有采用新的话语体系，才能抓住年轻人，并为年轻人所接受，这也是近些年网络热词一拨拨产生的原因。由于新媒体特别是社交媒体的病毒式传播的特点，一些热词很快就成了"现象级"的热词，这与新媒体平台的推波助澜不无关系。同样，国家政治话语要在新媒体平台上抓住年轻人，也需要进行变革和创新。例如，类似"英国小哥侃'两会'"这样的政治话语就利用了网络热词。新媒体面对的受众是口味变化最快的群体，如果不能准确把握时代的脉搏，将时代精神融入其话语体系中，并创新和引领新的国家政治话语体系，就难以完成其舆论引导的使命。

## 新话语、新叙事与社会认同的重构

**张毓强：**新话语能够从媒介实践进入现实，在一定程度上是其生命力的一大表征。这种生命力当然来自社会文化的演变和社会认同的变化。在某种意义上，新话语带来的新叙事，可能带来了特定领域里社会身份认同的变化。

**吴飞：**我们是在他人的目光下成长的，也是在与他人的交往中来确认自身的。我们在意他人的目光和评论，希望被他人关怀，渴望获得他人的同情、赞美和爱，我们从来不是自己独立成长的。身份认同，并不是一种客观的事实，而是基于一定的态度和价值。比如，国家仪式的选择、节目的安排、在特定的时刻发动爱国主义动员等，都是国家建构社会认同的手段。新媒体在构建或者改变人们的社会认同方式方面有极为重要的影响，因为新媒体在当今社会已经不是一个外在于人的传播环境，而是社会事实本身。

**尚京华：**当一个国家的政治制度处在发展变化中时，话语的改变也是顺应这种变化的。新媒体应该创新工作理念、手段和内容，突破旧有的条条框框的限制，把握时代的大势，做到因势而谋、应势而动、顺势而为。例如，"妇女节"到"女神节"这种改变，就是中国女性具有了更多的政治话语权的体现，也是中国社会更加平等的体现，更是中国女性对于自己拥有"内外兼修"新形象的自信心的体现。新媒体应该努力捕捉这些新的、代表社会前进方向的新表述，并将它们运用在社会认同构建方面，努力展现新的时代风貌、新的中国和新的中国人。

**周庆安：**当前社会认同的构建在发生一些变化。从传统理论意义上看，社会认同的形成，基于民族血缘关系，基于对主权国家的认同，也基于对价值体系的认同。因此，国家政治话语往往突出强化了这几个方面的色彩。但是新媒体环境中，价值体系的多元化突出体现出来，价值的多元化除了塑造出不同层面的社群之外，也对主权国家的认识和民族血缘关系的认识提出了新的概念。不同的社群基于自身的成长背景、理解方式，以及与国家社会的关系，对于传统的话语体系也会产生碰撞。"妇女节"变身"女神节"，最大的变化就是对于女性身份的解读，对于女性社会角色的解读也在发生变化。

不仅国内如此，国际也如此。全球范围内出现的新思潮、新变化，包括部分国家的民粹主义倾向，其实也是对传统西方价值体系中的建制派的质疑。这种质疑的形成，对主权国家体系，对全球化的趋势都带来了较大冲击。如果深入去看，一个节日称谓的变化，背后是国家信任体系的变迁，国家政治话语势必要更加有效地适应这种变迁。

**张磊**：随着改革开放的深入，女性的形象及其话语描绘也日趋多元。由此可以看出，社会身份不断变动，话语实践也不断演进。对于国家话语来说，面对新媒体的话语挑战，既不能视而不见、听而不闻，也不能毫无甄别、全盘照收。一套有生命力的国家话语，必然要有宽广的视域、灵活的体系和深切的关怀，要有海纳百川的可能性。

## 新话语的国际传播可能

**张毓强**：话语问题，是这几年国际传播研究领域里的一个焦点性问题。基于中国现实的、能够产生广泛影响力话语的生产，是我们面临的一个重要问题。但是，基于互联网知识生产轻质化、碎片化的现实，似乎这几年的实践并未如我所愿。

**周庆安**：习近平总书记强调，要着力打造融通中外的新概念、新范畴、新表述，这就要求国家政治话语，既要准确传达政治传播的意义，又要在国际传播中有较好的接受度。从发展的趋势来看，国家政治话语，首先要构建一个与时代关切呼应、与时代发展路径一致的价值体系；其次要形成一种本土文化和异域文化、历史记忆和未来关切、多数国家和少数族群之间的连接，新概念、新表述要在这种连接和对接上下功夫；再者要和新媒体的传播规律表达习惯相关，既要有效引领这些表达，又要尊重多元文化背后的各种社会情绪。

**张磊：**一种策略是，国家话语要有提供流行文化"模因"的能力。所谓模因（meme），简单说来就是流行话语的基因种子，它可以是一个句式模板，也可以是一个关键词，还可能是一种审美方向。类似"撸起袖子加油干""种花家"（中华家）等流行语，就是这种模因的案例。那么，在社会身份认同的话语实践中，国家主导下的媒体和文化机构，是否能够在主流话语和草根话语的对话中找到嫁接可能性，避免消费文化的物化，塑造出新的命名标签，使之既具有理想导向性，又具有现实采纳的延展性，就是值得探究的话题了。

**吴飞：**知己知彼，是国际传播的重要法则。一方面，我们要坚持，毕竟每一种文化都有其独特的：不可替代的价值，因此坚持那些代表社会正义的文化内容，就是十分必要的；另一方面，我们也需要找到文化传播的最大公约数，毕竟人类来自共同的祖先，有着相同的文化遗传基因，换言之，你我虽然不同，但毕竟并非完全不可交流。学人之长，在相互欣赏尊重差异的前提下，学习与借鉴。既不妄自菲薄，也不夜郎自大。

**尚京华：**从微观层面入手，更容易找到对接点。比如，从小的方面说，全世界人民对美好生活的追求，是一种一致的追求；从大的方面说，全世界人民对于人类共同命运的关注，也是一种一致的关注。从这些角度出发，更容易跨越文化和意识形态的差异，找到我们和外国受众之间的共性和共情点。比如，今年新华社微信公众号里的小视频《听美国小哥给你说说中国民主制度》，就用人大代表和政协委员的故事讲述了中国的民主制度是如何运行的，人民的声音是如何被听到的。五分钟的视频里没有出现任何赞扬中国民主制度的词句，也没有任何意识形态的宣讲，而是用事实和数据展现了"人民代表为人民"的主题。像这样的传播方式，就是利用新媒体平台进行对外传播的有益尝试。已经有越来越多的中国新媒体在进行国家政治话语对外传播的创新，未来在这个领域我们一定会做得更好。

## 小结

习近平总书记在《加快推动媒体融合发展　构建全媒体传播格局》的讲话中指出："我们要把握国际传播领域移动化、社交化、可视化的趋势，在构建对外传播话语体系上下功夫，在乐于接受和易于理解上下功夫，让更多国外受众听得懂、听得进、听得明白，不断提升对外传播效果。"这为我们认知当代中国产生的新话语以及由此而带来的社会变革与认同再建构，认知由话语的全球化与本土化博弈中产生的结构性互动关系，指明了方向。在国际传播的实践中，既要跨越中外政治制度和文化价值观的差异，也需要跨越媒体平台的差异，更要关注话语变化的历时性和空间变化逻辑。如中国特色社会主义制度，是马克思主义基本原理同中国具体实际相结合的产物，是一项创举，并没有现成的样板可依据，也就没有现成的成功经验可以模仿、可以说明其优越性。而中国社会治理的进一步现代化过程中，我们也是通过"中国话语"讲述"中国故事"，讲好中国发生的事情。实践中，既可以从宏观叙事，即国家叙事的层面展开，也可以从微观叙事，即个人叙事的层面展开。我们的传统媒体习惯于宏观叙事，并且已经建立了一套成熟的宏观叙事的国家政治话语。但是这套话语的国际传播，需要克服文化价值观的重重障碍。如今，从社会变化的新状态、新话语、新现象展开，关注当代中国的现实规律，在全球化融媒环境中理解和认识这些问题，也许能够为我们打开一扇更加明亮的窗户。

（本文发表于2019年4月，略有删改。）

# 道德意义与话语价值：
## 国际传播视野中的消除贫困问题

王洪波　中国传媒大学博士研究生、当代中国与世界研究院副研究员

张毓强　中国传媒大学教授、武汉大学媒体发展研究中心特约研究员

讨论人：

章晓英　北京外国语大学国际新闻与传播学院教授

周　亭　中国传媒大学政府与公共事务学院教授

沈　斌　中国日报社国际传播研究室主任

张毓强　中国传媒大学教授、武汉大学媒体发展研究中的特约研究员

王洪波　中国传媒大学博士研究生、当代中国与世界研究院副研究员

物的丰盈是人类生活走向美好的最基础资源。"贫"而致困的问题，又不仅仅是物质稀缺与丰盈的问题。实际意义上，自古以来，人类的所有族群都在与贫困问题斗争，并形成了丰富的经验。各个族群解决这一问题的方法不同，解决方式也不同。但这是大家遇到的共同问题，也在问题的解决过程中形成了共通的期待与经验。

在联合国的话语体系中，"消除贫困"是一个重要的日常议题。国际组织提供的信息显示："贫穷不只是缺乏收入和资源导致难以维持生计，还表现为饥饿和营养不良、无法充分获得教育和其他基本公共服务、受社会歧视和排斥

以及无法参与决策。目前，有超过7.8亿人生活在国际贫困线以下。超过11%的世界人口生活在极端贫困中，医疗、教育、用水和卫生设施等最基本的需求无法得到满足。年龄在25岁至34岁之间的贫困人口男女比例为100∶122，超过1.6亿的儿童可能到2030年仍将生活在极端贫困中。"

近代以来，消除贫困问题一直是我们这个国家和民族的奋斗目标，更是新时代中国人民的期待。今年是中国"脱贫攻坚"的关键之年，也是收官之年。中国政府投入了巨大的人力物力财力，全力解决这个世界性的难题。

"脱贫攻坚"是国际传播中一个具有高度沟通性的话题。然而，即使是这样的话题，仍然遇到了一些来自西方国家的质疑。那么，在国际传播的视角下，我们应该如何认识这一行动的道德与伦理全球意义？在全球媒介，尤其是西方主要媒体的语境中，其主要质疑是什么？为什么会出现这些质疑？中国是否需要以及如何回应这些质疑？如何优化针对这一问题的国际传播话语及其实践？

就以上问题，中国传媒大学"新时代中国国际传播实践问题与本土化理论创新研究"课题组联合中国外文局当代中国与世界研究院组织专家进行了讨论。

## 理想、话语及其价值

**张毓强**：摆脱"贫"及其带来的"困"，是人类的共同追求。将这一问题置于全球历史发展的视野中，我们可以发现，相关的概念处于人类道德话语的基础话语体系中，有着不可或缺的话语价值和伦理意义。欧洲30年战争（1618—1648）后，民族国家成为国际关系的主要行为体。人类不同族群的自我治理体系中，没有哪一个否定这种实践的价值。

**章晓英**：从全球道德与伦理层面上讲，"脱贫减贫"的意义在于树立了何为人类以及何为一个好社会的标准。在古代中国，儒、道、法家都对贫困问题进行过阐述。比如，儒家代表人物荀子主张"进则近尽，退则节求"，就是说能够满足欲望的时候就尽量满足，不能满足的时候就节制欲望。道家则绝对相信只要减少欲望，就能确保每个人都能拥有足够的基本物质。法家提倡使用严厉的法律和惩罚手段，防止人们过度放纵欲望，从而保持国家的秩序。儒家代表孟子曾说："老而无妻曰鳏，老而无夫曰寡，老而无子曰独，幼而无父曰孤。此四者，天下之穷民而无告者。文王发政施仁，必先斯四者。"这段话体现了孟子的"仁政"和"以民为本"思想，对弱势群体的伦理关怀，以及对社会公正的追求。中国先贤的这些思想基于对人类和社会的基本认识：家国是一体的，每个人都是责任承担者。因此国家应该提供教育、就业等必要条件，以便让每个人都能够承担责任。同样，国家也必须确保无家可归者的幸福。这样的社会是一个值得追求的美好社会。

**周亭：** 如何消除贫困一直是全人类恒久关注的话题。全球化潮流与科技发展虽然在很大程度上促进了世界经济的发展，但并没有根本解决广泛存在于世界各个地区的贫富差距，甚至还加速了差距的扩大。新中国成立以来，我国政府就在全国范围内开展了各式各样的扶贫活动，中国在脱贫攻坚上探索出的道路为世界减贫事业的发展提供了切实的经验。首先，"精准扶贫"方案为全球减贫事业提供了中国方案。习近平总书记强调的"六个精准"是我国扶贫机制的改革与创新，其中包括扶贫对象识别、帮扶等重要环节，是对西方经济学家主张的被动扶贫治理模式的突破，对以第三世界国家为主的国际贫困治理具有重大意义。其次，"以人为本"的制度安排为全球减贫事业提供了中国范例，它符合贫困治理的现实发展规律，为全球贫困治理提供了经过实践检验的中国方案。

**沈斌：** 生存权和发展权是人类的首要人权，是其他一切权利的基础和前提。每个人都有权利享受经济社会发展带来的利益，而贫困是阻碍这一系列权利和利益获得的最大障碍。现在贫困仍然是大部分国家面临的首要问题，若无法得到有效解决，作为社会关系基石的道德和伦理将难以发挥约束作用。解决贫困人口的生存权和发展权问题，是道德与伦理的首要任务，也应是实现全球发展的国际共识。

**王洪波：**自古以来，消除贫困一直是人类的共同理想。马克思从道德与伦理层面对此进行了深刻的阐释。马克思全部思想的主题就是人类解放。他认为，只有达到"人自身的解放"，才能实现一切人的自由而全面的发展，而"当人们还不能使自己的吃喝住穿在质和量方面得到充分保证的时候，人们就根本不能获得解放"，人类彻底解放的根基在于社会生产力的高度发展。因此，马克思从制度层面分析了资本主义贫困问题，指出消除贫困的根本出路在于消灭资本主义雇佣剥削制度，从而实现人的自由与发展。然而，170多年过去了，西方国家的贫富差距、阶层对立、社会分裂等现象不仅没有消除，反而越来越严重，消除贫困、社会平等仍然是一个乌托邦般的梦想。在东方，新时代的中国正在为消除绝对贫困、全面建成小康社会而努力，这一伟大而生动的实践无疑是对马克思主义反贫困理论的丰富和发展，也是对推动实现联合国2030年可持续发展目标、建设一个更加美好世界所作出的重要贡献，具有十分深远的历史和现实意义。

## 沟通问题与刻板印象

**张毓强：**联合国确定的人类消除共同贫困问题的实践得到了大多数国家和族群的支持，并在很多国家形成了制度性的实践。虽然由于局部战争、一国内部政局变动等多种原因，其实践的效果并非完全理想，但是这种努力从未停止过。

从国别意义上，任何一个国家从未像中国共产党所领导的中国这样，把这一问题置于国家发展战略的高度。这一努力既呈现了中国政治制度的道德价值追求，也是中国制度和中国道路优势的一种体现。然而，这仍然遭到了一些国家的质疑。其主要的质疑是什么呢？

**章晓英**：中国的扶贫减贫成果得到国际舆论的广泛关注。联合国开发计划署发布的《2018年人类发展报告》高度赞扬了中国"造血式"开发扶贫。外媒对扶贫减贫的赞誉主要集中在三个方面，比如扶贫的全球意义、经济奇迹，以及为其他发展中国家提供宝贵经验等。但另一方面，国外网友在社交媒体上也有一些质疑，认为这些脱贫数据是中国自己编造出来的。这个说法显然是站不住脚的。根据世界银行的统计标准，1978年至2018年，中国的实际人均收入增长了23倍，极端贫困率从1981年的超过80%下降至2018年的不足2%。另外，从清华大学史安斌教授与博士生王沛楠的研究中可以发现，外媒并没有把脱贫攻坚带来的社会进步和民生改善视作中国在人权方面的进步，这一点值得深思。

**王洪波**：改革开放以来，中国已经使7.5亿群众摆脱贫困，对全球减贫贡献率超过70%，被誉为人类减贫史上的奇迹。但即使取得了如此令人瞩目的成就，西方媒体依然对此有质疑的声音，主要表现在三个方面：一是质疑减贫目标，西方始终对中国能否如期建成"一个都不能少"的全面小康社会抱有质疑；二是质疑"精准扶贫"政策，认为精准扶贫中对贫困户的认定带有很强的主观性；三是质疑减贫方式，西方对我国采取的异地搬迁扶贫质疑声音较多。

**沈斌**：出现这些质疑的声音在西方社会看来可能是正常的，可以从很多方面分析。个人认为，一是中西方对扶贫标准的认知存在差异，与发展中国家，尤其是新兴社会主义国家相比，西方对脱贫的定义不同。中国的脱贫定义是保证满足人民最低营养标准的基本食物需求，我们常说的温饱问题，即满足人民的基本生存权。中国不仅解决了近14亿人的吃饭问题，也为世界粮食安全贡献着中国方案。而西方的扶贫标准则往往超越温饱需求，延伸到卫生、教育等广义领域。二是西方媒体对中国脱贫的看法始终戴着"有色眼镜"，媒体更关注中国脱贫过程中产生的问题而忽略甚至歪曲中国取得的脱贫成绩，不但对中国脱贫攻坚的报道数量很少，而且意识形态倾向十分明显，这种选择性报道在很大程度上也造成了西方公众对中国脱贫的误解。三是质疑中国经验的可推广性和可持续性。中国更注重脱贫实践，讲究"授人以渔"，不同于西方简单直接的一次性补贴模式；同时，由于语言和文化鸿沟，中国尚未将成功经验提炼成外国人看得懂、说得出、做得到的理论和概念，致使西方出现了误解，进而质疑中国经验的推广可能。

## 质疑缘由及其应对

**张毓强**：让我们来看一看这些质疑产生的缘由：首先可能是制度性的质疑。也就是西方主要国家及其媒体不相信我们探索的制度能够解决一个全世界多年以来从未彻底解决的问题。这是不是应该从西方中心主义的过度自我这个意义上去理解？其次是效果质疑，不相信相关数据的真实性。这似乎可以从数据统计标准专业性角度去理解。最后是目的质疑，认为这只是一种治理的手段和方式，而且不可持续。这似乎可以从西方政治哲学的视角作出阐释。对此，我们需要讨论的是，我们是否要作出回应？也就是说，是不是只是用最后的事实说话就可以呢？还是要强烈回应这些质疑，并调适我们的话语方式？

**章晓英**：根据史安斌教授的研究，《纽约时报》在报道中国扶贫议题上整体持积极态度，承认大多数民众因为中国经济成就而摆脱贫困，并且赞赏习近平主席承诺在2020年彻底消灭极端贫困的举措。但是，尽管"免于贫困的权利"是《世界人权宣言》中规定的基本人权，可为什么《纽约时报》仍然不承认中国的扶贫减贫是人权进步呢？因为在西方，人们往往把贫穷"怪罪于受害人"，从而拒绝减贫。美国汉学家罗思文在其《反对自由主义》一书中表达了这个观点。史安斌教授也在文章中提到了这一点。这是美国长期建构的一种思想框架，体现了对弱势群体的放弃，缺少道义关怀。这种想法归根结底是对何为人类，以及何为好社会的不同理解。对此，我们需要推动跨文化交流，促进沟通和对话，突破自我的边界和思想的禁锢，勇于超越自我。

**周亭**：国际媒体出现这些质疑反映出三个方面的现实：首先，应当承认中国的扶贫政策在落地实施过程中确实存在一些问题，这些局部问题比较符合外媒对新闻价值的要求，容易被外媒放大，用来质疑整体扶贫工作的成效。其次，不难看出西方媒体对中国仍然缺乏了解，在报道中反映出对中国的基本国情，政府的扶贫目标、政策、路径和效果并没有深入的认识和研究。最后，西方媒体对中国长期的刻板印象限制了他们在报道这个议题上的专业性，合理想象、以偏概全、夸大其词的选择性报道构成了对中国扶贫报道的主流。面对上述三种不同的现实，应当采取不同的态度进行回应。面对自身存在的不足，应直面问题，实事求是，多讲改革的措施和实际的变化；面对西方媒体对我们的不了解，应多创造沟通的机会，欢迎媒体实地采访，并主动提供充分的信息；面对西方媒体的造谣抹黑，不要陷入给别人讲清道理的想象中，应主动设置正面议程，平衡信息和国际舆论，多把普通人脱贫的故事讲给世界听。

**沈斌：**国际媒体对中国扶贫工作的质疑，是发达国家和发展中国家资源争夺的结果，是意识形态和政治经济发展阶段不同的产物。对此，我们的回应应注重以下四个方面：一是中国需要指出西方国家的发展优先权是建立在剥夺其他国家发展权的基础上获得的，应给予发展中国家一定的理解与支持；二是坚持好自己授之以渔的传统理念和社会主义道路，用中国方案解决脱贫攻坚问题；三是中国共产党作为执政党在纲领中写进了"为人民服务"，包括生存权、发展权以及脱贫致富的理想；四是在重大危机面前，中国制度具有先天优势。

**王洪波：**西方媒体对中国扶贫工作存在质疑，是多方面因素造成的，主要还是中外价值理念和对话体制机制方面的差异：一是意识形态偏见。在西方世界中，中国越来越被刻画为一个挑战西方主导的国际秩序的共产主义国家，这使中国脱贫攻坚工作被蒙上了一层意识形态和国家利益色彩，因此西方一直用警惕的眼光来看待中国的脱贫攻坚工作，因为这将使中国的综合国力和国际影响力进一步提升。二是扶贫体系不同。中国扶贫是全社会共同参与的一项综合性工作，中国政府拥有强大的跨部门跨领域的动员协调能力。发展中国家多是按照妇女、儿童等帮扶对象或者基础设施建设、清洁饮用水等帮扶项目来专项实施，因此其他国家在学习借鉴中国的减贫经验时会遇到一些不理解的地方，质疑声也在所难免。三是话语衔接不畅。相比国际扶贫模式，中国扶贫具有很强的中国特色，"五级书记""东西部协作""整村推进"等特色话语，国际社会不容易理解，需要从多方面进行介绍和阐释。总体看，中国扶贫并非国际媒体关注的热门议题，因此在回应方面也有其特殊性，要注意把握自身规律。对于一些因文化差异、体制不同而造成的质疑，我们无须事事作出回应，而是应通过构建扶贫对外话语体系、讲好中国扶贫故事，慢慢消除外界的误解和质疑。而对于一些具体操作层面的质疑，则需要及时作出回应和解释，以便于外界能够更好地了解、借鉴中国的减贫经验，更好地将中国智慧和中国方案应用到世界减贫事业中。

## 话语实践及其优化可能

**张毓强：**虽然我不倾向于将中西在这一问题上的误解归结于话语层面，但鉴于当前宣传话语政策性过强以及媒介国际传播话语中可调适空间过小，我觉得还是有必要将话语优化的问题作为一个讨论基点。实质意义上，我认为应该从中国历史文化的延续性出发，去阐明我们这个国家和民族一直以来从未走出过贫困的阴影，尤其是近代以来，脱离贫困是我们整个国家和民族的核心追求之一，同时，也要说明中国政治制度在这种意义上具有探索这一问题的优势和足够潜能，这也是中国共产党能够对中国进行有效治理的基础之一。

**章晓英：**我认为，首先要贯通古今，博学中西。话语体系的建构不可能在一个自我封闭的环境里完成，也不可能在一个不平等对话的框架内完成，而是需要在一个开放的、多重对话的、多向互动的过程中完成。这就需要我们贯通古今，博学中西。其次，建构中国伦理思想体系，形成中国伦理学派。挖掘中国先贤的伦理哲学思想，尤其是丰富的人本主义思想以及中国对美好社会的追求和努力，阐述好我们自己的伦理思想。中国伦理思想始于殷周时期，历史悠久，内容丰富，独具特色，在人类文化史上占有重要地位。中国把马克思主义基本原理和中国具体实际相结合，批判地继承历史上优秀的道德遗产，传播和发展了马克思主义伦理学。我们应充分利用和发挥中国丰富的伦理思想，形成中国伦理学派。最后，加强对外学术交流，传播中国伦理思想，描绘我们追求的美好社会。印度尼西亚女孩诗法·阿德里亚娜曾说："中国和西方世界试图描绘的图景完全不一样。"我们要描述好我们的理想社会。从一个大国到一个强国，中国需要在思想力量和理念上影响世界，以使软实力和硬实力两翼双飞。现代西方社会危机重重，需要东方智慧的借鉴和帮助，而中国的伦理道德思想等处处闪耀着东方智慧。正如英国哲学家罗素曾说过的："中国至高无上的伦理品质中的一些东西，现代世界极为需要。"

**周亭：** 首先，应重视对脱贫攻坚国际传播话语体系的塑造，切忌自说自话，要多研究传播对象的话语，用别人听得懂、听得进的话讲自己的故事。其次，应重视传播主体的选择，让更多脱贫工作的参与者、受益者和研究者成为重要的信息源和传播者，用个性化的、最朴素的、专业性的话语讲述困难和变化，过去和现实，经验和不足。最后，应重视传播的叙事策略，多讲接地气、显真情、动人心的小人物故事。

2020年1月19日，四川省绵竹市孝德镇年画村，一户村民在打扫自家的养鸡场。孝德镇抓住乡村振兴的契机，积极探索出了一条年画文化的创新之路（摄影　朱兴鑫）

**沈斌**：一是传播技巧方面，小切口、大叙事，用普通人物的故事，讲述中国脱贫攻坚故事。二是从历史的角度，勤劳致富是中华民族的传统美德；三是无论是传统的以物易物，还是国际贸易，都是从传统的附加值积累，实现了超越普通贫困意义上的国家发展和个人财富的增长；四是粮食安全永远是各个国家的基础安全。

**王洪波**：针对国际社会的质疑，我们应该注重跨文化的沟通和交流，淡化扶贫对外报道的意识形态色彩，加强中国扶贫对外话语体系建设。一是以人为本。讲故事是国际传播的最佳方式，这一点在扶贫领域表现得更为明显。要把镜头指向一线，把焦点放在基层，突出人民群众的主体地位，挖掘一批具有思想性、时代性、代表性、生动性、对外性的中国扶贫故事。二是客观理性。一方面要讲足讲好我国脱贫攻坚工作取得的巨大成绩；另一方面要直面困难与挑战，特别是在今年新冠肺炎疫情和洪水灾情的背景下，多挖掘一些各地克服困难的真实案例和典型人物故事，展现我国取得脱贫成果的真实鲜活过程，避免因为过度成就报道造成外界对中国发展现实的误解和怀疑。同时，要注重与国际社会分享中国减贫经验的内涵，寻找中国经验的可借鉴性。三是融通中外。要在联合国2030年可持续发展目标的框架下，用国际社会易于理解和接受的表达方式，讲好中国减贫经验的世界普适性，让中国的减贫经验与各国发展实际相结合，真正落地见效，实现中国扶贫故事与国外受众的共情，以真实的情感感染人、以共同的愿望吸引人。四是精准施策。中国扶贫故事的受众一般有发展中国家的政策制定者、国际扶贫专业人士、国外专家学者、普通大众等。针对不同的受众需求，要采取不同的传播方式和策略，提升中国扶贫故事对外传播的有效性和针对性。

（本文发表于2020年10月，略有删改。）

# 科技中国与中国科技：实力、话语及其多元认知

张毓强　中国传媒大学国际传播战略与发展研究中心常务副主任、教授

周庆安　清华大学新闻与传播学院副院长、副教授

**策划人：**

周庆安　清华大学新闻与传播学院副院长、副教授

**讨论人：**

李晓明　"知识分子"微信公众号执行主编

李海青　中央党校（国家行政学院）马克思主义学院教授

张　磊　中国传媒大学教授

张毓强　中国传媒大学国际传播战略与发展研究中心常务副主任、教授

尚京华　中国传媒大学电视学院副教授

**整理人：**

张毓强　中国传媒大学国际传播战略与发展研究中心常务副主任、教授

科技创新是当前国家发展的重要问题，也是中国故事的重要题材，更是当前中国融入国际社会时必须面对的新问题和新挑战。这些年出现了"天眼""麒麟芯"等高科技发展的典型案例，也有电影《流浪地球》的热播，但在国际舆论中却呈现出多元化的解读与反馈，个别纪录片甚至引起国际社会强烈关注，成为所谓"中国科技威胁论"的新版本。如何讲好科技中国的故事？

如何面对争议性议题？如何引领国际舆论科技中国的议题？如何在全球议题设置中平衡科技中国强与弱的话语和叙事资源？中国传媒大学国际传播战略与发展研究中心联合清华大学爱泼斯坦对外传播研究中心，邀请相关专家，就相关问题进行了讨论。

## 科技现实问题与自我叙事

**张毓强：**近年来，随着中国与世界关系的调整，以及中国科技实力的增强，我们在科技方面的报道日益增多。国际传播领域里科技话语不断更新。这里面牵涉三方面的问题：一是我们的科技实力同我们的话语与叙事是否匹配？二是我们的自我叙事经空间跨域和文化跨域后，反响如何？三是自我认知与他者认知之间是否存在明显差异？从这三方面看，我们的传播效果不尽如人意。

**李海青：**改革开放尤其是近年以来，中国的科研实力确实在迅速增长。但要看到，现在中国的科研实力在很多领域与西方强国还存在较大差距。有些科研领域的突破需要长期积淀。

**李晓明：**应该看到，中国科研最近20年有了突飞猛进的发展，科技论文的发表数量跃居世界第一，质量稳步提升，但是由于总体仍处于追赶世界一流国家的发展阶段，中国还没有成为世界科学中心，中国的高校和科研机构达到国际一流水准的仍然较少，中国科技交流的国际化程度仍然不够。相应的，当前中国科技的国际传播表现为，信源较为单一，缺少层次，传播能力较弱，缺少客观评价。

首先，中国科技国际传播的渠道较为单一，缺少层次。目前较多信源来自国家宣传机构，少量来自国际媒体报道，中国科研机构和高校的海外科技传播总体能力偏弱。其次，来自科学共同体本身的民间国际科技交流渠道较少。原因有二：一是中国科学家在国际科学组织任职并担任领导职务的人员偏少；二是我国科学家更多地习惯通过在国际学术期刊上发表论文而不是通过参与国际学术会议达到学术交流目的，引领国际科技合作的大项目以及主动参与国际传播的情况不多，国际影响力不足。再次，科技研发活动由行政主导是中国特色，其优势是可以大幅度快速追踪，弊端是缺少原始创新和突破性成果。同时，由于上述来自科学共同体本身的声音和民间层面的国际科学交流活动较少，加之行政主导而专业共同体及其专业判断缺席，这就造成了决策层对中国科技能力和水平的估计要么过高，要么妄自菲薄，以致影响到国家宣传机构在对外科技传播中的表现。最后，国际媒体机构和智库组织也会对中国科技发展的重点方向、投入水平、成果应用以及科学决策等方面进行追踪研究和报道，但由于国情不同，以及部分数据不透明，或者部分数据来源不统一，导致有些数据统计和排名失真，这在一定程度上会放大中国科技的实际表现，进而影响外界对中国科技的真实评价。

**尚京华：** 从当前国际传播中的科技话语权的结构来看，国际传播中的科技叙事话语包括国家叙事和个人叙事，而二者的比例在各个国家又不尽相同。在"重个人、轻政府"的传统西方政治理念下，西方国家科技叙事中的国家声音显得较弱，个人叙事的声音比较强。这种个人叙事一般表现在科技作者、纪录片导演和电影导演等的个人叙事作品中，其个人色彩较重而国家色彩较轻，虽然其内容往往承载的是国家科技成就。相对而言，他们很少直接从国家角度出发进行科技传播。而对于中国这样的东方国家，在"轻个人、重集体"观念的指导下，展现国家硬实力的科技成就传播，则以国家叙事为主，个人叙事所占比例很小。从话语权的大小来看，以美国为首的发达国家掌握着国际科技传播的主导权，拥有较大的话语权。而像中国这样的发展中国家，在国际科技传播中的话语权则比较小，即使是取得了较大的科技成就，如何看待和评价这些成就，通常也是由西方发达国家说了算。从话语的内容来看，科技传播的显性话语中"科技改变生活""科技引领未来"这种科技造福人类的乐观观点与"科技是一把双刃剑""科技会造成人类社会伦理崩塌以及人类社会的毁灭"等悲观观点兼而有之，隐性的话语则是西方引领世界科技、西方决定人类的未来。

总体上，国际科技叙事话语的现状仍是西方主导下的国际传播旧秩序的延续，是旧的叙事话语的一个侧面和表现。

## 他者关注与解读误区

**张毓强**：在改革开放深度推进的过程中，中国与世界的科技文化交流更加频繁，在知识产权、专利技术等领域都有一些问题表面化，有的甚至成为国际舆论焦点问题。一个传播主题被关注的程度和舆论的总体正负内容量级肯定会同步提升吗？里面是否存在误读的问题？这种误读主要呈现在哪些方面呢？

**尚京华**：国际社会对中国科技的核心关注点首先会涉及国家安全领域的科技进步，比如信息技术、战略能源等方面。中国在这些领域的科技进步，会被视中国为假想敌的国家当作对自己国家安全的威胁，也会被别有用心的国家当作所谓"中国威胁论"的证据。再有，国际社会也会关注中国在对人类社会福祉有贡献的领域所取得的科技成果，这部分科技成果有利于改善全人类的生活，势必引起关注。比如，中国在电子和科技消费品领域以及在医疗技术、环保技术等领域取得的成就，都会得到全球社会的关注。另外，中国科学家在基础科学研究方面，如理论物理学、化学、数学等领域取得的成就，也会成为国际社会关注的焦点，毕竟这是人类科学研究进步的基石，无论哪个国家的科学家在这方面有突破都会引起全球关注。

**李晓明**：作为科技大国和国际科技竞争中重要的参与者，中国科技发展的重点方向、投入水平、成果应用以及科学决策等方面，是国际社会关注的重点，同时见诸国际媒体的中国科技重大学术不端事件、重大科技伦理事件，也经常受到多方关注。

## 叙事策略选择

**张毓强**：过去我们一直强调内外有别，随着全球信息传播环境的变化，这一策略肯定要调整。在内容上，我们的叙事策略就面临着一个如何说和说到何种程度的问题，遇到一个话语与叙事中的底线问题。

**李海青**：对于我们已有的科技成就，当然要予以宣传，以凝聚民心、鼓舞士气。但这种宣传必须实事求是，同时也要把相应的问题适当地加以说明，避免误导民众的认知，避免不切实际的宣传造成对西方国家的过分刺激。我们的基本态度，还是实事求是、承认差距、客观理性，而决不能自我陶醉、自我麻痹、自我膨胀。清醒定位是最重要的。

**尚京华**：科技话语和叙事的底线当然是不损害民族国家的利益和民族的自信力，但是生硬地维护或者一味彰显自己的科技实力并非维护国家利益或者提升民族自信力的最佳方式，因为一个国家在证明自己强大的时候可能会伤害到其他国家的感情。所以，我认为中国科技叙事的标准应该是强调人类社会的共赢而不是自我彰显。例如，在美国拉斯克医学奖对于中国科学家屠呦呦的视频介绍中，"中国科学家"的国籍身份实际上是被弱化的。屠呦呦与中国的联系，更多的是通过她从中国医学典籍中寻找治疗疟疾的替代疗法这一点来体现的，整个视频强调的是她找到的青蒿素的提炼方法对于人类治疗疟疾的巨大作用。如果我们借鉴这种叙事话语，以"共赢"作为科技叙事的标准，肯定不会损害到我们的底线。

**李晓明**：我觉得话语策略很简单，就是实事求是，正确认识自己，不妄自菲薄，也不骄傲自大。对内发挥科学共同体作用，凝聚专家共识，正确引导社会认知；对外在国际通行的规则下展开交流和对话，展现国家形象，获得国际客观评价和认可。

## 避免所谓"中国科技威胁论"

**张毓强**：所谓"中国威胁论"的最新版本是所谓"中国科技威胁论"。近代以来，我们在向西方不断学习和借鉴的过程中，逐渐发展起自己独立的研发和创造体系，民族智慧在科技研发的过程中得到进一步呈现和挖掘。随之出现的这种"威胁论"版本涉及的问题很多，这是否体现了西方的心理失衡？我们如何避免这种问题的出现呢？

**李晓明：**应该认识到，所谓"中国科技威胁论"是所谓"中国威胁论"的自然延伸。所谓"中国威胁论"在不同历史阶段的内涵不同，总体而言，伴随着近年来中国经济规模和市场规模巨大，实力日益增强和海外影响力的提升，所谓"中国威胁论"逐渐从军事、经济扩展至科技领域。而与此同时，美国对在美学习和从事科学、技术、工程研究的学者的怀疑，以及对中国海外人才引进计划的指控，也是所谓"中国威胁论"的体现。

客观地说，所谓"中国科技威胁论"的出现是某种必然，中国获益于全球化分工体系和先发国家的技术红利，已经快速成为世界第二大经济体，同时在全球价值链上升趋势明显，势必引起美国等处于科技主导地位的国家的警觉和防范，也引起美国等国家的担忧。

在中国科技处于上升趋势的当前阶段，部分媒体、专家和民众对中国科技创新的实力作了不切实际的判断，甚至认为中国可以取代美国成为世界科技的领导者，这实际上强化了国际社会的担忧，加深了对"中国科技威胁"的负面印象。

在科技的主体性认知上，既有必要正视中国科技创新取得的成就，同时也要看到，总体上中国仍然是一个国际科技的跟跑者，科技还没有成为支撑和引领中国经济社会发展的根本性力量。这一点既需要真正具有判断力的科学共同体发挥作用，对内正确引导决策层、社会和媒体的认知，也需要在国际传播中淡化科技传播的民族色彩和国家意志。

**张磊：**一个可以集中报道的方面，就是中国科技发展如何增进全球人类的福祉及可持续发展。例如，中国的农业技术在扶贫减灾中发挥了重大作用，它是否通过国际推广，为广大发展中国家的人们生活改善提供助益？在讲述中国高铁的先进技术之时，是否可侧重它的环保方面进行重点报道？高铁在世界多个国家和地区发展之时，都遭遇了与鸟类相撞带来的困扰，它不仅是对高铁行驶安全的威胁，也对鸟类的生存带来隐患。西成高铁穿越秦岭，面临多种动物保护议题，也作了相应探索，是否可能成为中国科技国际传播的典型案例？

**尚京华：**在中国的科技传播中，彰显科技实力的话语成为一种主流的话语形式，但这种话语的确很容易成为所谓"中国威胁论"的来源。要想避免科技领域"中国威胁论"的出现，我们或许可以在自己的话语体系里，弱化国家的概念，多从科技为人类社会带来的福祉出发，重构我们的科技话语。

## 讲好中国科技故事

**张毓强：**当前，我们科技的国际传播是否还处于一个比较传统的话语和叙事状态？如果是，我们如何跳出传统的宣传路径和话语状态，创新新时代中国科技传播的新话语，形成科技国际传播新格局？

**尚京华：**要想跳出这样的话语窠臼，首先就要改变自己的叙事话语。长久以来，我们习惯于从国家的角度出发讲中国故事，这是我们从古至今一以贯之的家国情怀的体现，反映在科技领域，就是强调科研人员的付出和为国争光。在世界已成为一个地球村、人类命运紧密相连的当代，这样的话语就显得有些不合时宜。作为传播主体，我们必须跳出狭隘的民族国家的视野，放眼全球，讲好现代中国和全球中国的故事。习近平主席在不同的国际场合多次强调的"人类命运共同体"理念以及"一带一路"倡议，就是一种合作共赢的概念，这一点不仅应体现在政治的国家话语中，而且应该体现在经济、科技、文化等各个话语领域。西方国家在宣扬自己的科技成就时，经常使用"天才的发明""改变世界的××大发明/科技成就"这样的标题，然后用西方的科技成就来填补内容，这就避免了科技传播局限于民族国家的叙事方式。当然，这一切是以近现代以来西方引领世界科技成就作为基础的，说到底，科技发展的国家叙事仍要以国家的科技发展为基础，毕竟只有国家的科技强大了，才拥有真正的话语权，但这并不是说我们就不能借鉴西方这种叙事方式和话语。

**李晓明：**还是应该淡化宣传色彩，淡化为国科研，淡化道德训导，还科学家以本来面貌，为科研而科研，更多讲述人性化的故事。为此，我们在中国科技传播中应该加以反思。

**张磊：**根本点在于，如何超越狭隘的民族主义，走向一种"人类命运共同体"的思维。关于中国科技发展的叙事，应当面向全球、面向人类，以国际共产主义、大同理想和新世界主义的胸怀，发展新的话语方式和叙事模式。

**尚京华：**科技本身应该是最客观、最中立的人类脑力劳动产物和人类文明进步的衡量尺度，但是由于它是国家硬实力的组成部分，成为国家间实力较量的武器，从而带有了意识形态属性，而科技叙事和话语作为一种意识形态的表征，就不可避免地成为一个舆论斗争场。要想赢得舆论斗争，就必须研究斗争方式。中国社会科学院的刘瑞生在《"讲好中国故事"的国家叙事范式和语境》一文中将话语规则分为话语控制力（制造和生产话语的能力）和话语能力（指通过传播影响国际受众接受中国故事的能力）两个维度。他说我们在讲述"舌尖上的中国"和"了不起的村落"这种传统中国故事时，国际上是比较认可我们的话语能力的，但在讲述二十国集团、世界互联网大会·乌镇峰会等现代科技创新故事时，国际上对我们话语能力的认同度降低，但对我们话语控制力的认同则升高了。这说明国际社会对中国科技创新议题的关注是不断上升的，只是对于我们的叙事方式和话语的接受度还不高。这一方面是西方话语长期主导国际舆论场的后果；另一方面也说明我们对于讲好中国科技故事的硬件设施（科技成果）比较重视，但对讲好中国科技故事的软件设施（传播能力，尤其是价值引导能力）没有给予足够的关注和研究，希望国内有更多学者关注科技叙事和科技话语研究。

**张磊：**讲好中国科技故事，与讲好其他议题的中国故事一样，要讲究价值观根基与方法论策略。科幻小说和科幻电影可以成为极佳载体，电影《流浪地球》就是其中一例，它也带来了值得总结的经验和反思。这部电影通过一个深刻复杂而荡气回肠的英雄主义叙事，充满张力和想象力，将对于人类共同家园的眷恋、对于人性复杂的描摹、对于牺牲精神的弘扬结合在一起，也契合了"人类命运共同体"的精神。不过，其中部分价值选择是否能够得到全球认同？部分人物的行动和形象是否有生硬之嫌？最后大救援令人动容，不过，如果主要角色不仅仅是中国人，而是刻画全球群像，是否更容易进行全球传播？如果能够拓展价值观的包容性和超越性，再辅以充满想象力的科技叙事，或许能带来更大成功。

**李晓明**：科技传播和科技交流应该回归民间，让科学共同体和科技类社会组织更多参与和发声，弱化宣传色彩，回归正常认知，这也符合国际科技交流的常态。

（本文发表于2019年5月，略有删改。）

# 全球借鉴与本土提升：
## 中国动画影片国际传播的新思考
### ——基于《哪吒之魔童降世》的讨论

刘　俊　中国传媒大学副研究员

张毓强　中国传媒大学教授、国际传播战略与发展研究中心常务副主任

**讨论人：**

张毓强　中国传媒大学教授、国际传播战略与发展研究中心常务副主任

李继东　中国传媒大学研究员、国家传播创新研究中心副主任

姬德强　中国传媒大学副研究员

刘　俊　中国传媒大学副研究员

2019年8月，《哪吒之魔童降世》上映，票房超过《超人总动员2》成为全球单一市场票房最高动画电影。之后，针对这部影片的国内外评论很多。影片在生产与创作中的国际化元素与本土元素之间的平衡是一个值得关注的问题。由此延伸开来，影片的国际传播价值如何？是否能够为国际市场所接受？中国动画电影如何平衡中国传统知识（如中国学派美学风格）与全球的现代化媒介知识（如《功夫熊猫》《花木兰》所呈现出的叙事风格）？中国传媒大学国际传播战略与发展研究中心和中国外文局当代中国与世界研究院联合组织学者针对这些问题展开了讨论。

## 影视生产：全球化中的本土

**刘俊：** 作为近年来罕见的"现象级"动画影片，《哪吒之魔童降世》赢得了国内票房的追逐。从该片的叙事手段、人物造型、视听形塑来看，其显然受到亚洲其他国家及西方国家动漫、动画影片的影响。影视生产的全球化来源，是一种"知识全球化传播"的结果。我们应如何看待这一问题？

**李继东：** 从世界电视发展历史上看，影视生产的国际化运作早已有之，例如整合了欧美诸多元素的好莱坞电影，而在二战前与冷战后，其发端之时就像是爵士舞等当时流行样式与传统欧洲经典元素以及美国新生活的想象等的混搭。20世纪60年代以来，伴随着新创意浪潮，好莱坞电影创意、生产的源泉则更为多样，欧洲、亚洲等导演加入好莱坞，好莱坞越来越全球化，而且随着其海外市场的扩大，好莱坞也越来越关注全球观众的需求。

知识的全球化传播是个历史现象，这与全球化是相伴的。关键在于不同时期的全球化内涵不同。在21世纪前，全球化更多的是西化或美国化与自由主义化，而随着中国等新兴经济体的崛起、信息技术的发展，世界政治、经济和文化趋于多极化、多元化和多样化，"东方""南方"日趋强大，多元主导的全球化新阶段到来。《哪吒之魔童降世》正是这一新阶段的产物，这是中国不断参与、融入和改变全球化进程的产物，也就是说，该片之所以能成功整合大量的欧美、日本动漫等元素，是中国改革开放40多年驱动下的影视"走出去"、教育与技术国际化以及文化自强的结果。其成功主要是因为，国际化层次较高的制作团队满足了已经国际化、文化自强自信的中国观众的多样化需求。

由此，在全球化新阶段，我们需要重新理解知识传播，这已不再是长期以来以西方为中心的单向的文化霸权，而应是多元文化共生、共存、共享、共进的人类知识传播。诚如费孝通所言的"各美其美，美美与共"，也如塞缪尔·亨廷顿所言，规避文明冲突这一未来世界和平最大威胁的良策在于，在不同文明之间，越界（crossing boundaries）非常重要；在不同的文明间，尊重和承认相互的界限同样非常重要。

**张毓强：**我把这部动画电影看作研究和观察中国和世界关系中文化、文明互动的一个典型文本。近代以来，中国和世界的关系呈现着典型的阶段性特征，但是有一条线索一直没有中断，就是中国人民在不断学习其他文明精华，以一个较为开放的心态丰富本土文化。这也是一个文化再生产的过程。具体到这部动画电影，其主导性文化资源显然是中国本土的，在看似杂糅的叙事特征中，呈现的恰恰是一个文化开放性的发展特征。

**姬德强：**虽然围绕《哪吒之魔童降世》的讨论有着明显的民族主义情结，但类似这样一部动画电影的出现，自然与一个全球化的电影产业链分不开，这表现在三个方面：

第一，虽然故事本身带有极强的本土神话原型，但在叙述方式上却采用了去宏大叙事化乃至去异域主义的处理方式，让家庭和个体成为叙事焦点，最大限度地减少了语境对阅读电影故事的限制，也为此类动画电影走出国门创造了一个重要条件。

第二，看过这部电影的观众应该都会对最后展现出的1600多人的制作团队名单所震撼，可见这一作品的工业化规模。从工业化的角度而言，《哪吒之魔童降世》与其他大制作电影有着共同的特点，那就是从知识、技术到生产过程的标准化，也就是国际化。中国动漫和中国电影近年来与国际市场广泛而深入的互动，为《哪吒之魔童降世》的诞生奠定了基础。故事可以是本土的，但制作必须是国际的，已经成为电影市场的一条规律。当然，当下中国电影的工业化水准依然与好莱坞有着较大差距，这从《流浪地球》和《哪吒之魔童降世》两部电影的导演的事后回应中都得到了确认。可见，走电影工业化道路是必然选择，这也进一步提升了中国电影在制作上的国际化程度。

第三，虽然有着进口配额等条件的限制，但改革开放至今的中国电影市场，已经以各种方式培养了几代喜爱国外尤其是好莱坞电影的观众，他们也是中国电影市场上最具购买力的消费者。他们被好莱坞以及与本案例有关的日本动漫所培养的电影素养和观看或消费习惯，包括认识和理解电影的故事类型、叙事方式、制作手段、技术特效等，已经成为中国电影获得注意力和购买力的重要前提条件。每个希望获得高票房和好口碑的电影人都不能绕过这个条件。在这个意义上，我们也许可以说，《哪吒之魔童降世》诞生之前，它的观众群体已经形成了。

总而言之，中国电影自身的国际化，从人才、知识、工业和市场等方面看已经成形了，于是，除了故事原型，《哪吒之魔童降世》本就是一个国际化的产品。离开国际化谈中国电影的成功，是用简单的内外对立遮蔽电影产业国际化、人才培养国际化、知识传递国际化等基本事实。

**刘俊：**是的，自由状态下的文化交流是"人类命运共同体"大发展的基本规律和经验。在全球化的进程中，虽然经济全球化比较显性，但"和而不同"的文化全球化会是基本的结果。

传媒艺术包括摄影、电影、广播电视、数字新媒体艺术，其中电视艺术又包括电视综艺、电视剧、纪录片。在传媒艺术中，近年来，除了电影生产的全球化，在电视综艺领域，全球化也十分明显。

当前的中国综艺节目，正处于一个"综艺大时代"，这个大时代的出现，在很大程度上源于2010年前后开启的中国电视综艺"海外版本引进"进程。海外版本引进，简单说就是直接购买海外综艺制作水平先进国家的优质综艺节目版权，根据所购买的节目"说明书"，适度本土化改造后，在中国拍摄、制作和播出。固然，版本引进带来了"海外引进过多，本土原创不足"的问题或担忧，但同时，通过借鉴西方电视生产的方式，实现了中国电视综艺的"弯道超车"，以极快的速度、较短的时间提升了中国电视综艺的品质和面貌。

而且，近年来电视综艺发展，也打消了很多人对"本土原创力会因此萎缩"的担忧。自2016年开始，本土原创的节目"井喷式"出现和发展，如文化类综艺节目。这虽然有政策要求的原因，但也不得不说海外版本引进和对海外版本"说明书"的学习、模仿，培育了中国电视综艺人的能力、水平和视野。

## 传统文化现代化及其国际表达

**刘俊：**世界上几乎每个民族都是将几个原型式的神话故事作为文化和文明兴起和发展的支撑线索。每个民族的神话故事，也都蕴含着该民族独特的认识方式、知识结构和文化背景，因此这些神话故事对于本民族之外的人来说，往往不易理解。《哪吒之魔童降世》也面临着同样的问题，不少海外观众反映对该片"看不懂"，难以理解如莲花、炼丹、八卦、龙王、中国神仙体系等的意义和意蕴。有鉴于此，是否有既能讲述中国神话故事，又能让其为海外受众所理解、所喜爱的表达方略？从对外传播来看，该片的叙事又有什么可取之处或不足之处？

**李继东：**神话故事蕴含着一个民族文化的元叙事，其他民族不易理解、接纳和喜爱是情理之中的，问题的关键在于其他民族愿不愿意去了解，我们的故事值不值得被了解，这又关乎民族的硬实力问题。换言之，这与一个国家、民族的经济、政治、制度等综合实力是否强大，是否能垂范于世界密切相关。弱国无外交，同样，弱国虽然有优秀而独特的文化，但其国际影响力也不会高，这是理解不同民族文化间交流互鉴的大前提。好莱坞影视同样蕴含着大量西方的元叙事，同样存在着不易被其他文化理解的问题，但为什么会在全球流行，一个重要的原因在于美国的综合实力居于世界之首，其他国家的公众愿意去了解，甚至主动去学习西方文化。因此，海外观众看不懂、不理解《哪吒之魔童降世》诸如莲花、炼丹、八卦、龙王，这也是正常的，关键问题在于他们想不想去理解。中国、中华民族是否让他们仰慕，是否能引领世界走向更加美好的未来，这是影视的象征性价值所在。

基于此，我们再来探讨对外传播表达方略问题：一方面是要由内而外，影视作品先要赢得本国观众的青睐，领航本土市场，方能走向世界。也就是说，成熟而繁荣的国内影视市场是获得海外观众喜爱的前提。同样，传统文化创新转化首要解决的问题是在本土市场获得成功。另一方面是直击人性、关注个体成长等人类共同经验、价值与诉求，《哪吒之魔童降世》的成功之处恰恰在于创新性地运用中国传统神话，并再次诠释了这些元主题，且赋予其时代意义。

**张毓强：**这牵涉两方面问题：一是中国国际传播的偏好问题。国际传播这一概念曾经在很长一段时间里服务和服从于以美国为代表的西方国家的全球化扩张和霸权维持战略。而新时代中国主动性国际传播的目标，则是以高度开放性心态，推动全球治理的多元性互动，从而为全球的和平与发展作出贡献。因此，在国际传播文本的选择方面应保持开放心态，不必过于刻意。二是影视国际作品的跨文化调适问题。从文化工业的层面看，跨文化调适是任何一部力图赢得国际票房的作品都必须做的。应该充分关注一个基本原则，即民族的也是世界的，中国是世界的中国，世界是中国的世界，不应将中国文化的价值与世界文化的价值割裂开来。

**姬德强：**回答这个问题，也许我们需要回到一个文化贸易的重要概念，那就是"文化折扣"，即文化产品在跨文化流通过程中所发生的认同或理解的衰减。而且，文化折扣是常态，是跨文化传播的基本事实。完全的互相理解和认同是不存在的，这也体现在新中国外交政策的核心原则"求同存异"上。所以，以好莱坞为代表的文化产业，大都致力于文化产品的去语境化生产，即生产低语境化的文化产品，尽量减少文化折扣，从而保证最大化地获取注意力并最终变现。

在这个意义上，也许我们需要转换思维，从整体论转向矛盾论。整体论基于文化本质主义和二元对立思维，强调文化间的系统性接触、互动，乃至互通，而矛盾论强调主次逻辑。基于此，中国的文化产品如果要走出去，就需要把握主要矛盾。如果主要目标是扩大传播力和影响力，那么主要矛盾应该是尽量去语境化，并且聚焦于文化间可以理解的主要故事逻辑，比如《哪吒之魔童降世》所展示的家庭关系与个人命运。而其他的次要矛盾，比如人物设定等高语境化元素，无法传递也是可以接受的，留给文化折扣一些空间，或者交给异域主义去处理，或许也能产生未可预期的跨文化传播效果。

## 本土题材的价值转换

**刘俊：**近年来，如《疯狂动物城》等海外动画电影，以其暖萌的风格、灵动的表达、软性的叙事、情感的倾诉，成为有效价值输出的载体。基于上一问题，如果放眼整个中国电影的国际传播，中国本土价值如何借助视听传媒艺术的方式，进行有效的国际"通用"化转换？

**张毓强：**在人类文明发展历史中，文明和文化的互鉴交融是一个大背景，谁也无法改变。在这一背景中，仅仅以临时抱佛脚的、功利性的目的去思考话语表达和叙事的问题，会在一定程度上带来国际传播实践的迷失。不是说这些技巧不可用，而是要在相对明确的人类共有价值的层面去思考这个问题，并在创作过程中予以充分关注。

**李继东：**《疯狂动物城》中的弱弱萌萌的小兔子朱迪实现了警察梦、《功夫熊猫》中笨笨的熊猫阿宝成为武林高手，均聚焦于卑微个体的命运改变和梦想实现，甚至可以说都是灰姑娘故事的翻版。你可以说这是一种套路或程式，但这些主题却是惩恶扬善、趋利避害、抗争变革等元主题，这两方面是影视对外传播之道。简言之，讲述中国童话故事要从"道"的层面来着手，然后再考量中外影视技巧等综合应用之术。

**姬德强：**国际传播中一般有两种价值观叙事：一种是硬性的观点表达乃至价值理念输出，大多与国家、政党、军队以及其他利益集团等政治实体相关，比如中美在贸易问题上的各自表态；另一种是软性的、嵌入式的价值观传播，也可以看作"去价值化的价值"，即非主动输出，它是由于生产者自带的文化身份、生活习惯和社会规范等因素，而附着在文化产品上的价值观，比如视听传媒产品。

《疯狂动物城》等海外动画电影大多属于后者，其外显的或内含的价值与情感，或者是英雄叙事，或者是个体主义的自由叙事，或者是家庭叙事，大多来自一种具有世界主义色彩的被广泛认可的价值体系，因此不存在转化问题。当然，源自墨西哥亡灵节的《寻梦环游记》获得巨大成功，也展示了另外的可能，那就是非西方社会价值元素可以被上述价值体系所收编。回到中国，应该进一步去语境化，将中国文化元素输入这一全球电影工业的生产线中，在本土或海外，生产出更具传播力和影响力的视听产品，还是应该适当牺牲传播力，寻找最大化减少文化折扣的路径，选择更精准的、更多样的故事，以匹配全世界不同的区域性文化市场？这应该是中国电影多维度走出去和真正走进去所面临的问题和挑战。

刘俊：对于这个问题的答案未必能够给出一个"包打天下"的对策，但我想有一个前提性问题，需要我们重视和思考。文化差异是包括电影在内的文化艺术国际传播的终极性障碍。在中国电影的国际传播中，就文化和价值而言，未来有两大紧迫任务：一是创作者、传播者需要了悟不同文化，特别是中西文化之间的差异；二是厘定出少量的中国价值的核心主张，进行聚焦传播。

首先，就中西文化对比而言，我们需要了然中西文化在一些方面的对比和差异，虽然从现代社会和现代文明的角度说，这些差异自然是相对的。其次，就中国价值厘定而言，中国电影当前在价值传播中，一个相当突出的问题就是无法清晰地呈现中国价值到底是什么，往往想表达的"价值点"很多，众多进入国际传播序列中的中国电影所呈的中国价值，也常常是散乱而面目模糊的。

面对这一问题，我们需要回到中华文明的价值观本身，思考什么才是中华文明价值观对世界的特殊贡献、集中贡献，确定之后通过传媒艺术进行聚合、汇聚传播，有的放矢。当然，这种价值的世界贡献必须体现中华文明的特殊性，不能不具区分度、识别度。笔者认为，"大同之道"的处世宏旨，"君子之道"的处世秩序，"中庸之道"的处世方法可以被选作中国价值的核心元素进入到国际传播领域。①

## 主体自信的和而不同

**刘俊：**《哪吒之魔童降世》里呈现出了富有魅力的东方视觉奇观、中国文化意蕴。虽然将该片放置到国际传播中，会发现一些多维度的不足和问题，但从更加宏大的视角来看，在本土主体自信的基础上，从本国出发，积极而主动地对本土文化的精华部分、独特元素加以合理改造之后进行有效的全球传播，则是促进全球文化、文明互鉴与对话的基本方式，是促进世界多元共存的基本态度。我们应如何对待这种"国际化"又"去国际化"的基本追寻呢？

**张毓强：**实质上，"全球化"与"本土化"是辩证统一的关系。全球化是思考问题的大背景。本土化意味着我们已经在全球化的范畴中思考问题。而新时代的全球化则更大程度地寻求着本土文化特征的进一步发展和融入。在影视作品创作和传播过程中，如果将两者对立起来，就会面临全球化是谁的全球化、如何精准传播等很多复杂问题。理想意义上，作品的创作，要坚持创作初心，按照规律办事，这样效果也许更好。

**姬德强：**确实，在中国快速全球化的这一宏观背景下，《哪吒之魔童降世》在中国本土票房的成功让我们自然地想到了它是否可能在海外市场也产生相应的影响。这是全球化进程中中国的思维模式，也是一个崛起的文明大国的

---

① 刘俊：《大同·君子·中庸：传媒艺术建构国家形象的三大价值基础》，《对外传播》，2016 年第 5 期；刘俊：《省察与前瞻：中国电影的国际化传播研究（1978—2018）》，《当代电影》，2018 年第 1 期。

交流宏愿。我们也相信，这一外向型的想象绝不是复刻某种文化霸权主义历史，而是为了维护更加多元的世界文明图景。是进一步"国际化"还是"去国际化"，回归或扎根本土？这一问题的答案应该是复杂多样的，取决于三个方面：第一，中华文化与其他文化的交流历史和遗留下来的共同记忆，这部分故事理应得到发扬，需要联合海外文化和传媒机构进行精准开发；第二，贯穿中华文化历史但较少与其他文化产生过有效互动和融合的部分，可以继续专注于在本土市场进行创造、传播和承继；第三，针对其他文化的传承和创造，我们理应保持一种平等、开放和包容的心态，更重要的是，尝试从其他文化内部理解其意义生成和分享的逻辑，以及中华文化被解读的条件、方式和多样性，从而反观中国影视国际传播的可能与不可能。对中国影视走出去来说，第三点尤为关键。

（本文发表于2019年9月，略有删改。）

# 生活日常的全球化与国际传播产业化路径的探索
## ——关于李子柒现象的讨论

张毓强　中国传媒大学教授、武汉大学媒体发展研究中心特约研究员
庞　敏　中国传媒大学传媒研究院国际新闻专业硕士研究生

**讨论人：**

张毓强　中国传媒大学教授、武汉大学媒体发展研究中心特约研究员

洪　宇　浙江大学传媒与国际文化学院研究员

何国平　广东外语外贸大学新闻与传播学院教授

雷蔚真　中国人民大学公共外交研究院副院长

杨新华　中国网副总编辑

肖　珺　武汉大学媒体发展研究中心研究员、武汉大学新闻与传播学院副
　　　　教授

近来，"李子柒"现象成为学界和业界关注的焦点问题。对于这个现象和问题的讨论，也出现了很多争议。那么，其在国内外的成功是否在一定程度上呈现了文化与受众认知的价值公约数？在当前中国的国际传播实践中，我们怎么看待以非国有产业化姿态客观介入的这些案例？从国际传播实践主体看，是否已经进入了一个全民传播的时代？这一案例形成的良好效果，对于当前中国国际传播实践有何启示？对于有资本介入的品牌传播行为，国家又应该给予何

种程度的关注或支持？就这些问题，中国传媒大学"新时代中国国际传播实践问题与本土化理论创新研究"课题组联合中国外文局当代中国与世界研究院组织专家进行了讨论。

## 主体嬗变与国际传播实践新可能

**雷蔚真：** 由一个中国商业团队生产的视频内容能够获得其他国家和文化族群的喜爱，值得充分肯定。从某种意义上来看，这样的内容生产是可持续的，并且能够真正展示中国的软实力。李子柒目前还只是个案，构不成现象。中国的软实力需要更多"李子柒"。

**张毓强：** 撇开其背景、资本等因素不谈，单从国际传播层面观察这一现象，就会发现，该案例与传统的国家民族话语秩序下的国际传播行为形成了良好互补，产生了全球化知识和情感连接上的良好回应。也就是说，从产业化路径中孵化出来的媒介品牌，在其国内商业价值之外，不但具备了一些全球性商业价值，在客观上也成为中国文化的重要载体。

**洪宇：** 李子柒现象有趣之处在于，国内外评论界往往很在意视频中乡村景观和劳动过程的真实性，以及这种自我呈现、主动表达的真诚性，因此试图甄别视频究竟是个人表达抑或是商业运作。但是跳出这样的窄化视角，重要的问题是，李子柒现象为何被赋予地域政治的意涵？其所抵达的"文化输出"效果高度是谁来指认的？

**何国平：** 经典国际传播理论与国际传播实践的行动主体的政治框架与叙事逻辑都基于"民族—国家"（nation-state）。随着全球化浪潮兴起，以"民族—国家"为主体的框架与宏大叙事逐渐被更小的社会单元，如国际组织、跨国企业等抢占风头，产业与资本的力量得以凸显。在传播技术的助推下，当前正在发生的具体而细微的国际传播的行为主体的"第三波嬗变"，即走向更为微观的对象——作为社会人的普通个体，与垂直型传播平台相适配，传播内容在碎片化、个性化、人格化与节点分发中形成传播闭环。

　　**杨新华**：李子柒具备不同于一般"网红"的特质。有媒体将之归结为"符合都市大众的审美品位""满足了人们对山水田园美好生活的所有想象"。这一评价适用于李子柒在微博等国内平台上的成功，但不足以概括她在国际舆论场上的走红。李子柒的"崛起"，更是由于通过解锁了海外受众并不熟悉的乡土中国，展现了中国式农耕社会质朴而丰富的生活日常，讲述了充满情趣、活力和烟火气的原生态中国故事。李子柒呈现的中国，因其真实而动人心魄，成为海外受众触不可及但心向往之的"诗与远方"。

　　**肖珺**：李子柒现象的优势与特点大致包括：微观的生活叙事为其主要内容，系列作品没有宏大叙事，都是微观生活叙事；基于家族的乡土场景酿成浓烈的情感叙事，奶奶、家、团聚等血缘之亲是系列作品的情感底色，尤其动人；短视频高质量的影像叙事，策划、细节捕捉、色彩、构图、声像等各方面都呈现出高水准；非语言叙事成为作品的主要方式，系列短视频有语言，却弱化处理，甚至很多地方没有字幕，更不用说英文字幕了，然而这没有影响短视频的完整性，语言在此处被画面、声音、肢体动作等非语言叙事所充填，产生了特别的韵味。

## 全民传播时代

　　**张毓强**：经过多年实践努力，主要依托主流媒体展开的国际传播实践一直存在着效果偏弱的困惑。新兴传播技术的全球化扩张似乎把"全球个体"推向了前台，个体全球化内容生产的良好"风口"是不是已经展现在大家面前？或者说，我们是否已经进入了一个"全民传播时代"？传统的国家传播实践又能从中汲取何种资源和力量？

　　**洪宇**：中国在国际传播中已进行了大量尝试，传播主体从几大央媒拓展到综合性省级媒体集团，甚至外溢到与私营企业、跨国企业、混合型企业共同构成的内容生产发行的网络集群。传播内容也从熊猫、孔子文化、中华美食拓展到更为立体、全面、综合的话题集群，可以说更具现实与理想、脱域与嵌入、差异与同一的杂糅色彩。如果说互联网激活了国民传播时代，那么寻求"被看见"是国际传播"复调转向"的带动力量。一方面，是技术经济全球化的宏大叙事；另一方面，是社会主体借助新传播手段来言说现代与传统、城市与乡村、技术与人本这一系列被深切体验的张力。因此，尽管李子柒被认为是"低门槛"抵达，李子柒现象还是需要在国际传播与全球传播共存交错的整体版图中被定位、被理解。

**何国平**：我认为从此案例中可以提取几点值得国际传播实践者注意的经验。一是应因传播技术演进所形成的社交文化传播格局，面向Z世代（1995—2009年出生的人）用户加大内容供给。二是具有高度格式化特征的短视频具有较强的传播力，即"BEST"四要素模式：背景音乐（Background music）、吃（Eating）、美景（Scenery）和技术（Technology），这与官方宣传片思维中的表达逻辑与表达策略在本质上具有分野。三是国际传播实践应多关注人，在人物身上发现故事，特别是普通人生活中的故事，人物才是故事的主角与主体，故事围绕着人物来展开方显故事的生动与人物的传奇，应该提倡讲述有人格化特质的中国故事。

**雷蔚真**：国际传播不应存有取悦之心，做好自己最重要。做好在中国有流行度的优质内容，才有可能获得国际的认可和喜爱。国内传播就是国际传播。抖音上的视频内容绝大多数都是国内普通网民原创的，其中的很多类型和元素自然可以在国外流行或复制。国内外的舆论场逐步发展为一个整体，做好国际传播的基础是把国内传播做得更贴近民众。

**杨新华**：该案例的做法并不符合国际传播的操作传统，却恰恰击中了主流媒体国际传播的"痛点"。它激活了我们对于国际传播的想象力。海外受众对中国社会的传统认知，国际舆论对中国现状的刻板描述，与真实鲜活的中国现实之间存在着巨大差异，给中国文化国际传播提供了很大想象空间。因而，国际传播创新要避免教条化、模板化。解放思想才能解放表达。对所谓"风口"趋之若鹜，把他人的"经验"奉为圭臬，容易忽略"实践出真知"这一朴素真理，忽略激发自己内心的追求和动力，从而让创新沦为"茶杯里的风波"。国际传播需要构建立体多元的传播格局。国际传播在较长时间内都将主要依靠主流媒体的内容产能，但主体多元化不可避免。自媒体的"井喷"催生了大量从商业目的出发的多渠道网络机构（Multi-Channel Network，MCN），因其灵活、务实的市场化运作带来效率提升和传统框架突破，是未来中国文化国际传播不可忽视的新生力量。当然，李子柒产品的精准定位、表达方式、共情选择，以及刻意的"不加修饰"，其中都含有一个跨文化传播产品之所以成功的密码，值得深入思考和讨论。

**肖珺：**这一案例呈现出中国国际传播跨文化转向的可能性，也就是说，我们需要从文化间沟通去思考国际传播能力创新的路径。它充分证明文化间沟通可以有效破除国家间认知的偏见和漠视。国际传播主要是面向国与国之间的信息沟通，围绕政治议题的国家形象建构、诉求与主张表达是其使命，也是主要内容，这使得国际传播时常面对认同危机，而李子柒现象用文化间沟通的情感叙事实现了对国际传播的有效补充。新媒体跨文化传播是实现文化间沟通、民心相通的重要路径。新媒体跨文化传播被认为是跨文化传播研究领域的下一个前沿，作为信息传播技术的新媒体正在通过文化完成自身的转型，文化及文化间意义的生成与流动对人类社会的重要性比以往任何时候都更明显。中国国际传播需要也可以从中借鉴并寻求探索与创新。中国新型全球化主张必须跨越地域、民族和国家，面对不同文化背景的各国人民，面对语言、宗教信仰、风俗习惯等不同的文化要素，由此，中国话语的全球建构成为极其重要的实践方式、意义生产的过程。

## "网红"出海与全球数字经济红利

**张毓强：**通过"网红""数字经济""出海"三个关键词，我们大约可以发现一个流行文化、技术资本和国际传播的重要关联逻辑。这种逻辑以新兴文化形态为支撑，以技术资本为基础，在获得盈利的过程中，营造出了文化出海的客观现象。恰恰是这一现象，让我们进一步坚定认为，主流文化全球化传播与资本之间良性互动具有可能性。

**洪宇：**中国"网红"作为产业性主体受到国内外关注，究其原因在于平台资本主义全球性发展和中国互联网生态相对独立之间的张力。当硅谷平台覆盖、扎根于全球主要的社会—文化—语言地区之后，相对独立的中国平台所孕育的网络文化的表达力、感染力和传播力成为中外试图丈量中国文化娱乐产业"软实力"的某种尺度。但是，无论是"网红经济"还是"网红出海"都已不是新现象。所谓的"网红"大抵就是借助视频媒体的技术可能性，依托平台经济的商业模式，追求"被看见"的内容创新创意群体。他们背后必然有产业资本的寄托和规训，但也不乏传递某些民间智慧、群众体验、地方愿景的生动内容。换言之，尽管平台资本主义逻辑具有全球一致性，但平台所扎根的社会文化环境具有连续性和差异性。因此，当中国平台经济在呈现出商业上的规模效应之后，能否激活数字文化的国际传播力，既取决于中国语境下传播社会的生命力，又取决于主动自觉地追求中国语境与世界发展和人类未来命运的整体性视野。

**雷蔚真：**一直以来，产业性主体都在积极参与中国的国际传播，效果不尽如人意的原因在于纯商业的内容不够多元和丰富，包括题材的多元、价值观的多元和产品类型的多元，实际上在这些方面，中国的传统文化可以提供丰富的基础。李子柒的案例恰恰说明：中国文化的全球化发展需要注入更多民间自主的创意和题材，它们也许大都存在于其他主体想不到的领域。

**杨新华：**我将李子柒定义为纯粹的商业行为，因为其找准了用户需求，所以拥有了市场空间。这也正好说明产业性主体完全可以在中国文化国际传播领域有更大作为。从美国等西方发达国家以及日韩等邻国的历史经验看，产业性主体从来都是跨国文化传播的主力，市场化运作也从来都是文化传播的正确方法。产业性主体参与中国文化全球化发展，与李子柒以及其他活跃在海外社交媒体上以传播中国地域文化为标签的先行者一样，仍属于个别现象。局面的整体改观，需要包括主流媒体、国有文化企业和民营企业等各类主体积极作为，捕捉中国深度参与全球化进程的历史机遇，以市场导向、需求导向转变文化产品生产方式，构建适应文化交流和文明互鉴的话语体系和表达方式。

**肖珺：** 我想指出，先有李子柒，才有李子柒现象；先有李子柒的创作冲动和个体文化叙事的成功，才有产业的青睐与市场化运作。如果我们认定，李子柒现象在很大程度上是产业性主体介入的效果，那这意味着两点：一是新媒体跨文化传播中流动着文化间的全球倾听；二是全球市场尤其消费文化中存在着巨大的共情空间。但我还是要强调，先有文化表达和生产的个人主体性，当个人的主体价值得到了尊重、承认和理解后，才有后面的市场空间，文化间的认知、沟通、理解与认同在全球传播市场中找到了落脚点。

## 共同体意涵与文化公约数

**张毓强：** 如大家所讨论的，在我们思考这一现象的维度中，全球化认同是必不可少的。也就是说，它似乎并未刻意突出某种特殊性，也未必去刻意呈现某种共同性，而仅仅是在平实的叙事中呈现出了某种全球性共同体的意涵。这是否意味着它找到了某种文化间的"公约数"呢？

**洪宇：** 李子柒内容的感染力体现出兼顾共同体和特殊性的重要性。所谓共同体，就是人类社会共同面对全球资本主义条件下社会撕裂、发展瓶颈、劳动异化、环境危机等挑战；所谓特殊性，就是借助中国乡村场景塑造的一种非典型生活状态。因此真实与否不重要，重要的是李子柒视频传达的是真切的风险感知和共享愿景，但是借助的则是通过符号表征与劳动实践建构的中国乡土理想范畴。所以说，国际传播或者说全球传播，是否能够突出共同体的意涵，建立归属感，体现差异性之间的连接与认同，非常重要。

**何国平：** "越是民族的，越是世界的"（或"民族的就是世界的"），作为一句能够增进民族自信的话无可厚非，如果进行国际传播的专业审视，就不难发现"民族"向"世界"之间的转换，需要符合和体现传播规律，是需要达至一定传播条件、体现与具备一定传播要素的。李子柒现象所体现的全球文化诉求主要是其生活化的人格化特质、诗意栖居的自然原乡及其认真率性的生活态度，这三大质素符合受众期待视野的公约性心理，具有全人类的可沟通性。

**雷蔚真**：从创作主体团队自身来看，他们未见得有什么主观上的价值诉求。客观上，李子柒的生产团队呈现出了中国古代田园生活的理想状态：回归自然、回归质朴的田园生活，宁静、美好、天然。这种影像呈现是东西方文化在当代普遍缺失和向往的。复制可能不易，李子柒本人至少曾经有过这样的个人追求，无论后来商业团队的介入如何改造作品，这些影像本身的美学追求和渗透出的价值观似乎没有偏离李子柒本人的初衷。但如果有另一个团队来做，可能不大容易实现，而且观众也可能厌倦这种重复。

**肖珺**：全球文化价值诉求是一种宏大的表述。我们不妨从人类传播的共性中寻找对李子柒现象的解释。如上所述，我认为李子柒现象是可复制的，但李子柒作为一个强烈的文化生命体不可复制。李子柒现象表现出的人类传播共性，或者说引发的共情点大致有三个：一是作为实践方式的文化，比如美食、耕种；二是作为意义的文化，比如田园、故乡作为心灵的皈依；三是作为价值观的文化，比如自力更生、独立、孝顺等，这些都能让每个人从中找到自己，不论身处何处。另外，作品中还有一个跨文化传播所强调的传播点，就是对陌生事物的好奇心，因为对他者的陌生而产生的距离感，恰好是推动他们跨文化接触的兴奋点，比如，短视频中独特的中国文化或地域文化。

## 延伸与再及

**洪宇**：国内主流媒体对李子柒现象的认识耐人寻味：第一，李子柒现象发生于中美贸易战期间，经济贸易领域的对峙是否深化了媒体外交话语的割裂和匮乏，甚至导致中国主流传播机构在加大国际传播力度的同时遭遇类似于华为的境遇？第二，李子柒现象被认为是非官方的、民间的、低门槛的，但其成功是否辩证地基于国际传播话语的长期铺垫以及近年来涌现的致力于跨境文化产品传播的机构力量？第三，如果李子柒现象区别于传统的以国别为单位的传统媒体，那么"李子柒们"是否构成以跨平台、职业化、自组织、社交管理为核心的具有持久商业活性的社交媒体创意行业？第四，如果说李子柒现象是中国数字经济发展的产物，那么李子柒现象在多大程度上延续或脱离了批判学派长期关注的"不稳定劳动"？总之，李子柒现象只是冰山一角，背后的结构性趋势也值得探寻。

**雷蔚真**：网络上对李子柒现象的批评毫无道理。关于有人说的"内容造假"问题，李子柒团队从来没说这是新闻，为什么要苛求其事实的真实性？如果从艺术真实的角度，那李子柒系列视频可以说真实反映了中国传统田园生活的境界，让其他国家的人们在当代环境下了解到中国古典文学里的这一理想，又有什么可攻击的呢？

（本文发表于2020年1月，略有删改。）

# 小切口、巧叙事：
# 宏大主题影视作品的国际传播可能

张毓强　中国传媒大学教授、国际传播战略与发展研究中心常务副主任

讨论人：

张毓强　中国传媒大学教授、国际传播战略与发展研究中心常务副主任

钟　新　中国人民大学教授

李　缅　五洲传播中心对外传播中心主任

姬德强　中国传媒大学国家传播创新研究中心副研究员

刘　俊　中国传媒大学副研究员

近年来，在中国影视内容生产中，《红海行动》《战狼Ⅱ》《建国大业》《我和我的祖国》等影片市场反映良好。在国际传播中，部分影片也有出色表现。这在一定程度上触发了我们对另外一个问题的思考：宏大主题影视创作，在何种程度上，以何种切口和叙事方式进行创作，方可既能满足"四个自信"语境下国家主体性认同的需求，又能适应国际传播的市场需求，在国内国际市场取得良好效果呢？中国传媒大学国际传播战略与发展研究中心与中国外文局当代中国与世界研究院联合组织学者针对这些问题展开了讨论。

## 概念范畴及观察视角

**张毓强：** 最近，为中华人民共和国成立70周年打造的献礼片《我和我的祖国》以中华人民共和国成立、中国第一颗原子弹爆炸成功等七大历史事件为背景，在展示历史图景的同时，注重用个体的人生轨迹折射其所处时代的历史发展，将重大历史事件与小人物的命运联系在一起。该片在某种程度上赢得了国内受众的认同。那么，我们是否可以设想一下，如果此类影片放在国际市场上，放在全球化的环境中，会取得何种效果？

**姬德强：** 从跨文化传播的角度而言，宏大主题往往来源于集体主义的文化语境，有着塑造集体共识的传播目的。对个体主义的文化来说，这种案例就往往在解读时产生问题。这是两种不同的文化阐释逻辑的基本差异。在意识到这一理论前提下，我们还要正视一个事实，那就是世界上大多数国家和地区处在集体主义和个体主义的光谱之间，各有侧重。换句话说，任何一种文化群体都具备某种宏大主题的传播潜能，问题的关键在于"宏大"是在哪个层面上被制造和被解读的。

在当下的国际传播语境中，我更倾向于将宏大叙事理解为元叙事，它所处理的是一些根本问题，而各个文化都对这种元叙事有着独特的贡献。比如，英国广播公司（BBC）制作的纪录片《行星》（*The Planets*），虽然有着明显的技术中心主义路径和对历史或政治语境的淡化处理，但也凸显出全世界共同探索未知宇宙的集体努力，因此获得了非常好的国际传播效果。在这个意义上，中国的宏大叙事只有放置在"人类命运共同体"的框架里，才会产生广泛的传播力和影响力。

**刘俊：** 从影视研究者的视角来看电影和电视剧，大主题是一个多少有些泛指的概念，不仅指如庆祝新中国成立70周年期间的《我和我的祖国》《决胜时刻》等主流或新主流电影，也可以包括我们在国际传播中表现尚可的武侠、历史等类型作品，后一类作品中故事发生的背景也可能是宏大的主题（如中外合作出品的曾经获奥斯卡金像奖最佳影片的《末代皇帝》等）。不过，近年来，虽然新主流电影的国内传播效果极佳，但国际传播效果与主流期待似乎还有很大距离，在国际传播成效意义上的代表性作品不是很多。

从传媒艺术的发展来看，近年来新主流电影的叙事和制作是非常值得称道的，是主流意识形态进行话语转型、语态转型的成功案例；但从国际传播的角度来看，新主流电影的主题和内容说到底是有局限的，虽然是"中国的故事"，也可以进行"国际化表达"创作，但却难以唤起"全球化观看"。

**李缅**：实际上，影视作品当中真正能够在国际传播领域产生影响力的可能是一些优秀纪录片。我来自五洲传播中心，历年五洲的影视作品，国际传播是基点，也是目标。我们推出的作品基本上都是采用小切口大主题的方式来操作的。比如近期在国家地理频道播出的《佳节》和《记住乡愁》国际版，都是从我们身边的传统文化谈起，以小见大，以外在表现透视人物内心，进而表现中华民族代代传承的文化内核。

## 内容轻量化与商业规律遵循

**张毓强**：当下国家传播实践中，除去内与外效果的一些矛盾之外，其中还有一些基本的问题是需要我们讨论和关注的：第一个问题是，我们的宏大主题国际传播内容是否能够为国际受众轻易理解和接受。第二个问题是，在一定意义上，如果能够被市场所接受，那么就是受众所能理解和产生传播效果的。如果我们暂且不去过多考虑影视国际传播内容生产中复杂的社会文化环境影响因素的话，如何去看待上面两个问题？

**姬德强**：一方面，是对可能产生跨文化误解的故事元素的巧妙处理，这取决于制作人自身的跨文化辨识能力，换句话说，做宏大主题的国际传播一定要照顾到不同文化群体的心理结构和集体情感，不要陷入自说自话当中；另一方面，是对作品的轻量化处理，也就是虽然主题宏大，但要落地轻盈，避免将太多的元素集中在一个故事里面。

中国悠久的历史和灿烂的文化往往为此类作品提供了丰富的故事线索，但在国际传播中往往出现不可承受之重的传播效果，恰恰是过于密集的故事和过于深厚的叙事，使得未曾经历此等漫长历史的文化群体难以解读其复杂的含义，而从表层又难以领悟到作品的传播意涵，导致了事倍功半甚至负面的传播效果。

**李缅：**面对观众在一定意义上就是要面对市场。影视作品主要是能够满足观众的需要。那么，什么人才最了解国际传播所面对的观众呢？我觉得还是长期从事对象国或者地区本土影视内容生产的媒体人和媒体机构。在此意义上，与本土媒体或制作人合作展开内容生产和传播是个事半功倍的好办法。从五洲传播中心多年的国际合作传播的经验来看，成功作品的特点是切口小、故事性强、好看，不会直接讲道理、做说教。毕竟我们的影视作品走向国际也是一种市场行为，要遵循影视国际市场的商业规律。

## 核心价值与共同体想象

**张毓强：**国际传播中的自我塑造传播与他者想象之间总是存在差异的。这种区别在宏大叙事的作品中表现得似乎更加明显。新时代国际传播实践中，在前十年渠道建设的基础上，内容生产的主体性日益增强。这背后，仍然存在着核心价值追寻和共同体的想象问题。

**刘俊：**总体来说，新主流电影类的宏大主题作品，纵然近年来在叙事上有长足的进步，如宏大主题的软性化、商业化、温润化、悬念化、奇观化的表达手段日益丰富，但这些影片更多是"内宣片"，"外宣"效果一般。究其原因，还是在于目标受众的观影和心理诉求不同，如《红海行动》《战狼Ⅱ》《建国大业》《我和我的祖国》《决胜时刻》等中国新主流电影更多可以唤起中国观众强烈的民族自豪感、国家荣耀感、生活美好感、历史纵深感、未来期许感，但却显然难以唤起海外观众的同样感受。

因此，很多时候中国宏大主题的主流或新主流电影的国际传播障碍，或许不在于艺术表达、传播技巧，而在于不同民族国家的"想象的共同体"构型不同，就像中国人难以对日本产生爱国感，美国人难以对中国产生爱国感。

**钟新：**宏大主题容易陷入宏大叙事，缺少与个人关联的体现价值观的故事，难以打动受众。宏大主题下的重大事件国际传播由于传统叙事策略惯性、保密性等可能难以真正挖掘重大事件背后跌宕起伏的故事。发展成就模式的国际传播往往受传统宣传思维的影响，注重讲成就本身，而忽视了创造成就背后的故事，尤其是蕴含被世界广为接受的价值观的故事。

**姬德强：**核心问题在于如何在国际传播或者跨文化语境下定义"宏大"，万不可把自我理解的宏大简单投射到对异文化群体的想象中，必要时可以多做一些试验，通过小范围讨论或放映，获取收视意见，再通过调整，为大面积传播做好准备。

## 叙事技巧价值几何？

**钟新：**叙事策略改变会直接影响传播内容的改变，会有助于提高传播效果。不少从事国际传播的资深中国媒体人认为，讲故事的技巧不够强是影响我国国际传播能力的重要因素之一。《我和我的祖国》让很多人从中看到了自己的影子，产生共鸣感，而精选的故事和精彩的表演，尤其是故事主人公的言行传递出的价值取向充满正能量，令人印象深刻。这样的故事如果再增加一些事件背景介绍（外国观众可能不了解重大事件本身），外国观众应该也会觉得好看。

**李缅：**我认为小切口是好办法，但不是全部。我们今天讲文化自信，也可以用更丰富的方法去讲述宏大主题。比如纪录片《习近平治国方略：中国这五年》。一是主题要好，要够分量；二是切入要巧妙，不牵强；三是不必囿于成见，针对不同主题、不同受众，灵活运作，作品还是要以传播为最终目的。

刘俊：如果我们思考的对象，并非比较特殊的新主流电影这样类别的宏大主题，而是如前述的武侠、古装或是能够唤起海外观众"通用"情感和价值的宏大叙事作品，那么小切口和叙事技巧还是能在相当的程度上发挥作用的。

艺术的内核式功能，就是激发起艺术接受者的"情感"；或者说艺术的本质属性，很大程度上就在于情感性。因此如果能够激发起目标海外艺术接受者的情感，便可以在很大程度上保证甚至决定宏大主题作品的国际传播成效。

——只顾及艺术创作者，而不顾及艺术接受者，难以唤起目标海外艺术接受者的情感；

——只顾及本土观众的情感方式，而忽视其他民族、国家和文化群体的情感来源，难以唤起目标海外艺术接受者的情感；

——只顾及盲目地追求视觉的奇观、演员的流量、主题硬贴、爱情的滥用、价值的灌输，而忽视作品艺术性的磨砺和夯实，难以唤起目标海外艺术接受者的情感；

——只顾及功利地实现作品的国际传播效果，而忽视艺术创作过程中不可回避的特殊规律和时间过程，难以唤起目标海外艺术接受者的情感；

——只顾及"企图感"过强地输出本土的价值，而忽视作品中人类普遍适用的、共通的、正向的价值的自然流淌，难以唤起目标海外艺术接受者的情感。

特别是在当前的新媒体时代，无论是国内还是国外受众的影视素养和媒体素养都较高，这与人们能够快捷、大量地观看影像作品有关。因此，即便是在宏大主题的影视作品中，我们一直在用小切口和上佳的叙事技巧来触发海外观众的情感，但就是哪怕出现一两句、一两个意在强行改变海外观众态度的台词就可能让即将被带动的海外目标观众的情感消解得荡然无存。

姬德强：虽然在很大程度上能解决大叙事可能带来的模糊认识和误解，但如果没有扎实的跨文化知识和包容的国际视野，也不会必然带来成功。因此，即便是小切口和高超的叙事技巧也要有针对性，有目的性，需要在认识到国际社会复杂多元的前提下，提前预想到小故事可能面临的传播障碍。

以纪录片《归途列车》为例，该片的主题——农民工和春节大迁徙，可以归类为宏大主题。这部片子切口比较小，关注一个家庭，叙事技巧也非常高超，点面结合，城乡结合，以观察者的视角解读了中国城市化过程中农民工群体的悲欢与离合、希望与彷徨。它并不谈历史背景，也不说国家政策，所有的宏大主题都出自影片中的当事人之口。这个意义上，纪录片也许能更好地扮演好宏大主题的国际传播角色，以其朴素的视角和真诚的沟通打动不同文化群体。

### 历史与现实经验

**张毓强：**走入历史，我们不难发现，宏大主题的影视作品往往承载着民族国家主体特征的意识形态价值，无论是出于潜意识的还是刻意的设计。也许我们可以从全球范围内寻求一些传播效果良好的案例，也许能够从他们的内容生产与传播中找到一些启示。

**钟新：**很多具有国际影响力的大片都以重大历史事件为背景，因为重大而为世界了解，因此，容易产生共情效应。世界所熟悉的重大事件中的动人故事无论是真实的还是虚构的都会吸引观众去看。

在众多国际大片中，《拯救大兵瑞恩》1998年在美国上映，而后红遍全球，很多中国观众也看了。电影以二战为背景，描述诺曼底登陆后，瑞恩家4名去前线参战的儿子中，除了隶属101空降师的小儿子二等兵詹姆斯·瑞恩仍下落不明外，其他3个儿子皆于两周内陆续在各地战死。美国陆军参谋长马歇尔上将得知此事后出于人道主义考虑，特令前线组织一支8人小分队，在茫茫人海、枪林弹雨中找出生死未卜的二等兵詹姆斯·瑞恩，并将其平安送回后方。在这个故事中，我们看到了美国普通家庭送儿参军的爱国情怀，可亲可敬；美国高级将领的人道主义关怀也会让普通士兵感受到国家的关怀。这就是故事中的价值观——保护值得保护的生命可以不惜代价。大家所熟悉的《辛德勒的名单》也是拯救生命的故事。这样的议题和故事具有很强的共享性。

**姬德强：**其实，许多好莱坞商业电影都具有爱国主义的政治动机或传播效果，当然我们也可以将之理解为好莱坞的政治正确。如果从宏大主题的角度遴选比较好的案例，我更倾向于那些以战争为题材的美剧，比如《兄弟连》《国土安全》等。此类影视剧以个体之沉浮反映国家之命运，虽然并不明示爱国主义，但内涵的特定的价值观却是人人都可以感受到的。当然，需要注意的是，虽然都是爱国主义，由于各个国家的政治体制、主权意识和文化传统之差异，爱怎样的国、怎样爱国都是有着较大区别的，也许不能轻易进行比较。

**李缅：**近年来，我们自己也有一些优秀的、具有良好传播效果的案例。这些内容生产和传播的经验值得我们认真总结。纪念世界反法西斯战争胜利75周年之际，我们推出了《罪行与忏悔》，讲述战后德国和日本的对比，另外如《抗战回眸》，都讲的是中国抗战，主题宏大，节目国际化程度高，故事生动真实，主持人又是一位资深的学者，这两部作品的国际传播效果还是很好的。

另外，五洲传播中心近年来所作的探索中，一是以国际主流媒体开辟中国题材纪录片的电视专栏，比如《华彩中国》和《神奇的中国》，以栏目式的节目播出吸引固定观众群，效果显著。二是以新形式演绎传统主题，比如熊猫，我们以影视为支点，拓展思路，将创作和运营结合起来，推出了"中国大熊猫国际形象招募大赛"以及一系列的熊猫主题作品、活动、设计等，与各种有生命力的新鲜事物相结合，让熊猫形象立体化，集中起来，鲜活起来。三是在11月院线播出的纪录影片《变化中的中国》，名字看起来有点宏观，但是内容却十分接地气。它讲述了六个普通中国人的故事，有认真负责的护士、与学生打成一片的中学教师、满怀雄心壮志的民营企业家，还有片警、快递小哥，每个故事都因人性的光辉而令人着迷，这些故事共同构成了当代中国和当代中国人的宏伟画卷。

（本文发表于2019年11月，略有删改。）

# 新交往、新纪录与新沟通

## ——基于纪录片《佳节》的讨论

张毓强　中国传媒大学国际传播战略与发展研究中心常务副主任、教授

黄　姗　中国传媒大学2018级硕士研究生

**讨论人：**

雷建军　清华大学新闻与传播学院教授

张　磊　中国传媒大学教授

张毓强　中国传媒大学国际传播战略与发展研究中心常务副主任、教授

刘　俊　中国传媒大学讲师、学报《现代传播》责任编辑

李　宇　中央广播电视总台中央电视台海外传播中心综合部主任、主任编辑

**整理人：**

黄　姗　中国传媒大学2018级硕士研究生

随着全球性信息传播技术实践的深刻变革，传播日益介入普通人的日常生活中。短视频平台的高速发展，使得日常生活的记忆与记录逐渐成为全球范围内媒介传播的重要内容。国际传播实践也因之走向日常化。纪录片作为国际传播深度内容的重要载体，其有效性与创作方式也因之发生着较大的变化。

近期，腾讯企鹅影视与国家地理频道同时推出纪录片《佳节》。在国际传播中，同构有效的叙事链接，实现"共情"（empathy），能够有效解决地方

知识的文化传播问题，在共情的语境中，设身处地，感同身受，将心比心。

《佳节》抓住了当前在全球范围内华人华裔文化的节日记忆链条中的一个点，通过对节日场景的再现与描述，重现部分节日场景，试图实现地方知识的现代化再生产和国际华人范畴内的有效传播。节日作为日常的反诘与常规纪录片的关系如何？国际传播类的纪录片如何适应新的全球传播场景和生态，从而在选题、创作手法等方面进行积极调适，以提升其国际传播的有效性和针对性？中国传媒大学国际传播战略与发展研究中心组织专家对以上问题进行了研讨。

### "节日"如何"纪录"

**张毓强**：在国际传播中，纪录片一直是一种深度有效的传播手段。它不求短时的效应，却能够在更深远意义上影响和带动不同族群之间的知识与情感诉求。在一个族裔共同的情感链条上，勾连历史与现实，实现情感的连接，以赢得认知与认同，或者以全球性的异域知识诉求与场景奇观，提高受众对于记录对象的认知与认同度。

**李宇**：电视纪录片是中国与世界沟通的重要渠道，是当前向世界讲述中国故事、塑造国家形象、传播中国文化的重要载体。当前，电视纪录片在国际传播中发挥着独特的作用，通过对中国文化、社会、自然等故事要素进行编码，实现有温度、有深度的国际传播。

在海内外播出的纪录片《佳节》聚焦中国清明节、端午节、中秋节和春节等传统核心节日，通过讲述海内外华人过节的方式，从器物、制度和价值观等不同层面来解读或阐释中华文化内涵。

**雷建军**：《佳节》的核心是"节"，节日作为日常生活改变的形态，是对日常生活的"反叛"，同时也是"奖赏"。它把人们从日常的劳作中解脱出来，让族群进入一种共同情绪，进入日常生活中不常有的状态，用仪式、美食、游戏等把人们组织起来，完成社会动员与族群凝聚。《佳节》以华人传统核心节日为拍摄对象，事实上就抓住了华人的情绪共振点，可以把不同年龄、不同区域华人的共同情绪激发出来，以纪录片作为媒介回望童年、回望故土。

刘俊：确实。这部作品，抓住了当前在全球范围内华人华裔文化的媒介记忆链条，并且是通过情感触动的方式来实现的。该片一直在寻求通过历史与现实的交织，实现对海外华人华裔情感的唤起。被孤立永远是令人不悦的，甚至是令人害怕的，人心底总有对大群体的依赖感和依恋感，这是心理学的常识。海外华人华裔无论是成功的，还是正在打拼的；无论是常年旅居海外的，还是刚刚移民异域的，每每遇到困难时，每每遭到冷遇时，每每无法真正、彻底地融入海外本土人群时，每每面对内心柔软的部分时，总有对遥远故土那个庞大群体的依恋。这种依恋本身就是情感性的。总之，该片以情感唤起情感——以情感表现的手法，唤起海外华人华裔的柔软情感，是智慧的叙事方式。

## "日常"还是"奇观"

张毓强：传统节日与地方日常生活的知识生产往往密切相关，节日生成了相对特殊的、可能的媒介记忆，如何在国际传播中更好地呈现与传播，一直是我们关注并试图解决的问题。

雷建军：作为阐释人类学的代表，格尔茨《地方知识》用田野调查之后的深描说明了地方知识与地方立场，传统节日是地方知识生产的核心，它与日常生活一起构成了地方知识的生产机制，并构建了族群共同的精神世界，形成了共同记忆。呈现与描摹一个族群的共同记忆，最好的方法是回到现场，用现实的场景与场景中的人作为媒介去勾连观众与自己记忆深处的情感，《佳节》就是用这样的方法完成了对节日与地方知识的表达，从抽象出发，用具象表达。

刘俊：《佳节》这部作品，虽然讲的是各地的风俗，甚至是各种地方性风俗，即便对国内观众来说，也比较陌生。但该片却巧妙地将地方性记忆，用共通性感知表达出来。这就是片中重点提炼出的两个叙事和画面聚焦：第一是美食，第二是奇观。

对美食的感知，以及对奇观的感知，是有穿越性的，穿越了地域差别、认知差别、文化差别、价值差别。

某地的风俗可能对于国内观众和海外华人华裔观众来说，是陌生的，甚至是不易被理解的；但美食诱惑，特别是那些对美食制作和品尝的细节镜头，给观众带来的强体验欲和高吸引力，是共通的。如片中的炸食、面食、特别的鱼菜、特别的烘烤食品等。

某地的风俗对多数观众来说可能是陌生的，但风俗仪式所带来的新奇感，甚至是视觉奇观，对观众来说则是一种共通的吸引力。如片中展示的泰国如何选观音化身，中国香港攀包山抢平安包、烧番塔时烈火升腾、龙舟赛上山水轻灵，等等。

经过将地方性记忆进行共通化转化，原本难以被理解的风俗变得可感可知了，原本离观众遥远的他乡时空变得亲切动人了，原本因地方的特殊性而构成的特殊媒介记忆也具有了更大范围的普遍性。这些都是在国际传播中我们力求达到的效果。

**张磊：**《佳节》画面精美、拍摄精良、制作精致，具有国际大片的一流水准，但在选择叙事内容上其实可以有更宽的视野和更为准确的视角。例如，第一集《春望》中讲述了五个故事，涉及伏羲祭典、清明祭祖、溱潼会船、太平清醮、妈祖诞辰，展现的都是大规模、集体性、奇观化的节日仪式，相形之下，节日与日常生活、节日与家庭、节日与历史的有机关联发生了断裂。

节日与日常生活是对立统一的。正是在日常生活的特殊时刻才诞生了节日，它的仪式像里程碑一样标记了时间的循环往复，中国传统节日也因此嵌入四季农耕文明之中。节日是日常化的，正如日常也节日化了。纪录片中选择的节日仪式是否在一定意义上消解了时间的连续性，也因此变成一个个断裂的时刻，从而跟普通观众的日常生活体验发生了脱节呢？

有一位外国留学生告诉我，他很喜欢看《舌尖上的中国》，但并不仅仅因为其中的美食，而是因为"在其中看到了中国人的日常生活"。国际传播有一个误区，是竭力向外国展现最具奇观性质的内容，殊不知"文化是普通的"，真实生活更可能打动人。更何况，如果是面向海外华人群体进行传播，更要考虑到与他们的文化根源、共同历史经验、家庭活动的连接；否则，共鸣无法发生，效果也就无从谈起了。

**李宇**：我从编码与转码的角度观察这一问题。《佳节》是一部三集纪录片，按照时令节日顺序分别命名为《春望》《秋思》《冬聚》，重点讲述了清明节、端午节、中秋节等几大中国传统节日以及海内外华人过节的故事。从国际传播的角度来说，"节日"主题融入了诸多核心要素，如亨廷顿所说："文化的核心包括语言、宗教、价值观、传统以及习俗。"不同国家、不同文化中的节日往往承载着传统、习俗、价值观甚至宗教要素。相比"吃穿住行"主题类的纪录片，节日类纪录片更为复杂，涉及更多、更深的文化层次。在文化分层中，"吃穿住行"属于文化的"器物层面"，而节日同时跨越了"制度层面"和"价值观层面"，横跨了文化分层的中层和上层。因此，《佳节》在国际传播中如何编码，选择哪些码本进行编码，就显得非常关键。

从佳节所承载的意义来说，价值观甚至宗教是其核心码本。《佳节》通过家庭或村落的节日故事，阐释了每个节日被赋予的独特意义，从而解读节日所蕴含的价值观念。《佳节》重点表现清明节、端午节、中秋节、重阳节、春节、元宵节六大中国传统节日，阐释中华民族慎终追远、尊亲敬祖、以和谐为美的价值观。

从佳节的庆祝方式来说，传统与习俗是其核心码本。《佳节》在讲述中国传统佳节故事时，深入阐释了包粽子、划龙舟、吃饺子、挂灯笼等传统或习俗的文化含义。美国文化心理学家瓦西纳（Jaan Valsiner）认为，文化是符号中介（semiotic mediation）。美国哲学家苏珊·朗格（Susanne Langer）认为，人类是符号的动物，所有人类文明中广为传播的各种仪式、礼制及巫术等都是一种符号活动。同样，包粽子、划龙舟、吃饺子、挂灯笼也是一种符号活动。

## 新交往、新纪录与新沟通

**张毓强：** 这部纪录片似乎主要是针对华裔人群的。实际上，这一人群的自身特征、日常生活、节日感受、媒介使用习惯等伴随着全球化的深度变革，也在出现一些巨大的变化。当然，他们对于纪录片媒介的接受习惯也有所更新。可能我们国际传播纪录片的创作在适应变革的同时，也应该有所坚持。适应的是环境外在的变化，坚持的是中国传统文化中的优势要素。

**刘俊：** 互联网是属于全球的，无论是国内观众，还是海外华人华裔，深度依赖互联网获取他国和中国的信息，是一种常态。互联网社交更是属于全人类的生存方式。更为重要的是，经由这种互联网信息获取和社交生态的培养，当代人逐渐具有了浓浓的网感化的心理和行为特点。所谓网感，就是因由互联网生存而形成的认知方式、行为方式、价值方式，最终化作文化选择和集体性格。

当前青年突出的传受心理，是融合时代由新媒体互联网长期培养出来的网感化接受，是数字原住民和早期数字移民的集体性格的投影，如后现代式思维、二次元式交往、"宅萌呆腐基"式生存等，这些既是网感的表征也是网感的来源。而且，即便是中老年观众，也"全龄"化地沉浸在微信式生存之中，不可避免地接受或者带有网感化传受的心理特征，这一状态也是一种"全龄"现象。

因此，未来包括国际传播类纪录片在内的纪录片创作，很多时候需要跳出传统端庄的创作方式和理念，在叙事的网感、人物的网感、传播的网感、视觉的网感、后期的网感等诸多方面，有所探索。

**雷建军：** 过去20年，华人作为新媒体变革的主要参与者与使用者，在短视频、社交媒体、网络直播等方面大放异彩，成为这些应用当中的主流人群。同时这些媒介的使用也深度改变了人们的日常生活与观察世界的方法。当快手与抖音等短视频平台成为呈现现实世界的主流方式时，纪录片一向标榜的记录日常生活的意义被颠覆了，用户不需要纪录片也能很好地记录与传播日常生活，这就意味着纪录片工作者、研究者也许需要重构自己的理论体系与方法论，就如同照相术的发明颠覆了古典绘画，催生了印象派与后现代一样，纪录片也走到了更新换代的十字路口。

### 新问题与新思路

**张毓强：** 实际上，随着中国与世界关系的调整以及文化与技术的双向互动发展，国际传播类的纪录片在内容生产与创作方面都出现了一些全新的特点。过去的一些创作模式、传播模式，悄然之间发生了变化。那么，在地方知识的国际传播、传统文化的影视呈现方面，我们如何能够做得更好？

**刘俊：** 我们长期把纪录片的传播，简单进行二分法区分：要么是对海外当地观众传播，要么是对本国内部观众传播。其实除去这个二分法之外，还有一个中介性的地带，就是海外华人。将视野放得更广，在整个国际传播中，我们不仅可以利用长期实践的"自己说自己好"的方式，即"自塑"；还可以利用近年来"外国人说我们好"的方式，即"他塑"；更可以借助海外华人的群体，拓展我们在国际传播领域提升国家形象的方式、途径和多维可能。总之，重视海外华人的能量和效力，是我们各行业、各领域当前和未来进行国际传播时的重要突破，他们是地方知识进行国际传播的桥梁。

**雷建军：** 现如今，奈飞的纪录片是好莱坞风格的，中央电视台的《如果国宝会说话》是适合手机的，面对各路短视频平台上五花八门的纪实影像，传统纪录片确实到了要更新换代的时刻。一个方向是技术升级，拉开与手机拍摄的技术档次，向电影迈进，在影像质量、叙事技巧、情感表达等方面更接近大银幕；另一个方向是向社交媒体靠近，制作适合多屏共享的内容，但在表达形式上，从强调导演隐身转移到强化导演控制上，让基于纪实的表现成为一种主流，创造超越观众想象与体验的日常生活。

**张磊：** 我觉得要特别注意到一个传统的继承问题，也就是无论做何种创作，我们都要坚持地方知识传统和认知的问题。中国的传统节日是围绕家庭而展开的。按照差序格局理论，家庭之上是家族、民族和国族，只有一个个微小的家庭聚合起来，节日才有了形成共识乃至凝聚力的基础。清明节对于普通家庭来说，是祭扫坟墓、纪念先人的日子，它有很多看似普通的家庭故事，那些家庭内部的相聚、餐饮、交谈、行动，才是这个节日的主体性活动，而不仅仅是穿起汉服、抬起五牲、念起祭文的设计化仪式。纪录片没有展现家庭化的节日庆祝，而是将摄影机聚焦在那些大规模的仪式奇观之中，偏重集体性而忽略了个体性，同样也难以引发共鸣。

**李宇：**我觉得无论在何种时代，通过内容编码符号提升"共通性"和"共享性"是至关重要的。符号能自说自话，必须具备共通性和共享性，能用来构建"共享的意义或共享的概念图"。例如在《佳节》第三集中，新加坡春节妆艺大游行中的街头表演具有许多国家"狂欢节"的符号，具有很强的共通性和共享性，这个故事对于阐释中国春节"普天同庆"的文化内涵很有表现力。这既体现了华人重视春节，也充分展现了当地的文化特征。当然，《佳节》在国际上播出时必然会遇到的一个挑战就是文化符号过多、过于复杂，例如伏羲、妈祖、会船、乞巧、草龙、社火等符号都具有较为悠远的历史渊源或复杂的社会习俗，不易为国际观众理解。因此，如果能适当减少符号数量，同时增加对其余符号的阐释，可能会取得更好的传播效果。在国际传播中，纪录片必须选择恰当的符号实现受众对作品内容理解、接受的最大化，从而在不同国家、文化之间构建"共同图景"。为此，内容创作要在国际化方面加大力度，通过制作和传播的国际合作，提高内容的共通性和共享性。这也是应对影视全球化的重要举措，从而在当前国际影视市场一体化、分工精细化的大背景下，通过国际合拍来有效融入国际市场、强化产业实力。

另外，内容编码的方式要注重国际化，用境外受众易于理解、乐于接受的方式讲述故事，完成编码。内容编码要注重不同文化思维方式的差异，通过编码方式的优化来减少甚至消弭"文化折扣"。以面向美国的传播为例，我们在节目制作时就要重视思维方式的差异。北京大学关世杰教授认为，中美主流文化在思维方式上存在差异：中国偏好形象思维与类比思维，与之对应，美国偏好抽象概念思维与逻辑思维；中国偏好综合思维与整体思维，与之对应，美国偏好分析思维与局部思维；中国偏好辩证思维，与之对应，美国偏好二元对立思维。因此，纪录片的故事讲述方式要跳出中国传统思维方式，充分考虑中外受众思维方式差异。例如在《佳节》第二集中，泰国的那空沙旺会在中秋节选择观音化身，以这种独特的方式来庆祝中秋节。故事中，一位名叫纳查的少女是观音化身候选人，需要参与激烈的角逐。她通过自己的不懈努力最终胜出，实现了自己的梦想，也由此改善了家庭境况。这个故事中运用了矛盾叙事手法，也凸显了个体主义特征，内容编码的方式契合欧美主流文化思维特征。目前，我国媒体机构为了提升国际化叙事能力，都在积极与境外媒体机构开展合拍等方式的合作，通过双方共同策划、选题、拍摄、制作等方式，最大限度地提升内容编码的国际化程度。

**张磊：**节日在历史的延续和传承中进行。历史有它的根基，也成为话语建构的场域。不得不承认的是，在当代中国，有的历史传统发生了中断，在一些社会条件的作用下进行重建，其间也就有了无中生有、生搬硬造的行为。近年来很多地方兴起的再造传统仪式的活动，按照历史学家霍布斯鲍姆的说法是"传统的发明"，它在历史上是经不起推敲的，也不可能形成真正的集体记忆。这种"塑造传统"是否真的能够实现"文化寻根"，值得我们反思。

中国当代节日有三大类别：传统节日、政治节日、消费节日。《佳节》这部纪录片聚焦的是传统节日，但同样不能忽略政治性和消费主义的建构性。有的地方性节日仪式，甚至带有吸引游客的简单意图，它的文化根基很浅，情感链接自然也无从谈起。如果不经思考就将某些人为塑造的仪式奇观默认为节日主线，反而忽略了更加丰富、更加可靠的家庭普通仪式。

（本文发表于2019年6月，略有删改。）

# 第三编

# 主体性与全球中国：
# 全球文明史视野中的中国

# 全球大变局与人类开放式沟通

## ——从刘欣与翠西的对话说起

张毓强　中国传媒大学国际传播战略与发展研究中心常务副主任、教授

**讨论人：**

于运全　中国外文局当代中国与世界研究院院长

李　岚　国家广播电视总局发展研究中心信息所所长

张　磊　中国传媒大学国家传播创新研究中心教授

赵瑞琦　中国传媒大学马克思主义学院副院长、副教授

张毓强　中国传媒大学国际传播战略与发展研究中心常务副主任、教授

姬德强　中国传媒大学家传播战略研究院教授

**整理人：**

张毓强　中国传媒大学国际传播战略与发展研究中心常务副主任、教授

习近平总书记在2018年6月中央外事工作会议上提出了一个重大论断，即"当前，我国处于近代以来最好的发展时期，世界处于百年未有之大变局"。在人类文明演进的各种"变局"中，在开放式的沟通与协调中解决人类共同面临的问题，消解文明、文化、国别意识形态带来的误解与障碍，是全球应该共同面对的一个重要问题。

信息传播技术是全球化的一个积极动力，又是全球化的一个重要部分。人

类社会的沟通与交流状态，在新技术背景下悄然发生着革命性的变革。因此，全球文明、文化的碰撞与交流日趋频繁，全球文化结构、传播秩序也因此经历着新一轮的调整。这中间，自然有更多的理解、认同，同样也几乎等量产生着新一轮的碰撞。因此，秉承开放式沟通的原则，在变局中进一步加强人类不同族群间的开放式沟通，以期消除误解，是当前国际传播实践须承担起的一个重要责任。我们把最近中国国际电视台主持人刘欣和美国福克斯商业频道主播翠西·里根的对话看作这一努力的一个可观察案例。

那么，在全球大变局的语境下，我们如何看待全球不同族群间文化与文明的碰撞与融合问题？如何看待人类沟通的开放性问题？中国又应以何种心态面对日益增多的沟通与碰撞？就这些问题，中国传媒大学国际传播战略与发展研究中心联合中国外文局当代中国与世界研究院邀请相关专家进行了讨论。

## 深度融合与碰撞中的"自我"与"他者"

**张毓强：**在现当代意义上，中国与世界的关系呈现出强烈的阶段化特征。主体间交流方式因此也变化很大。总的来看，是一个"融入"到"融合"的过程。改革开放，尤其是21世纪以来，中国与世界在融合深度、广度上全面拓展，尽管我们很努力地调适话语方式，但是在国际社会遇到的误解与障碍还是越来越多。这似乎和主体间互动的规模有着正比关系。

**张磊：**与其用"自我"与"他者"，不如用德国著名宗教哲学家马丁·布伯所说的"我"与"你"来看待这一组关系。英国诗人吉卜林曾写道，东方与西方永不会相遇。但当前东方与西方的确相遇了，并碰撞出了丰富的可能性，如何处理这种关系，对于当代人来说是极大的挑战。在一开始相遇的时候，双方互为想象的客体，也就形成了西方的东方主义刻板印象和东方的抵抗性民族主义的分化，源自西方资本主义的竞争原则加剧了国与国、民族与民族、文化与文化之间的矛盾和对立，而两次世界大战前后的意识形态对抗更使得二元框架难以弥合。马丁·布伯认为，"我"把"他者"作为一种利用对象，为自己的需求服务；而"我"把"你"作为一种时间进程中的相遇，从而建立了真正的关系。打破镜子，释放镜像，回归一瞬间的相遇，才能理解彼此，也才是中国与世界沟通交流的关键性原则。

**于运全：**回顾新中国成立70周年以及改革开放40多年来的历史进程，中国融入世界，既改变自己，也改变世界。这是一个辩证统一的历史过程。在积极参与全球化的过程当中，为了适应全球化的历史潮流，我们改革创新。同时，我们在积极参与全球治理的过程中，也贡献了中国智慧和中国方案，深刻地影响和改变了世界。

**赵瑞琦：**一定程度上，国家是放大的个人，而且，国家行为的执行者也是具体的个人，因此，人与人之间在交往中，因为利益、文化、风俗、沟通技巧等问题而产生的误解和障碍，经常会在国家层面重演。随着互动的频繁化，中国与全球各国在获得巨大利益的同时，也遇到了较之前多得多的误解和障碍，这是相伴相生的现象。在共同创造的交往场景中，改变是彼此的，只是程度大小不同。秉持求同存异的心态，这种"改变"就是辩证统一的；执拗于零和博弈的思维，这种"改变"就是二元对立的。

**姬德强：**国际传播从诞生以来就打上了"自我中心主义"（ego-centrism）的烙印，这也是以民族、国家为单位的世界政治秩序的内在基因。从这个意义上来说，障碍、误解和刻板偏见是国际传播中的一种自然现象，大多是以自我为中心的国家观和世界观对其他国家、民族和文明的投射和想象。当然，其间还受到现代世界体系形成中所蕴含的东方主义、殖民主义和帝国主义意识形态的渗透，使得国际传播呈现出中心与边缘的不平等关系。

当然，这并不是说国际传播没有对话性和互构性。尤其是在新型全球化的历史进程中，国际传播的格局和样态正在发生新的变化，包容性、多样性、平等性和对话性正在成为新的主流。

在这个意义上，随着与世界在融合深度、广度上的全面拓展，一方面，中国面临着更多的误解和偏见，这来源于世界不同国家和地区长久以来形成的中国观乃至东方观。在当下频繁的交往中，这些看法被激发，其中既有西方中心主义的文明等级论，也有冷战以降的意识形态对立，更有国际关系现实主义对抗逻辑所生成的话语交锋。另一方面，通过"走出去"和"引进来"，中国拥有更多的机会改变对方，或者说"他者"。从认知到认可是一个从破到立的过程，会很漫长，不会一蹴而就，更不能盲目自大。最终，一个包容和理性的"他者"视野对每一个国际传播的国家主体都是非常重要的，在改变别人的同时也在改变自己，也就是一个相互协调、相互适应和相互改变的过程。在跨文化传播中，我们称之为"文化间性"，这也是对僵化的国际传播自我中心论的有益补充。近年来，中国主办的亚洲文明对话大会和创立的一系列人文交流机制，恰恰是从这个视角软化和改善国际传播上述问题的有益尝试，但更需要其他国家主体的合作与参与。

## 致力于开放性沟通

**张毓强：**我们可以有一个共识，在国际传播中，不了解、不熟悉，甚至存在误解和障碍，似乎是常态。多年以来，我们的沟通态度似乎是多元的：有时是全面的、开放的、共享的，有时是斗争的、对立的。这几年，国际传播中的很多案例呈现出的是更加自信、理性的沟通，中央电视台记者王冠在南海问题上的回应、刘晓明大使在香港问题上的回应以及刘欣与翠西的讨论案例均呈现出自信的"开放式沟通"特质。

**姬德强：**我们需要明确两个前提：第一，大多数误解来自各个国家和文明将自身制度和文化（当然也包含各个国家所内化的现代世界体系的秩序观）投射到中国这一心理过程，带有极强的本土色彩，当然，中国在接收这些误解时，也往往从自身的历史经验、集体记忆和现实考虑出发，进行了本土化的解码；第二，王冠在南海问题上的回应以及刘欣和翠西的"约辩"是另一个层面的问题，他们虽然是独立的个体，但更是建制化媒体的代表，他们在国际传播中的发言是有基本的话语框架和身份特征的。

可贵的是，随着中国国际传播的扩展和深入，新时代的国际传播从业者有着更敏感的专业神经、更灵活的处理技巧和更自然的"他者"视野，从而让中国对外发声不再僵化如前，给予国外受众多元的解读空间，这无疑是符合当下自媒体时代的传播环境的。但是，我们必须要注意的是，这毕竟还是国际传播，国家媒体需要扮演主力军角色，个体的自由度需要与国家媒体的身份代表性协调好，才能兼顾立场与沟通。

**于运全：**中国坚持自己的道路、理论、制度。在参与全球化进程、为全球治理贡献中国方案的过程中，不可能总是收获鲜花和掌声，也时常会面临许多质疑的声音。中国与世界互动中，有许多需要沟通的误解误判、需要消弭的隔阂和障碍。新中国成立70年来，尤其是改革开放40多年来，中国一直始终不渝地坚持以开放的态度与世界平等对话沟通，致力于推动中外人文交流、民心相通和文明互鉴。

**赵瑞琦：**面对外部的质疑，首先要看其出发点，如果是善意的，我们就要本着实事求是的态度进行解释和沟通，能说的，充分交流；不能说的，解释清楚。如果是敌意的，我们可以针锋相对地口诛笔伐，不落下风。但不管怎样，一定要注意提升议程设置的能力，掌握主动性，不要被动应付、疲于奔命，而是要把焦点向光明与合作的一面聚拢，通过说理来加强合作与友谊。

**张磊：**我想，每个人都有这样的日常经验：吵架获胜，并不会使双方的关系更融洽。吵赢之时，往往是关系破裂之始。但思想争论肯定与日常生活不同，其中涉及的是非曲直是一定要开诚布公讨论的。有两种态度应当在国际沟通中避免。一是"躲"。管它外部声音铺天盖地，我自躲进小楼成一统，或者对内声音响亮、对外装聋作哑，这等于拱手将话语主导权让出。二是"怼"。

以一种强硬的态度而非心平气和的态度，以一种争吵的方式而非论争的方式，对国际批评进行回击，看上去痛快解气，却无益于解决争端。因此，我认为国际沟通应当是全面的、开放的、共享的，以沟通、交流、理解和建立共识为目标。

**李岚：**从我国对外传播的战略角度看，要立足于构建"人类命运共同体"的话语体系，着眼于国际社会和平、发展、合作，应对人类面临的普遍性问题与挑战。这样，我们对外沟通的态度就应是倡导求同存异，共谋发展，反对孤立、静止地看问题，不能非此即彼、二元对立。我们要突破西方话语体系的藩篱与障碍，在世界发展新态势和多样性的发展格局中掌握话语权，打造基于共同价值观的话语优势。因此，对待一些敏感问题或被误解的情况，不能自说自话、自娱自乐，充满"小我"意识，更不能回避问题，授人以柄，让相互的沟通失去了意义。我们要跳出传统外宣思维定式的桎梏，侧重讲述中国如何与世界共同发展、推动东西方文明交流互鉴的故事。

从中国记者王冠在南海问题上的回应、刘晓明大使在香港问题上的回应以及刘欣与翠西的案例，我们可以找到开放式沟通并产生良好效果的规律。一是"中国内容"和"西方渠道"合作。当下"西方渠道"在短时间内是形成国际话语权和舆论场的主导力量，中国内容与西方渠道可以两相互补、各取所长。如刘欣就像"在美国普通民众的客厅里跟他们说话"。二是深度挖掘传播观念、核心价值，全面梳理相关知识和逻辑，对现象和故事进行有思想性与说服力的解读，释疑解惑，打破偏见。三是在"人类命运共同体"大环境下，需要的不是辩论与对抗，而是有效的倾听和交流。博弈甚至斗争都不可避免，斗争只是手段，目的终究还是寻求共识。真诚的沟通肯定是有效的。

## 国际沟通的历史经验与现实逻辑

**张毓强：**历史经验总是影响着我们对现实和实践的判断，并在一定程度上影响着我们面对问题的选择路径。新中国成立以来，我们党和国家遇到过种种质疑、非议、误解，甚至是攻讦。以前，我们面对问题有时会避而不谈，有时不作出正面回应。这种情况在新时代的总体格局下正在悄然发生着转变。

**于运全：**习近平总书记多次强调，在实现中国梦的历史进程当中，我们要时刻准备着进行充满着许多新的历史特点的伟大斗争。在前进的道路上，从来不会一帆风顺。中国特色社会主义是一个伟大的工程，前无古人，必然面临着许多难以预料的困难和挑战。但我们坚信，中国走的是正路，行的是大道，我们有信心、有底气、有能力战胜前进路上的各种风险和困难，同时我们也保持一个积极开放的心态，面对发展中的问题，面对外界建设性的批评和建议。我们也积极地向世界学习，借鉴一切人类文明的成果来发展完善自己。

**姬德强：**不管来自政府、媒体、民间还是学术界，国际传播中针对中国政治制度和政治文化的态度一直是意见多元的，既有久久不散的非议和误解，也有正面的认知和认可，比如《毛泽东选集》《习近平谈治国理政》的外译对我国对外政治话语体系建设的重要贡献，需要在具体的历史语境中对具体问题进行分析。

面对非议、误解乃至攻讦，中国的国际传播往往陷入自我闭环式的传播逻辑。正如范大祺所说"我们的对外政治话语体系更像是一条封闭的环线，缺乏有效的联络线"，而我们的态度应该是有所区分的，而不是自我封闭：第一，如果负面评价来自单纯和赤裸的舆论斗争，那么以国家媒体为代表的建制化渠道就必须正面应对，或揭穿谎言，或重设议程；第二，如果负面评价来自或延伸自不同国家和文明内在的中国观，是长期内化和积累的结果，以及此类声音仅仅出自或面向特定的地方受众，我们就不应过度解读和过激反应。无论如何，当下中国的国际传播，亟须培养一种能力，那就是本土化和语境化分析国际传播议题的能力，能够清楚区分涉华议题在多大程度上与中国的国际传播战略有关，有的放矢，集中资源，打赢舆论战，与此同时，保持包容与开放的态度，培养长期的对话伙伴。

**张磊：**对于这些非议，应当分门别类。对于部分政客带有明确政治意图的言论，甚至是恶意的诽谤，应当予以直截了当的回应。对于部分知识分子和媒体从人类普遍价值角度进行的批评，应当心平气和地进行沟通。一个根本的解决之道，就是构建中国的"道义制高点"。赵月枝教授在2016年发表的一篇文章《讲好乡村中国的故事》中，提到斯诺的《西行漫记》和韩丁的《翻身——中国一个村庄的革命纪实》，这两部著作聚焦中国乡村的变化，都曾经促进了西方世界对中国形象的良好认识。这提醒当代中国的国际传播实践者：一是要建立道义制高点，从中国的实践中找到吸引世界的普遍性价值；二是要借助西方的知识分子进行发言，他们的话语更容易为当地人所接受。

## 培养开放式沟通人才

**张毓强：**人是沟通的主体。开放式沟通需要具有这种沟通能力的人和群体。改革开放以来，中国在与世界互融的过程中，培养出了一批语言流畅、逻辑清晰、富有理性的沟通者。媒体记者、外交官等在国际沟通前沿实践领域发挥了不小的作用。但是，似乎还不够多，不够强。

**赵瑞琦：**开放式沟通，不仅是形式上的不拘一格，也是内容上的不设禁区，更是逻辑上的以理服人。因此，开放式沟通，不仅是一种倡导姿态，更是一种学习模式和管理转型，需要一种整体社会心态的调适和社会评价机制方面的鼓励。整体社会对开放式沟通的推崇和践行，很难一蹴而就，需要久久为功。

**张磊：**开放式沟通，需要沟通者具有四个方面的特质：第一，思想的深刻性。能够从思想、价值、道义、精神的高度来开展对话。第二，知识的丰富性。能够掌握大量的数据、事实、论述，能够引用古今中外的思想结晶为自己的观点提供支撑。第三，表达的准确性。既能够将复杂的观点讲得明晰透彻，又能够避免简单武断的结论，提出丰富辩证的论述；既能够让人听懂，又能够让人易于接受，还能够使人信服。第四，姿态的灵活性。借用"情商"的概念，开放式沟通需要发言者有着高超的"传播商"，在沟通过程中找到合适的策略性位置，并时时根据交流情境进行调整，最终达到形成共识的目标。

**姬德强：**开放式沟通需要具有文化自反能力的传播主体。中国是世界的中国，全球化的各个元素早就参与了现代中国的兴起过程，然而，我们国际传播人才的评价和培养标准往往囿于技术主义的窠臼，仅仅考虑语言能力和知识储备。他们大多是优秀的传播者，而不是优秀的沟通者。传播考虑效果，沟通培养共识。在这个意义上，我们未来需要从如下三个方面培养国际传播的沟通者：第一，基本的语言能力和知识储备仍然是需要的，但语言和知识需要更多的在地化实践。国际传播人才应在文化起源地进行较长时间的自我训练，熟悉语言和文化主体的历史和多样性。第二，要加强国际传播人才对国情的调研。目前的国际传播人才往往知彼多知己少，导致讲中国故事时缺乏生动多样的素材。因此，新时代的国际传播人才需要更深厚的中国历史和文化积淀，需要接触中国改革开放中方方面面的劳动者，走好国际传播的群众路线，对国内外民众有着更多的体认与共情。第三，需要对国际传播人才进行更多的跨学科培养，尤其要强化其对与媒体传播有关的政治制度、政治文化、宗教传统、经济体系和民间社会的分析，用一种系统化和复杂化思维充实国际传播人才的头脑。

**于运全：**沧海横流，方显英雄本色。当前中美经贸摩擦形势复杂，人文交流面临许多现实困难，需要一批能对话善沟通的专业人才挺身而出。我们需要更加自信从容、直面问题，也需要坚持原则、善于斗争。我们需要一批像赵启正、傅莹、刘晓明这样的沟通大师，也需要王冠、刘欣这样一大批各行业专业人士，来共同讲清楚中国发展的故事、道理和逻辑。用国际受众听得懂的语言和方式，讲清楚我们的立场观点，我们的所思所想，我们的过去、现在和未来。培养一大批懂中国、晓世界、善沟通的国际传播专业人才是当前学界和业界需要共同努力的目标，也需要主管部门给予更多的政策支持。我们也愿意持续关注这个话题，进行案例剖析，不断总结经验，为国际传播高端人才的成长、培养、培训提供智力支持。

（本文发表于2019年7月，略有删改。）

# 仪式化场域及其当代传播价值

## ——关于奥运国际传播的讨论

张毓强　中国传媒大学教授

庞　敏　中国传媒大学传播研究院国际新闻专业硕士研究生

讨论人：

杜友君　上海体育学院传媒与艺术学院院长、教授

张毓强　中国传媒大学教授

郭　晴　成都体育学院教授

魏　伟　北京外国语大学国际新闻与传播学院教授

大规模的体育活动，以其人类不同族群参与的广度、全球关注的强度、全球性仪式的景观性、在一国社会经济发展和全球交流方面的巨大作用等，备受关注。近年来，伴随传播技术对于信息深度全球化的推进，人类全球性交往日益频繁，日常化的交流倍增，在一定程度上消解着传统奥运传播的仪式性。2008年北京奥运会，是观察中国与世界交流的一个重要节点。在此之后，中国承接的各种国际赛事日益增加。2015年，中国再次取得2022年冬季奥运会举办权。

当前，中国与世界的关系正在经历着深刻调整，我国国民心态日趋自信、主体性不断增强。在这一背景下，我们应当赋予奥运传播何种历史使命？以什么样的心态面对世界友人？奥运传播中如何处理好传统大众传播模式与社会化

传播模式的关系？就上述问题，中国传媒大学"新时代中国国际传播实践问题与本土化理论创新研究"课题组、中国外文局当代中国与世界研究院联合中国人民大学新闻学院组织专家进行了讨论。

## 作为传播场域

**张毓强：**回到历史的场景中，足够的交流与沟通是解决人类不同群体之间问题的重要方式。前现代性的人类交流与大规模的具身性交流活动密切相关。奥运本身不但是一个竞技场域，更多是交流场域。人们在这一场域中彼此认知，互相学习，追求沟通基础上的相互理解。现代民族国家产生后，大规模的体育赛事活动被赋予了更多的政治性交流价值。新的信息传播技术在一定程度上同时强化和消解着这种场域传播的力量和价值。

**杜友君：**现代奥运会是国家对外传播的重要途径。第一，身体竞技背后蕴含着不同国家之间经济、科技、文化，甚至是政治层面的竞争；第二，奥运会作为国际体育界规模、影响力最大的舞台，任何与之相关的个体和组织都是在展示国家和民族的形象；第三，奥运会是和平时期的国际对话平台，是复杂利益的角力场，奥运会能够反映出国家对待问题的态度。这其中既有历史的映射，也有现实的纷争。

**郭晴：**19世纪末，欧洲国际争端加剧，战争危机日益加重，被称为"奥林匹克之父"的顾拜旦萌发了通过借鉴古代奥运会"神圣休战"的和平理想来促进世界和平的构想，将各国青年定期聚集起来，让他们在体育比赛中增进了解，消除偏见和误解，这是被称为"竞赛世界语"的奥运会的起源。现代奥林匹克运动从诞生之日始，即履行了其增进不同国家、不同民族的了解及互信的功能，成为各国进行体育竞赛和文化交流的舞台。对不同语言、不同文化、不同意识形态的参赛国而言，认同奥林匹克精神，遵守同样的竞赛规则就会赋予他们"奥林匹克大家庭成员"的角色，这使不同背景、不同信仰或者存在分歧的国家和地区暂时放弃异见和冲突，成为共同的家庭成员，这是奥林匹克运动在促进国家与世界交往方面所发挥的最了不起的作用。

奥林匹克运动不仅仅是体育比赛，它还是一个促进文化交流与互鉴的舞台，举办城市通过承办奥运会，传播"和平、友谊、公平、平等"等具有公共价值的奥林匹克精神，促进奥运会的举办城市和国家融入全球化的世界。此外，作为全球最大的媒介事件，奥运会具有超凡的凝聚力和影响力。在媒体的参与、安排与渲染之下，奥运会变成全球电视观众的节日，通过媒介转播，奥运会唤起了观众的共同情感和集体记忆，表现出对一国、数国乃至全球的"征服"效应。因此，对奥运会的参与者，特别是举办国而言，参与和举办奥运会是展现社会发展和民族文化的绝佳时机，是树立和传播国家形象、民族气质的绝佳时机。

**魏伟：**在现代奥运会100多年的发展史上，奥运传播毫无疑问成为国际传播领域的重要范畴。历史证明，凡在重视奥运传播的国际奥委会主席任内，奥运的发展就会呈现出壮观景象，反之则停滞不前。值得注意的是，近80年来，一些重要的媒体新技术的试用几乎都会选择以奥运会为载体。奥运传播成为新兴媒体的重要舞台，如1936年柏林奥运会的电视转播，1964年东京奥运会的卫星直播、彩色电视转播，1996年亚特兰大奥运会期间的网络报道，等等。奥运媒介化趋势的日益明显让奥运会的举办城市、比赛项目、赛事规则等发生了深刻变化。由奥运会带来的基础设施、社会发展以及民众文化素养的提升更是不可估量。今天，来自电视媒体的赛事转播权收益占奥运举办城市和国际奥运会收入来源的一半。奥运会上的竞技成绩更是成为主办国与参赛国展示自己软实力、硬实力和巧实力等综合实力的重要舞台。对于一个东方国家而言，本土文化与源自西方的奥林匹克文化的成功结合所带来的深远影响是不可估量的。

## 新时代、新奥运

**张毓强：** 基于中国学者的问题意识自觉，我们谈论奥运传播话题时习惯于将中国作为问题的出发点和立足点。过去10年，中国与世界的关系在人类"百年未有之大变局"的背景下，不断调适，深刻调整。因此，2022年的北京冬奥会面对的是全新的"中国的世界"和"世界的中国"。基于新的传播形态和传播关系的考量，"新奥运、新传播"应该纳入我们讨论的范畴。这种"新"，在本质意义上意味着主体客体的关系调整，在实践意义上，则是对奥运传播仪式性意义和价值的再思考。

**魏伟：** 与2008年北京奥运会时期相比，中国的国际关系发展面临着严峻挑战。彼时，以美国为首的西方国家将主要精力投入于反恐战争，并没有充足的精力、人力和物力来挑战与他们存在显著价值观差异的文明。时至今日，中国经济已经稳居世界第二，国际影响力大幅提升。以美国为首的西方国家近年来已逐渐开始强化与中国之间的竞争和对抗，将西方主导的"民主""自由""人权"和个人主义与体育捆绑，肆意歪曲和丑化举国体制、集体主义和中国竞技体育所取得的成绩，利用既有的国际体育话语权来压制中国体育应有的国际地位。

这一系列变化意味着，2022年北京冬奥会和冬残奥会所面临的传播环境已经有所变化。如果说2008年北京奥运会的国际传播环境大体良好，诸如开闭幕式等局部获得了巨大成功，展示了新中国新形象的话，那么，2022年北京冬奥会的传播可能将面临前所未有的压力。这是不以我们的主观意志为转移的。

**郭晴：** 我认为，这种"新"，在中美关系上可以看出一种重要趋势。赵明昊在《美国竞争性对华战略论析》（《现代国际关系》2019年第10期）一文中指出，1979年中美正式建交以来，美国历届政府总体上延续了"接触+防范"或曰"对冲性接触"的对华战略。然而，特朗普政府上台以来，显著、持续调整美国对华战略，从经贸关系、地区安全、国际机制、意识形态、信息舆论等多方面对中国加大施压，将"大国竞争"作为此番战略调整的主基调。应该看到，美国政策界对中国的战略定位、威胁认知、策略手段等正呈现冷战结束以来乃至中美正式建交以来最为深刻的变化，在对华强硬的总体取向上具有较强的两党共识和府会共识基础。在特朗普政府的直接推动下，一种明显区别于"接触+防范"战略的竞争性对华战略正加速形成。我们应考虑这种"新"关系对奥运传播的影响。

**杜友君：**从体育对外传播的视角考量，2008年北京奥运会，中国完成了对近百年前"奥运三问"的最终诠释，金牌榜第一位也让国人的体育观念发生了本质性变革。如果说2008年之前中国体育传播的主体是用金牌摘掉"东亚病夫"的帽子，展示大国崛起形象的话，那么在2008年之后，中国体育对外传播的重心应该从"认知"转为"认可"，让中国的文化和思想，以及中国处理国际关系的态度和行为，得到更多国家的理解和支持。

## 新奥运、新传播

**张毓强：**传播环境以及相应的媒介环境，是我们考虑新时代奥运传播的重要基点。单纯的口头传播、印刷文字、静态图像传播的时代已经一去不复返。涉及重大仪式性活动的最直观的方式是无时间间隔的直播辅以极端多元化主体的碎片式传播。新传播环境当然是我们考虑奥运传播的重要方面。

**魏伟：**随着新兴媒体的迅猛发展，奥运传播技术的更新迭代周期从20世纪90年代之前的10年变为21世纪初的4年。进入21世纪第一个10年以后，每两年一届的冬奥会和夏奥会都在不断更新换代。2010年温哥华冬奥会是首届真正意义上的"第二屏幕"奥运会；2012年伦敦奥运会实现了真正的全数字化；2014年索契冬奥会被称为"社交媒体"奥运会；2016年里约奥运会前夕奥林匹克频道的推出具有划时代的意义；2018年平昌冬奥会首次实现了5G技术和虚拟现实（VR）、增强现实技术（AR）转播；2020年东京奥运会将首次实现真正意义上的8K转播。如此快速的发展给2022年北京冬奥会带来了巨大机遇和挑战。

从2022年北京冬奥会目前的媒介运行环境来讲，可以写入奥运传播遗产的很可能是基于云计算、5G、大数据、人工智能等技术的"云上转播"，这种被誉为"史上最富创新性"的转播技术依托阿里云，从2020年东京奥运会开始试运行，到2022年北京冬奥会时技术会趋于成熟，它解决了转播团队设备复杂、前期投入巨大的问题，在云上就可以实现奥运赛事的高画质、低成本转播。

国际奥委会主席托马斯·巴赫2018年9月送给联合国的奥运五环，
象征"体育促进和平"，摄于纽约联合国总部花园（摄影　肖沌）

此外，与2008年北京奥运会传播的另一个不同之处在于，那时的社交媒体尚不发达，用户生成内容（UGC）生产模式并不普及。今天，几乎每一个与奥运会直接接触的个体都可能成为奥运新闻的生产者。西方社交媒体上"中国声音"的被屏蔽可能成为国内主流媒体不得不面对的现实，采用何种方式应对，亟须强大的"中国智慧"发挥作用。

**杜友君：**信息技术带来了奥运传播的四大变革：一是语态变革。从里约奥运会开始，中国体育传播在经历了长期的"新华语态"之后已经开始向多元化发展。二是渠道多元。自媒体的崛起让奥运传播更为复杂、离散性更强，这对于新媒介管理是一个不小的挑战，也对传统媒体、主流媒体在内容深度、解读能力等方面提出了更高的要求。三是娱乐化态势加剧。当国民逐渐走出举国体制和唯金牌论的惯性思维时，体育的娱乐功能不断展现，体育综艺的盛行也让受众对于奥运的审美取向发生了变化。四是碎片化态势加剧。奥运传播的典型特征是受众分层相对明显，不稳定受众能够依托奥运消除特定时期的社会隔阂，但是边缘受众客观存在理解力不足的劣势，直接导致了媒体内容的快餐化。

**郭晴：** 各国在奥运传播上的竞争就是媒介技术的竞争，媒介技术上的每一次新革新、新变化都会在奥运报道中广泛运用，如《华盛顿邮报》将机器人写作应用到了里约奥运会的传播中，美国全国广播公司（NBC）购买了VR版权并与三星集团进行了独家合作，针对里约奥运会推出了85小时的VR节目，包括奥运会开幕式和闭幕式，男子篮球、体操、田径比赛、沙滩排球、跳水、拳击和击剑等项目的精彩片段。2019年被称为5G元年，互联网与社会深度融合，助推社会从"互联网+"向"智能+"转变。《新媒体蓝皮书：中国新媒体发展报告NO. 9（2018）》指出，建立在专业媒体、人工智能、云计算和大数据等基础上，新技术已经从概念走向实践，并逐渐迈向智媒化阶段，媒介界限变得模糊。国家、社会、个人和互联网捆绑。互联网技术激发了各种资源，也引发了各种力量的博弈：自由与监管、分享与隐私、真相与谣言、情感与理性……上述变化均会影响各国奥运传播的理念、形式和手段。

**张毓强：** 北京冬奥会举办的2022年前后，对于中国本身而言，正在经历着史无前例的重大变化。我们在2020年将全面脱贫，2021年是中国共产党建党100周年。中国自身的变化在很大程度上将会引发国际社会其他族群对于中国的新期待，相信大家对于中国也会更加熟悉并持续加深理解。2022年北京冬奥会，我们是否还要或者还需要如2008年奥运会那样，赋予奥运会这样一场人类群体性的仪式性活动一些似乎是无法取代的意义和责任？是否需要以一个更加平和的心态面对这场活动？

**杜友君：** 对于冬奥会的期待有两点：一方面，如何借助传播冬奥会的契机普及冰雪项目，冰雪项目作为中国体育的小众项目，其关注度和支持度远不及足球、篮球，冬奥传播最重要的一点就是让冰雪项目"火"起来，进而带动东北地区的文化发展和经济繁荣；另一方面，如何让冬奥传播出新、出彩、不出错，无论如何，冬季奥运会的影响力远不及夏季奥运会，"2022"的意义更不能与"2008"相提并论，这就为冬奥传播增添了难度。反之，在国民体育观念和体育传播环境都在变革的情况下，如果仍然采用2008年奥运传播的老套路，很可能会适得其反，遭到舆论的批评。

**郭晴：**对冬奥会传播的期待可以分为几个层面：一是在赛事传播和新闻报道的技术层面；二是中国借助冬奥会实施的对外宣传策略；三是作为主办方对冬奥会形象传播的定位；四是报道冬奥会的媒体记者的期待。

在技术上，冬奥会将再次成为媒介技术盛宴。"ICT奥运会"会作为冬奥会的五大目标之一，信息通信技术（ICT）主要涵盖五方面内容：5G移动通信、人工智能、物联网、超高清电视直播和虚拟现实。而人工智能、虚拟现实直播、智能语音、增强现实、5G/4K/8K等新媒体技术纷纷登场，会在奥运会新闻报道方面实现创新。人—内容—物之间基于场景的连接成为关键，人本逻辑进一步凸显。

对中国外宣工作而言，信息全球化使中国已经没有内宣与外宣之分。中国的对内对外宣传不需要强化政治上的强国形象和金牌大国形象。期待北京冬奥会是一个包含宽容、开放、充满乐趣等元素的体育嘉年华。

**魏伟：**2022年北京冬奥会传播无法跳出今日世界之形势。我们无法期待它会彻底扭转近年来东西方世界价值体系日渐对立的格局和单边主义、大国沙文主义日益横行的基本现状。在把握传统的奥运宏大叙事的同时，我们需要兼顾富有人文主义色彩的中微观叙事，要"求同存异"、巩固老朋友、结交新朋友，积极扩大影响力，"积小胜为大胜"。有了2008年北京奥运传播的成功经验，我们不必冀望2022年北京冬奥会的国际传播会再有质的飞跃，但我们可以更加注重传播细节，在可能会出现跨文化传播障碍甚至壁垒的时候做到张弛有度、收放自如。

## 延伸再及

**杜友君**：我认为，新时代的奥运传播最关键的是在求变的过程中求稳，求变是当中国失去了1908年"奥运三问"的动力、国民失去了以往的热度和热情之时，如何能够找到更为创新的点来诠释奥运对于中国的意义，虽然这个意义很难比肩"奥运三问"，但是应该更具时代特点和针对性；另外，奥运历史上出现过宣扬国力、宣扬种族主义的错误案例。目前着实没有必要再去奢求复刻2008年北京奥运会的盛景，不论是媒体事业还是体育产业都应该有更为清醒的认识，奥运传播在求变的同时也要求稳，我们所寻找的奥运传播的意义不能是极端、片面的。

**魏伟**：随着时代的发展、科技的进步和观念的更新，与2008年北京奥运传播相比，新时代奥运传播在理念、格局、内涵、外延以及意义上都有显著不同。新时代奥运传播更加注重"两条腿走路"。主流媒体的主流声音不能缺席，形式上要更加与时代接轨，在社交媒体、短视频媒体上发出响亮的声音。对外传播时要注重策略，积极利用对中国友好且有着较大影响力的国际知名运动员、教练员、裁判员、官员、媒体工作者发声，让越来越多有着国际面孔的中国籍运动员在不同平台上发声，在潜移默化中改变西方世界对中国体育形象的成见。

（本文发表于2020年2月，略有删改。）

# 嵌入与弥合：五年来的中国与世界沟通

张毓强　中国传媒大学教授、武汉大学媒体发展研究中心研究员

潘璟玲　中国传媒大学传播研究院2020级传播学博士研究生

讨论人：

唐润华　大连外国语大学特聘教授、中华文化海外传播研究中心首席研究员

张毓强　中国传媒大学教授、武汉大学媒体发展研究中心研究员

姬德强　中国传媒大学教授、人类命运共同体研究院副院长

刘　俊　中国传媒大学副研究员

刘　滢　北京外国语大学国际新闻与传播学院副教授

李　宇　中央广播电视总台国际传播规划局主任编辑、博士

王洪波　当代中国与世界研究院副研究员、中国传媒大学传播研究院博士研究生

尚京华　中国传媒大学电视学院讲师、传播研究院博士研究生

如何看待中国与世界的沟通样态、姿态、效果，在充分自觉自醒、坚定自信的基础上，建构起中国与世界的良性互动关系是我们当前的重要关切。当前世界环境的变化与中国内在发展机理被概括为两个大局——中华民族伟大复兴战略全局和世界百年未有之大变局。复兴是纵向的历史逻辑，基于对中国自身的判断与认知；世界大变局则是一个符合逻辑、基于国际政治局势与文明发展

态势的判断与认知。

鉴于当前中国逐渐走近世界舞台中心的现实，我们需要基于中国国内政治社会发展逻辑看待中外交流沟通现实，也需要从这样一个逻辑出发看待我们与世界的过去和未来。2020年是全面建成小康社会和"十三五"规划收官之年，在过去五年中，中国与世界交流的广度、深度空前提高，但这似乎并未带来更多理想意义上的理解与认同，仍存在不解、冲突甚至抹黑对立。

那么究竟在何种意义上评价过去五年以来我们在国际传播能力建设、讲好中国故事方面的努力？对这种努力的结果我们应该有一个怎样的期待？就以上问题，中国传媒大学"新时代中国国际传播实践问题与本土化理论创新研究"课题组联合中国外文局当代中国与世界研究院组织专家进行了讨论。

## 中国与世界的互嵌

**张毓强**：过去五年中国政府、媒体以及民间在与世界的沟通和交流中，作出了何种努力？

从历史经验层面来看，我们这个国家和民族曾经有一段时间似乎并不善于、愿意与世界沟通。这一状况在20世纪80年代发生了根本改变。而近五年，更是呈现出与世界沟通的强烈愿望并付诸行动。这种沟通的特点是：我们总体上在按照"中国节奏"并以"中国方式"和"中国逻辑"展开。所以，从实践的视角看，我更愿意从中国自身的发展节点上去理解大家都关心的效果问题。

从表面看，沟通实践的强化包括内容生产、传播渠道的强化，信息流量的增加以及多元性形态的形成，并在传统大众传播思维下形成了看似的一种悖论——关注度的提高并未在根本意义上改变其他族群对中国的认知，甚至出现所谓的"倒退"。然而，在学理意义上，理想的沟通模式不但伴随着沟通技术环境的变化而不断变化，而且信息量的增加并不必然带来形象的改变，而是仅仅提供了某种变化的可能。

从传播的意义上来说，信息的存有是一个变化的前提。在过去五年中，在国际传播能力建设的推动下，至少这一问题得到了基本解决。个人认为现在很多人认为的效果不佳问题应是一个必经的过程。接下来的问题，是如何在真正沟通逻辑上处理好主体性真实也就是"知"，与主体性建构也就是"行"的关系问题。

**唐润华**：过去五年中国政府对加强对外交流（国际传播）高度重视，高层的众多重要讲话、重要会议和重要文件不但反复强调对外交流的意义，而且不断重申和明确对外交流的战略目标、基本原则和实施路径，国家为此也投入了巨大的资源。总体上来讲，中国各个层级和领域的对外交流意识明显增强，媒体的国际传播硬实力得到了大幅提升，随之而来的是中国在国际上获得了前所未有的关注。但在变动不居的国际形势、传播生态和错综复杂的国际舆论环境下，我们在对外交流中的投入产出比还比较低。

**刘俊**：一是国际传播的主体，从"自塑"（自己说自己好）逐渐有效地增加了"华人塑"和"他塑"的方式。拍摄中国话题影视作品（特别是纪录片）的海外华人和海外人士逐渐增多，此类作品更能确保海外播出。影视作品的合拍也取得类似的成效。二是我们的对外传播意愿，无论是官方还是民间，在总体上依然保持了真诚的出发点，友善地希望海外了解中国，希望中外在彼此了解的基础上进行国际交流，而非意在输出价值理念。三是中国形象、中国价值、中国文化的对外传播问题，已经从相关领域的政界、学界、业界急切关注的话题走向"破圈"，吸纳进多维度的圈层、领域乃至更大范围意义上的普通人，逐渐开始全民关注中国的国际传播能力和成效。

**姬德强**：过去的五年见证了国际传播格局的深刻调整和中国传播主体性的日渐提升。政府层面，更精准的对外传播政策得到了进一步巩固：如何知人知己，如何精准施策，如何动员多元传播主体，如何评估多维传播效果，如何有效应对和积极参与国际舆论斗争，都在讲好中国故事的框架内得到了切实贯彻。媒体层面，各级媒体在复杂多变的全球传播生态中实现了进一步"走出去"，在国际传播和跨文化交流中实现了思维和实践的多方历练，借助互联网平台有效扩大了中国故事的声量，也在很大程度上尝试着用全球本土化的方式，从讲好中国故事转向讲好世界和地方故事的新角色。民间交往是增量最大的一个领域，包含线下和线上两个层面。线下的交往以每年数以亿次的人员出入境规模为主体，以商贸、科技、教育、文化等为内容，显著提升了跨文化交往的量级，努力克服着文化差异，实现着民心相通。线上的交往主要依托以社交媒体为代表的大型互联网平台，以脱域和超域的方式参与着全球网络社群的构建，形成了具有高度能动性的中外网民表达和交往的新场域。

简而言之，"十三五"期间，中国与世界的沟通方式变得更加立体，主体和样态也更为多元，与一个经济快速发展同时又不断调整自身以更好适应和回应全球化新阶段的大国地位是相匹配的。除此之外，中国所面临的国际舆论环境也日渐复杂，需要以更加冷静的态度、更加复杂的思维和更加包容的胸襟来应对。

**李宇**：随着综合国力稳步提升，中国全方位强化了同世界的沟通与交流。在国家层面上，过去几年中国外交展现出了前所未有的自信与活力，尤以元首外交的宏大气势和主场外交的超强气场最为值得关注。在媒体层面，中央对于宣传布局和媒体发展进行了优化调整；在民间层面，中国通过全面深化改革开放等相关政策措施，在旅游、教育、商务等方面有效促进了中外交流和交往。总体而言，中国与世界的沟通和交流在提质升级，这与中国全面深化改革开放的发展方向密切相关，也反映了中国日益走近世界舞台中央的客观需要。

**王洪波**：在中国与世界的沟通和交流进程中，过去五年是一个特殊的历史阶段。2015年发生的两件大事，给中国与世界关系发生的历史性变化增加了新的注解。这一年，党的十八届五中全会通过了"十三五"规划建议，中国提出进一步加强国际传播能力建设和中外人文交流力度，以更加自信的姿态加快走近世界舞台中央；与此同时，在大洋彼岸，美国著名的知华派学者兰普顿提出"中美关系处于临界点"的论断，美国各界对于长期以来的对华"接触"政策进行了一场空前的大辩论，战略竞争对手逐渐成为美国社会对华认知的一致共识。在中国自信和西方警惕同时提升的时代背景下，我国"走出去"的力度持续加强，在媒体传播、对外出版、人文交流、智库外宣等领域全面发力。中国希望加深与世界的互动，提升国际社会对我国的认知和理解。我们的各项举措确实收到了实实在在的效果，外界更多看到了中国的真实性、立体性、全面性，看到了中国理念、中国道路的独特性和有效性。但不可否认的是，国际社会对中国的误解、误读也在随之增多，国际社会特别是西方国家对中国战略走向的疑虑并未明显减轻，中国与世界的关系仍处在不断调适之中。

**刘滢：**过去五年里，中国本身成为一个关键词，被国际社会高度关注。作为国际传播的不同主体，政府、媒体、民间机构和个人在与世界的沟通和交流中付出了诸多努力。中国政府展示出了积极、主动与世界沟通的开放姿态，并且把全球性议题、相关国家的利益、中国对世界的贡献等作为考虑的核心因素，比起过去"以我为主"的对外传播思维方式是一个巨大的进步。媒体有意识地践行"对话新闻学"理念，在内容上尝试通过原生态的报道讲述中国故事；在形式上更多地运用对话的方式，添加更多的背景和解释；在渠道上主动选择国际受众使用广泛、便于互动的海外社交媒体平台，《人民日报》、新华社、中国国际电视台、《中国日报》等对外传播媒体取得了一些可圈可点的传播成效。当然，由于种种原因，当前社交媒体国际传播遭遇了一些阻力，亟待突破重围。在民间舆论场上，同样得益于信息传播技术的革新，跨文化的交流更加丰富和普遍，中国自媒体用户中涌现出一批自觉传播中华优秀传统文化的意见领袖，在与世界的对话中发挥了积极作用。

**尚京华：**从习近平总书记2013年提出"要精心做好对外宣传工作，创新对外宣传方式，着力打造融通中外的新概念、新范畴、新表述，讲好中国故事，传播好中国声音"以来，中国政府、媒体以及民间各司其职，共同为实现这一目标而努力。在政府层面，习近平主席每一次出访，都会在讲话中讲中国道路、中国梦和中国和平发展的理念，也会在到访国家的媒体上发表署名文章。中国各级对外部门，也围绕这一中心，做着宣传和解释工作。在气候变化、互联网治理等全球事务方面，中国也努力提出中国方案，传播"人类命运共同体"理念，体现了大国风度和大国担当。在媒体层面，中央以及地方各级媒体，在做好中国新闻对外报道的同时，也借着"一带一路"的报道，传播中国合作共赢的理念，做好内外沟通交流工作。我注意到中国官方媒体近年来非常重视海外社交媒体的信息传播，及时拥抱新媒体技术，利用新媒体传播渠道扩大中国的声音。而中国民间，利用与外国的合作和互访等机会，努力展现现代中国的建设成就和精神风貌，在公共外交领域讲述中国故事。应该说，这一系列传播和沟通，起到了良好效果。即使在西方媒体持续不断的负面报道和政治打压下，我们依然取得了大多数国家的理解和信任，为中国的改革开放创造了良好的国际环境。

## 问题意识与实践逻辑的弥合

**张毓强**：建构国家形象、讲好中国故事等国际传播实践的基本问题意识是什么？这种问题意识产生的原因是什么？我们所作努力的效果如何？

基于问题意识展开对于实践的概括与分析，是我们理解国际传播问题的起点。也就是说，无论战略实践还是具体的媒体实践，都应该聚焦于一个特定的问题并试图解决它。党的十一届三中全会作出把党的工作重心转移到经济建设上来的决策。所以，国际传播的基本问题就是为国家的核心工作构建一个良好的国际舆论环境。而近五年以来，国际传播的战略目的性在向着主体性建设方向迅速转向。一位优秀的国际传播一线实践工作者告诉我，他认为在国际传播实践中应该做到"对话不对立，友好不讨好，亲和不迎合"，这是一种基于经验得来的逻辑。但是其中隐含着另外一种话语意味，也就是说，在很长一段时间里，基于对西方中心主义的"对立、讨好、迎合"曾经影响着我们对于问题意识的思考。当在国家统筹下的沟通行为在一定程度上完成了其历史使命后，我们究竟应该如何面对世界？

有三个基本特征标明了五年以来较为明晰的转向：其一是国内国际逻辑的趋于一致。这之前曾经被称为"统筹国内国际两个宣传大局"。其实，在实践意义上，国内的意识形态需求统辖了整个国际传播实践，并在极为深刻意义上影响着实践的进展。这恰恰与之前"内外有别"逻辑和单向性的面向国际的逻辑反向而行，是另外一个方向意义上的国际国内逻辑弥合，是回到自身。其二是斗争性沟通样态的回归。这在真正意义上回到了党和国家较为熟悉的路径上，并在这样一个新时代有了新的描述话语和样态呈现。其三是基于极其复杂多元的国情特征，我们仍然无法解决用"三贴近"的话语准确描述我们自己的国家和民族的问题。多种原因带来的理解中国的惰性成为国际传播实践障碍，其内在机理是高速发展与总结反思之间形成了某种张力关系。

在这种弥合与转向中，我们需要进一步思考究竟应该以何种国家和民族的心态展开国际传播实践，而对国际传播或者全球沟通的结果又报以何种期待？

**唐润华**：无论是国家形象建构，还是讲好中国故事，其隐含的基本问题意识都是如何超越意识形态藩篱让世界对中国的了解更加准确、全面和立体。在当今信息技术飞速发展的条件下，影响国与国之间相互交流和认知的物质屏障基本上已经消融，但意识形态差异的影响却日益突出，这一点在新冠肺炎疫情暴发后，尤其是美国大选以来的国际形势发展中更为凸显。在这种情况下，国际传播话语实际上面临两难境地：一方面，技术逻辑需要我们在对外交流中超越意识形态，让中国故事、中国形象能被不同意识形态国家的公众所认知和认同；另一方面，政治逻辑提醒我们不同政治制度之间的意识形态差异不可避免，需要从国家利益、国家安全方面认识意识形态的重要性。如何把握和调理好话语的意识形态色彩，是中国国际传播面临的一道难题，也是中国和世界交流遇到的主要问题。

**姬德强：** 国际传播话语的基本问题意识是如何打造共意，用葛兰西的话来说，就是如何塑造文化领导权。长期以来，我们以单向、线性的传播观来看待中国与世界的交往，并在中外、东西、传统与现代、落后与先进等的二元对立框架中形成了过度以自我为中心的进化论式、发展主义的对外传播话语。在国际传播范式主导的时代，这一传播观有一定适用性，至少保证了中国以独立自主的话语取得国际政治地位，以经济发展的话语获得国际社会认同。但在一个全球传播的新时代，共意的形成机制发生变化，超越民族国家的多元话语主体正在解构主流的国际传播范式：一方面，发展主义依然有效但面临政治意识形态分裂和文化偏见盛行的扭曲；另一方面，反宏大叙事、去政治化的日常生活话语正在上升为全球传播的新常态。面对这一新局面，中国故事的讲述往往陷入发展主义的宏大叙事里，无法下探到分裂而流动的轻量化叙事语态中，造成了中国故事的讲述者、聆听者和再编织者之间的议程不匹配的状况，阻碍着共讲中国故事新目标的达成。

**李宇：** 长期以来，中国国家形象建构、讲好中国故事等国际传播实践的基本问题意识是促进世界对中国的准确、深度、全面了解。这些意识产生主要基于两方面原因：一是中国经历改革开放40多年的发展，在多个领域取得了举世瞩目的成就，希望能及时更新世界的认知；二是中国希望在舆论斗争中有效应对西方和敌对势力的刻意抹黑和攻击，在国际舆论场中能有效澄清谬误。基于这些目标，中国全面加大了国际传播能力建设，努力提升对外言说的能力和成效。

**王洪波：** 我们建构国家形象、讲好中国故事的主要目的是解决在国际上的"挨骂"问题。习近平总书记指出："落后就要挨打，贫穷就要挨饿，失语就要挨骂。形象地讲，长期以来，我们党带领人民就是要不断解决'挨打'、'挨饿'、'挨骂'这三大问题。经过几代人不懈奋斗，前两个问题基本得到解决，但'挨骂'问题还没有得到根本解决。争取国际话语权是我们必须解决好的一个重大问题。"长期以来，国际舆论格局一直是"西强我弱"，西方国家掌握着国际话语的主导权，中国在国际上时常处于"有理说不出、说了传不开"的境地，我国的国家形象在很大程度上仍是"他塑"而非"自塑"。我国相对有限的国际话语权与世界第二大经济体的国际地位形成了较大落差，长期如此，将不利于中华民族伟大复兴的实现，不利于人类命运共同体的构建。为此，我们明确提出讲好中国故事，着力提升国际话语权和国家文化软实力，重点展示中国的文明大国形象、东方大国形象、负责任大国形象、社会主义大国形象。在我国的不懈努力下，近年来，中国国家形象得到明显提升。其中，发展中国家对中国好感度较高，并呈现持续上升趋势；而发达国家对中国形象自2018年以来持续下降。发展中国家和发达国家对我国国家形象出现的认知反差，凸显了我国在对发达国家的传播方面所遇到的一些困境，中国国家形象的提升并非一日之功，而是一项长期性、系统性和具有艰巨性的任务。

**刘俊：**近年来我们一直在挖掘中国形象国际传播过程中的顽疾和病症，例如我们发现需要极力弱化带有官方和意识形态色彩的单方倾诉，例如我们发现不讲能为世界人民理解的故事是几乎绝然无效的传播，例如我们发现需要尽全力拓展以媒介融合的方式进行渠道布局，等等。但"发展中国家"树立良好的全球形象、实现良好的国际传播成效，这在全球都是难题；而且面对他国对己国的传播，全球几乎没有不设置国别、偏见、意识形态壁垒的国家和地区，这不仅是中国遇到的困难，全球其他国家哪怕是发达国家在进行国际传播时也会遇到类似问题。

纵观当前国际传播领域的大国强国，基本都是发达国家占据政治资源、经济资源、传媒资源优势而达成的，且是在较早的时期就形成的。政治、经济实力强大与这些实力落后的国家之间，形成了一条"传播鸿沟"，这条鸿沟是实力落后的国家纵然在顶层设计上重视也难以填平的，发展的滞后效应在国际传播问题上几乎不起作用，更可见这个问题的重要性。

**刘滢：**国际传播领域有一个非常重要的概念是"信息流动"。之所以提出国家形象建构、讲好中国故事等议题，根本原因是世界范围内信息流动不平衡，来自西方发达国家的信息大量涌入发展中国家，而来自发展中国家的信息不能平等地向发达国家流动，这就造成了"西强我弱"的国际舆论格局，国际受众对发展中国家（包括中国）的印象是由发达国家媒体所定义的。这要追溯到1870年英国路透社、法国哈瓦斯通讯社、德国沃尔夫通讯社签订的"联环同盟"协议，后来美国的纽约联合新闻社（美联社的前身）也加入进来，因此也称"三社四边协定"。由此，西方通讯社瓜分了世界信息传播的势力范围，垄断了世界新闻市场。随着发展中国家国际地位的提升和传媒业的发展，这种局面有所好转，但是信息流动的态势仍然没有发生根本改变。

讲好中国故事的本义是使来自以中国为代表的发展中国家的信息"反向流动"到西方发达国家，促进全球信息的平衡流动。但是，伴随中国经济实力的增长，提升中国国家形象的努力使美英等一些国家的精英阶层感到焦虑，于是，他们炮制了"锐实力"（sharp power）的概念对中国横加指责，同时遭到不公待遇的还包括俄罗斯等国。

**尚京华：**国家形象是在20世纪90年代成为一个中国国际传播的热点问题的，伴随这一概念出现的国家形象构建，所回应的基本问题是1989年后西方媒体对中国形成的一道负面报道的"铁幕"。中国意识到对外开放并不仅仅是与外国进行经贸合作这么简单，当中国的事务被西方媒体用自己的意识形态框架进行讲述时，他们所构建出来的负面中国形象将最终影响中国对外开放的努力，影响中国融入国际社会的进程。在这种背景下，国家形象建构便被作为一个问题提出来，以回应当时现实的需要。

1989年之后，中国抵挡住了各方压力，坚持走有中国特色的社会主义道路，用改革开放第二和第三个十年，发展了中国经济，凝聚了政治共识，显示了中国道路的力量。中国取得的成就令世界瞩目，引起了世界对中国道路的兴趣，同时也增强了中国的"四个自信"。在这种情况下，讲好中国故事作为对外传播的指导思想被提出来，以回应对外解释和宣传中国道路的需求。

从国家形象构建到讲好中国故事的转变，体现的是中国综合国力增强、国际地位不断提升的事实，以及中国面对不断变化的国内国际形势，不断调整内外政策的努力。应该说，在国际形象构建问题提出以后，中国围绕这个问题，作出了一系列努力。国务院新闻办公室原主任曾建徽曾经用"融冰、架桥与突围"来总结1989年至1997年间中国的对外宣传工作。中国外宣媒体和机构，用八年的时间扭转了不利的国际舆论，再次为中国在国际社会赢得了声誉。讲好中国故事提出后，中国政府、媒体和民间在这一思想的指导下，开创了国际传播的新局面。

（本文发表于2020年12月，略有删改。）

# 转文化传播：中华文化"走出去"的升级新可能

## ——基于《功夫熊猫》《花木兰》等案例的讨论

刘　滢　北京外国语大学国际新闻与传播学院副院长、副教授

张毓强　中国传媒大学教授

**讨论人：**

史安斌　清华大学新闻与传播学院副院长、教授、爱泼斯坦对外传播研究
　　　　中心执行主任

肖　珺　武汉大学媒体发展研究中心研究员、教授

刘　滢　北京外国语大学国际新闻与传播学院副院长、副教授

盛　阳　国际关系学院文化与传播系讲师

2020年，美国华特·迪士尼影片公司出品的真人版《花木兰》电影在全球热映，该片根据迪士尼1998年出品的同名动画片改编，除了演员是中国人，编剧和导演都是外国人。近几年一直广受欢迎的《功夫熊猫》系列动画电影与之类似，取材于中国传统文化和中国特色元素，却由外国编辑和导演创作。

既有的跨文化传播理论中的"全球本土化"概念在解释这一新的"文化杂糅"现象时明显乏力，因为它并非是大型跨国传媒集团针对全球各地市场对自有文化进行的本土化适应和改造，与此前的"迪士尼化""可口可乐化""麦当劳化"有本质不同。究其实质，是对本土文化的一种重构和再造。

那么从全球文化传播、国际文化传播与交流的视角如何看待这种现象？而以此为思考基点，既有的跨文化传播理论与实践存在哪些局限？我们是否可以进行"转文化传播"，也就是说，通过媒体对文化的"增稠"或"稀释"，使不同文化中的主体及不同文化体系得以交流和互鉴，从而形成一种超越疆域的融合文化或第三文化，这一理论是否可以作为理解这一现象的基础？在新全球化时代和新传播生态环境下，强调从"跨"到"转"是否可以为中华文化"走出去"开辟一条全新路径？就以上问题，中国传媒大学"新时代中国国际传播实践问题与本土化理论创新研究"课题组联合中国外文局当代中国与世界研究院、清华大学伊斯雷尔·爱泼斯坦对外传播研究中心组织专家进行了讨论。

## 增稠、稀释与杂糅

**史安斌：**这些媒体文本中的"文化杂糅"是非常明显的。从生产者的角度而言，利益最大化的动机使这些媒体文本的生产者更倾向于寻找能够跨越单一文化语境的素材，以便实现它在不同市场的落地；从消费者的角度而言，他们也更倾向于消费具有更明显文化接近性的媒介产品。从这个角度来说，全球化语境下的媒介文化生产将不可避免地走向更加深入的"文化杂糅"。特别是媒介技术的发展和全球化的深入，使得传统意义上因为技术和地缘区隔开来的本土文化已经失去了它存在的土壤。数字媒体时代的媒介文化必然是杂糅的。

在"文化杂糅"的过程中，文化的稀释与增稠是不可避免的。但更为重要的是我们需要关注"文化杂糅"中谁被稀释了，谁被增稠了。例如，一些对《花木兰》的批评就很清晰地指出，好莱坞借用"木兰"这个文化符号的创作完全抽空了这个角色在中国古典文化中以家国情怀为代表的精神内核。类似的批评也见诸前些年对《功夫熊猫》的评论中。因此我们需要更加留意的是，在文化符号的借用之外，所谓的"文化杂糅"是否隐含着一种新的文化霸权或不平等，这不应该是被"文化杂糅"这个概念本身所掩盖的。

**肖珺**：《功夫熊猫》《花木兰》《流浪地球》在全球市场引发了一些文化讨论，但不同国家的票房数据和引发的争议点却不尽相同。这表明，虽然和他们类似的国际文化传播产品是商业化的"文化杂糅"产物，但作为个体的观众和作为地方的本土接受却千差万别。这提醒我们，跨文化传播需要关注的核心是文化的人和人的文化，作为自我的人在差异化感知、文化间接受和选择性转化中通过对他者的理解实现自我的跨文化选择和意义建构。从这个意义上来讲，文化的稀释和增稠或许都是一种跨文化传播效果，也是一种动态的跨文化调适。

究竟是从开放、包容和创新的角度理解原生文化的全球性商业再造，还是从地域、民族和语言的边界中捍卫稳定一致的传统文化，这样的争议从来没有停止过。一方面，由于经济强势的文化在跨文化交流中仍然占主导地位，对于全球市场中流通的文化商品的讨论中，网络民族主义在一定程度上广泛存在；另一方面，在全球化以及新媒体的语境下，文化的融合呈现出一种新形式，文化不再是单一的由强势文化向弱势文化的输出，更多地体现为双方互相容纳吸收的一种博弈过程。

**刘滢**：由于数字技术的普及和全球化的推进，如今，在世界不同国家和地区流行的媒体文化产品中，"文化杂糅"已经成为一种屡见不鲜的现象。这一方面反映了全球化背景下各文化之间的交流与融合，另一方面其实是跨国传媒集团"全球本土化"发展的一个新阶段。此前文化产品在全球推广，往往是为适应不同市场而进行一定程度的本土化改造，比如使用本土语言，增加一些本土元素等，但其核心内容体现的仍是生产者所代表的文化，具有较为明显的文化辨识度。而新阶段的"文化杂糅"则从文化产品生产的初始就将不同文化混杂在一起，生产者与消费者所代表的文化在呈现出来的文化产品中"你中有我，我中有你"，形成了一种新的文化样态。

从文化的国际传播角度来看，这种杂糅的过程使有的文化被增稠，有的文化被稀释。也就是说，杂糅的结果可能会使某一种文化的内核凸显，同时使另一种文化的内核凹隐。或者说，有利于某一种文化的某些方面的国际传播，不利于另一种文化的某些方面的国际传播。以《功夫熊猫》和《花木兰》为例，中国功夫、花木兰等中华文化符号借助这些电影的流行在国际上似乎得到了广泛传播，但是这些符号背后的精神和内涵与我们的传统文化却不太一致或者相去甚远；相反，西方文化的一些特征却透过中华文化的外衣凸显出来。

**盛阳：**如果我们承认媒介全球化是一个事实，那么"文化杂糅"已经成为全球社会文化建构的基本样态。我们一方面可以看到《功夫熊猫》《花木兰》《流浪地球》等影视作品在媒介技术实践中出现的跨区域、跨体系、跨主体融合互补，技术融合转型也带来了画面呈现和视觉效果上质的升级，但在对文本的人文精神发掘与媒介化呈现上，以上述电影为代表的当代媒体和影视作品大多仍没有摆脱对特殊主义与普遍主义、东方与西方、传统与现代等二元对立的知识想象。例如，《花木兰》一方面突破了传统叙事中木兰只有在"花大哥"这一男性身份下才能展现其个人价值的情节设定，讲述了木兰以女性身份征战沙场的创新故事，但其中对中国传统文化——例如福建土楼——的视觉呈现和历史架空，仍然没有跳出"媒介东方主义"塑造东方奇观的刻板印象。在这个意义上，《花木兰》固然打破了以男性权威界定女性成就的思维定式，体现了对男女平等这一传统叙事的文化增稠和话语创新，但在打通东西二元论的文化表达方面仍存在有待强化之处。如果说二元论是西方哲学的基本框架，随着文化全球化的深入重组，如何顺势而为，突破"东方=特殊主义""西方=普遍主义"等文化本质主义认知，重构主体文化动态的媒介表达，可以期待成为下一阶段跨文化传播新的着力点。

## 跨文化传播：理论局限与解释困境

**史安斌：**"新全球化时代"跨文化传播的典型变化体现在文化格局和传播

技术两个层面。在文化格局层面，传统西强东弱的格局正在被打破，我们正在经历达雅·屠苏所描述的"他国崛起"（rise of the rest）的全球传播格局。在传播技术层面，西方在历史上传统媒体技术和内容上的垄断正在被互联网的发展所消解，互联网对来自世界不同地方民众的赋权正在改变着西方主导的媒介文化生产格局。

在这样的语境下，既有的跨文化传播面临理论解释层面的困境。它所强调的"文化的异质性"，以民族国家为基本单位无法解释当前基于数字媒体的媒介文化再生产过程，特别是各类数字模因（meme）在不同文化圈层中反复被改造和再传播的过程；它所暗含的强势文化对弱势文化的征服和吸纳的特征，也不适应当前"他国崛起"语境下全球文化格局的变化。因此我们需要一套新的理论体系来重新解释国际格局和媒介技术变化条件下的跨文化传播。

**肖珺：** 从跨文化传播的角度看，"新全球化"（neo-globalization）是自"英式全球化""美式全球化"之后的新发展阶段，是在全球化与逆全球化的两种思潮博弈中拓展的一种新的文化交往观念。变局之变在于挑战，甚至是改写"麦当劳式"的美式内核的全球文化格局，对其特征的总结在于我们对人类社会实践自身重大转型的认知，但坦白说，全球研究者目前做得都还不充分。既有的跨文化传播理论体系源自二战后西方学者逐步建立的学术框架，其通过建立方法论和理论框架确立了西方视角的跨文化传播阐释系统，对现实问题有一定解释力。但在面对"新全球化"的新变化时就显现其不足，跨文化传播理论研究需要补充和修正。

一是新媒体跨文化传播研究明显不足。作为信息传播技术（ICT）的新媒体正在完成自身的转型，文化及文化间意义的生成与流动对人类社会的重要性比以往任何时候都更明显。对一些新的文化现象和文化间流动的观察、分析和提炼还明显不足，采用既有理论难以充分解释当下的文化争论。

二是全球联通的结构性重塑过程尚需挖掘。关于数字文化和文化间流动的分析更多地集中在个案内容、话语、符号等，但缺乏对全球联通后的结构性力量的深描，特别是重塑过程的解构。数字传播技术和社会的互动带来时间、空间和结构作为权力的整体变迁，个体间、组织间、民族间、国家间的跨文化交流出现了很多新变化。对全球联通后的跨文化交往关系的阐释应成为重点。

三是面向跨文化冲突探索中国智慧的研究仍然匮乏。"新全球化"主张拓展自西方工业革命以来的全球传播体系的新路径。

**刘滢：**如果说在"英式全球化"和"美式全球化"时代，全球文化与信息主要是由以西方发达国家为代表的核心国家向其他边缘国家流动，那么，在"新全球化时代"，核心国家和边缘国家的格局正在悄然发生变化，内容的多向流动成为一种新常态，这一现象在互联网平台上的表现尤为突出。也许西方发达国家信息的主导性流动尚不能被颠覆，但是文化杂交、融合、变迁现象的增加越来越使全球文化的传播朝着更为平衡的理想状态发展。然而，比起"文化变迁"，既有的跨文化传播理论更强调"文化稳定"，特别是稳定的文化之间的对话和传播；比起不同文化之间的相似性，更强调差异性，特别是如何解决因为差异而导致的传播不畅；比起"文化融合"，更强调"文化帝国主义"和"文化依附"，特别是其中的权力关系。这些重点的确定是基于传统媒体语境下的全球文化传播特征，在以多向流动、文化杂糅为特征的"新全球化时代"，需要新的理论体系来阐释数字媒体语境下层出不穷、突破传统文化边界的新现象。

**盛阳：**我们认为，"新全球化时代"这一提法本身就包含了对全球社会与文化建构的体认，其中"新"和"全球化"的表述，分别体现了对当代社会文化建构中变与不变的双重认知。变的是社会组织和文化建构方式存在创新的可能，不变的是全球化作为总体进程的历史延续性。全球化不仅是社会化生产与国际劳动分工的历史产物，对此我们甚至可以在马克思《共产党宣言》文本中找到先哲对"世界文学"这一文化全球化状态的历史性预言，而且在新的历史时期，我们也看到社会文化建构新的可能。

世界各地都在信息与文化的共时性流动中不断发展和重构。中国抗疫期间的组织动员和信息传播创新不但离不开信息技术升级和全球文化交融的前提，反之也进一步推动了文化和传播技术的发展。因此，社会主体的文化融合与转型再造是新历史阶段的基本特征，这有别于既有的跨文化传播（intercultural communication）对"文化间主体"（intercultural subject）的本质主义和文化等级建构。如何立足实践，基于原有的跨文化传播对社会主体的理论识别，突破文化本质主义的理论想象并建构动态的阐释框架，一方面对传播学者提出了更高的理论要求，另一方面也是在新全球化时代识别全球社会和文化创新、重构传播实践的必由之路。

## "转文化传播"：融合文化的再审视

**史安斌：**从上面的讨论中可以看出，跨文化传播这一概念的核心"跨"（cross）已经不足以概括当下以数字媒体为平台的全球文化交融互动及其在不断借鉴和改造中流动的复杂性。我们把在两种或多种文化交流和对话中产生的文化转型和变异定义为"转"（trans）。在转文化传播的时代，我们很难用单一的国家或地区文化作为"标签"来指认某种单个的文化现象，这需要学术界用一种全新的视角来重新审视"新全球化时代"媒介文化传播当中"我中有你，你中有我"的新趋势。

在这里，"转文化"不再把"转型"或"变异"视作文化主体自发的行为表象，而是试图从"去本质主义"的立场进入文化生产内部，重新发现在政治经济体系、物质化生产和再生产过程中，文化传播主体间的权力转化关系。在这个意义上，转文化的本质是跳出了国际传播时代"主体—他者""西方—他国"二元对立的框架，重新审视不同文化体系在交流互动中形成具有融合意义的第三文化的一种解释框架。这一概念的提出，根本目的在于将研究的视野从传统的跨文化传播的二元对立框架中解放出来，从而更深入地理解在国际格局和传播技术变迁的语境下文化跨国流动的本质特征。

**肖珺：**肯定地说，形成一种超越疆域的融合文化或第三文化是可能的，人类传播的实践已经给出了答案。即便在互联网平台深度介入人类的生活世界之前，人们通过第三语言空间（比如母语分别为中文、日语的交流双方，采用英语进行交流），也可以产生"超文化第三空间"（Transcultural Third Space），进而实现主体间性的对话和对本土文化的重新建构。我赞同"转文化传播"（transcultural communication）这一表述，之前我们也使用过"超文化传播"等表述以区别于"跨文化传播"。学者们之所以要区别"跨"，正是因为人类文化间传播不断出现新的实践路径和认知理念。当然，我们也从来没有间断过对既有本土文化进行重构的尝试，外来文化的知识、理念、价值观等通过碎片的、局部的，甚至整体的方式都对我们加以影响。赵汀阳曾借用莱布尼茨"共可能性"的概念阐释"跨文化"，他认为跨文化会发展为一个"共可能性"文化循环的过程，即"本土文化与外来文化相互作用的对外循环模式"，"将他者内化吸收，并最终融合成为自己一部分的过程"。据此，他认为"当代的中国已经因为部分地内化了西方文化而变成一个混合型的跨文化国家"。其实，深陷全球化中的任何一个传播主体都在经历"转文化传播"，我们通过跨文化地"与他人共在"实现超越主体间性的交往关系。

**刘滢：**随着不同文化之间交流频次的增加和程度的加深，融合文化或第三文化逐渐形成。这种类型的文化不同于单一文化对其他文化的适应和调整，而是两种或多种文化混杂、融合在一起，彼此密不可分。当我们接触到这种新型文化时，会觉得它似曾相识又迥异于熟悉的文化，它包含了多种文化元素又将它们内化于一体，它既是民族的又是异域的，它是新全球化时代的产物，是数字传播技术的产物。

"转文化传播"较好地概括了这一"文化杂糅"的过程。"跨文化"强调的是从一种文化到另一种文化，然而，融合文化或第三文化打破了两种或多种文化之间的清晰界限。既然界限模糊了，那就无从去"跨"。"转文化"则强调转化、转变、转型，较好地提炼了不同文化交融、互动、变异过程的实质，即文化的再生产。在社交媒体和网络虚拟社区，"转文化传播"概念的适用性尤为突出，可用于解释"模因"的形成和扩散。

**盛阳：**一方面，跨文化主体之间基于对话沟通，建构超越疆域的融合文化和身份认同，本身就是传播学自诞生以来就抱持的理论愿景和实践期待；另一方面，历史和理论发展史中反复出现的包括建立世界信息与传播新秩序（NWICO）在内的国际传播博弈，以及"文化领导权""文化帝国主义"等跨文化传播领域诸多的经典论述都在不断提醒我们，对文化主体建构的思考离不开对文化政治、民族国家等全球化时代现代性基本问题的追问。

因此，建构新的主体文化想象，首先就要界定全球传播秩序中的主体构成。这需要我们将文化传播重新纳入地缘政治、国际关系、全球劳动分工和资源分配的政治经济学等历史、总体和基础性的框架中分析，从而清晰地界定主体在文化创造方面的政治能动性。其次，要超越既有理论对主体多元性的静态想象：文化不仅是一种静态的主体，更是不断互构转型的历史过程，多元文化主体间积极的传播实践也从来不是"独自美好"，而是"互通共荣"。

鉴于"转文化"这一表述在语义上比"跨文化"更强调"转型""超越"等动态、社会化的历史过程，用"转文化传播"概念重构融合文化的主体建构这一历史命题，不仅是更加贴合历史逻辑的理论表达，在实践指导意义上也更具有现实感和建设性。

## 将中华文化嵌入在地语境

**史安斌：**当前中华文化"走出去"在实践层面尚未能充分吸收转文化传播的理念，最主要的问题在于缺乏对话的意识。跨文化传播所追求的"源于中国而为他人所用"的特质已经不能适应当前文化"走出去"的实际需求。立足于转文化传播的理念，只有将文化产品深刻嵌入到在地文化的语境和需求中，才有可能真正实现文化的对话与交融。不论是中国媒体文化走向海外还是海外媒体文化进入中国，在转文化传播时代都必然经历一个"文化杂糅"转型的过程，只有实现这种超越传统媒体时代"本土化"进程的转文化过程，才有可能实现文化产品真正意义上的落地与传播。

肖珺：中华文化的基础是中华民族在中国创造的文化，中国文化与外域文化的交互关系是构成中华文化生态环境、基本特征的重要内容。文化的本质内涵是自然的人化，广义而言，包括物质、精神、制度、行为四个重要维度；狭义而言，特指精神文化的"文化"，常与"政治""经济"并列使用。一般来说，我们从广义文化的视域界定中华文化的博大精深，通过中国传统文化、近代转型期文化和现代文化的分期勾勒中华文化历史。由此，中华文化"走出去"的基本问题是，我们如何清晰地界定中华文化？如何言说中华文化？进而建构立足中国、具有中国特色的跨文化传播路径和理念。武汉大学新闻与传播学院教授单波曾修正"以中国作为方法"的结论，提出理性的对外报道是"中国与世界互为方法与目的"，这一结论展现跨文化传播认知范式转移的可能性。跨文化传播实践和学术研究需要从中国出发，在与世界的对话和互动中构建新型跨文化交往关系。

刘滢：中华文化"走出去"目前采取的主要策略仍然是通过各种产品形态和渠道平台进行"以我为主"的推广，基本思路是跨越文化之间的界限，实现广泛传播与落地。尽管与时俱进地运用了先进的数字化手段和传播平台，但是，传统媒体时代的思维方式仍然禁锢着实践的步伐。如果将"转文化传播"理念运用于指导中华文化"走出去"，可以不局限于单一中华文化的独自"走出去"，尝试与当地文化杂糅、融合、对话、互动，将使中华文化更具有亲切感、贴近性和感染力，甚至可以创造性地转变中华文化的样貌和形态，将其精神内核融入当地文化，制作当地人喜闻乐见的融合文化产品。

**盛阳：**如果说"转文化传播"的总体设想是超越美式全球化的西方中心主义，那么对文化行动主体应给予充分"赋权""赋能"，推动主体间的平等交流与均衡传播就是"去中心主义"的题中应有之义。从知识建构的角度看，中华文化"走出去"本身就是转文化传播理论"从实践中来，到实践中去"最好的实现方式。因此，"转文化传播"理论对国际传播实践的启示是，我们不仅要关注对象国、对象群体在文化发展过程中的主体建构，也要充分挖掘、反思自身的文化转型以及全球层面的文化流动。

（本文发表于2021年2月，略有删改。）

# 第四编

平视世界与世界的平视：

国民心态与全球舆论

# 平视世界与世界的平视：
## 国际传播视域下的国民心态

张毓强　中国传媒大学教授、国家传播创新研究中心研究员

潘璟玲　中国传媒大学传播研究2020级传播学院博士研究生

讨论人：

张毓强　中国传媒大学教授、国家传播创新研究中心研究员

李　宇　中央广播电视总台国际传播规划局主任编辑、博士

何国平　广东外语外贸大学新闻与传播学院教授

王洪波　当代中国与世界研究院副研究员、中国传媒大学传播研究院博士
　　　　研究生

尚京华　中国传媒大学电视学院讲师、传播研究院博士研究生

潘璟玲　中国传媒大学传播研究2020级传播学院博士研究生

国民心态与国际传播外部环境紧密关联，国际传播视域下的国民心态既依存于中国在整个世界体系中的地位，又作用于国际交往的实践活动。中国从全球交往的视角应对国际格局的变化，"平视世界与世界的平视"的提出意味着中国以更加自信客观的态度应对百年未有之大变局，积极构建相互尊重、平等协商、友爱互助的全球交往格局；同时也期望全球各个族群以更加平等的心态对待中国，开展与中国的交往和交流。中国传媒大学"新时代中国国际传播实

践问题与本土化理论创新研究"课题组联合中国外文局当代中国与世界研究院组织专家对国际传播视域下国民心态的一些基本问题进行了讨论。

## 国民心态与全球交往

**张毓强：**现代国家产生以来，以民族国家为主要行为体的国际关系格局一直处于变化和发展之中。受本国历史、文化和国家关系总体格局发展演化的影响，国家内部族群会形成总体性的看待世界和国际社会的心态。这种心态会影响到国家和民族的对外交往交流实践。当然，心态与实践之间的逻辑关系十分复杂，心态在转化成为权力意志的过程中也会受到很多因素的影响。反之，国民心态不仅会受制于国家的实力、本土文化经验与生命体验，也会因国民的全球性交往经验而发生改变。国民心态的总体性变化有赖于一个较为长期的偏向性比较结果，并最终受作用于国家与民族的全球交往实践。

**李宇：**2020年以来，新冠肺炎疫情进一步加剧了国际传播领域的话语交锋，也让中国民众前所未有地在国际话语平台上发声。发声的视角与国民心态之间固然存在密切关联，国民心态决定着表达方式，而国民表达在某种程度上是由文化思维方式决定的。从跨文化研究来说，话语表达的视角与文化传统密切相关。在当前国际话语空间中，中国政府、媒体和国民更倾向于采用平视的视角，也喜欢被世界所平视。相比之下，西方政府、媒体和民众在国际话语空间中常常"居高临下"，习惯于进行道德说教，这是由于：一方面，西方国家基于经济和社会发展，形成了文化优越感，以"文明人"自居；另一方面，西方国家的文化具有很强的宗教情结，其居高临下的说教正是基于其宗教价值观中"己所欲，施于人"的理念，即要与他人分享自己认为对的、好的、有价值的东西。

**何国平：**"视角"是行动和思想主体看待外部世界的主观行为方式。从看待外在对象或主体的想象性空间位置而言，主要有仰视、平视与俯视三种视角。国际交往或与外部世界的互动中的"平视"，在行动与立场上表现为尊重彼此、平等相待。也就是中国正在致力于推动建设的新型国际关系的要义：相互尊重、公平正义、合作共赢。无论是传统文化中的"推己及人"（《论语·卫灵公》）、"均平"思想（孔子），还是社会主义核心价值观中的"平等"，都蕴含着平视所包含的尊重、平等、友好与善意等良善思想。它体现着人与人友好交往的智慧、国与国正常邦交的原则。

当前中国能够实现在行动和立场上与世界平视或平视世界基于当代国人的健康国民心态的养成。国人具有平视外部世界的国民心态在于，一方面中国人具有比历史上任何时候更多、更便捷地了解外部世界的传播渠道和消息源；另一方面中国人、中资机构比历史上任何时候都更多地走出国门，直观感受外部世界的变化与发展。上述两种方式极大丰富并提高了中国人的认知能力，拓展了国人的行动半径，增强了中国的自信心和荣誉感，这些间接或直接的感受与体验涵养和形塑着中国人的国民心态。中国跃居世界第二大经济体，不可阻挡地日益走近世界舞台中央，这些经过几十年的发展所创造的人间奇迹和在中华民族伟大复兴征程中所汇聚的磅礴力量，成为中国国民心态中能够激发民族自豪感的物质与精神元素。在中国积贫积弱时代倾慕"外国月亮更圆"——对发达国家的仰视感，被一种体现民族自尊的平视心态所代替。

**王洪波**：今年（2021年）全国两会期间，习近平总书记在看望参加全国政协会议的医药卫生界教育界委员时指出："70后、80后、90后、00后，他们走出去看世界之前，中国已经可以平视这个世界了，也不像我们当年那么'土'了……"[①]习近平总书记的一席话道出中国与世界的关系已经并将继续发生深刻的历史性变化。

---

① 杜尚泽：《"'大思政课'我们要善用之"（微镜头·习近平总书记两会"下团组"·两会现场观察）》，《人民日报》，2021年3月7日。

今日之中国，是中国之中国，也是世界之中国。中国的发展离不开世界，世界的发展也需要中国。从国际传播视角追溯近代以来的中外交流史可以发现，如何正确处理与世界的关系、重塑中国人民的精神独立性一直是中华民族面临的首要议题之一。英国学者安格斯·麦迪森在《世界经济千年史》中估算，中国从公元1000年开始，国内生产总值始终占到世界的五分之一以上。[①]然而，这样的一个"老大帝国"，却以屈辱的姿态进入近代。从此，民族复兴成为中华民族的最高利益，一代代中华儿女开始了长达100多年孜孜不倦的追求。梁启超提出了"少年中国"，孙中山喊出了"振兴中华"，李大钊呼吁为"中华民族更生再造"而奋斗。

鲁迅曾说："惟有民魂是值得宝贵的，惟有他发扬起来，中国才有真进步。"只有到了1921年中国共产党的成立，中国人民谋求民族独立、人民解放和国家富强、人民幸福的斗争才有了主心骨。特别是经过新中国成立、社会主义建设和改革开放之后，中国人民对中国特色社会主义的道路自信、理论自信、制度自信和文化自信无比增强。2014年《国家人文历史》杂志刊登过一组百年来中国人表情的老照片显示：清末的麻木和沮丧，民国的希冀和迷茫，新中国的亢奋和激昂，改革开放时代的自信和飞扬。作为社会起伏、变迁、发展的经历者，这些个体表情的显著变化，折射出的是中华民族百年来的历史境遇，反映的是中国人民从精神上的被动转为主动这一历史性进步。

就像习近平总书记所讲的，当今中国人已经可以平视世界。反过来，中国人同样希望获得世界的平视，能够与世界进行平等的对话和交流。不过，中国民众的自我认知与他者认知之间依然存在一条鸿沟。进入21世纪，"东升西降"的国际形势已经愈发明显，但自从1648年威斯特伐利亚体系确立以来逐渐形成西方中心主义直到今天，仍未发生根本改变。因此，我们就会看到，在美

---

① 任仲平：《筑就民族复兴的"中国梦"》，《人民日报》，2013年4月1日。

国当地时间2021年3月18日举行的中美高层战略对话的开场白中，美方以居高临下的姿态对中国内政外交政策进行了无理指责，而中方也立刻作出了严正回应。两国在会谈期间的唇枪舌剑，反映出面对已经由一个积贫积弱的"东亚病夫"发展为世界第二大经济体的中国，西方在其规则占据主导世界地位的这么多年始终没有做好应对的准备，中国与世界的关系正在进入一个深度调适期。需要作出改变的是西方社会，而非中国。

**尚京华：**100年前，中国还在遭受帝国主义和战火的蹂躏，那时候的中国任人宰割。在这100年里，中国共产党从诞生、发展壮大到带领中国人民从"站起来"到"富起来"再到"强起来"，从仰视世界到平视世界，这中间是数代中国人的努力奋斗。而当前国际传播所面临的"百年未有之大变局"就包含着中国同世界关系的深刻变化，而伴随着这种变化的，还有国人心态的变化。虽然目前我还没有看到关于中国国民看待世界的心态变化的研究数据，但从各类媒体上国人发出的声音来看，绝大部分国人在心态上更加自信，也更坚决地维护中国的国家利益。当然，在媒体上，也有很多有识之士指出，中国虽然在抗疫和发展经济上取得了举世瞩目的成就，但也不可盲目自信，要看到中国在许多方面还跟美国这样的超级大国有很大差距。我非常同意这种观点，不仅是因为盲目自信很容易蒙蔽我们的眼睛，而且是因为在这个全民皆可做国际传播的时代，那些贬低别人、妄自尊大的言论很容易被一些外国媒体所利用，带来不必要的麻烦。习近平总书记使用"平视"这个词，说明中国还没有到可以傲视或是俯视别人的程度。避免矫枉过正、适得其反是我们需要注意的。即使将来中国国力发展到了世界第一，也不应该俯视其他国家。国家不分大小、强弱、贫富一律平等，这是中国在还不够强大的时候的态度，也是中国在变强大后同样应该秉持的态度。

反过来看，在国际传播中要想实现世界对我们的平视，恐怕还尚需时日。从目前主导国际舆论的西方主流媒体的报道来看，自从美国总统拜登上任以来，美国又回到了拉拢其传统盟友，借人权问题炮制所谓的中国议题，以此来打压中国的老路之上了。即使是对于中国体现大国担当、为世界其他国家提供疫苗这种帮助他人的行为，西方媒体也以"疫苗外交"等为由加以批评，倒是应了那句"欲加之罪，何患无辞"。西方媒体公然违反自己所标榜的"客观公正"原则，随意捏造事实，抹黑中国，恰恰说明了这些国家从事实上并不愿意把中国看成是与他们平起平坐的国家，这其中既有国家利益的考量，又或是习惯思维使然。当然，经历过全球新冠肺炎疫情肆虐的世界，也在慢慢从事实中看清西方媒体的真面目，相信随着更多事实逐渐显露出来，世界对于中国的看法也会慢慢发生改变。

**潘璟玲：**中国与世界的交往互动是人类社会实践的一部分，由此产生的国民心态是在中国与国际社会的联系中不断完善的产物。由于受到历史与现实的影响，国民心态处在不断发展变化的过程中，它可能成为国际交往的助力，也有可能成为阻碍。在过去很长一段时间里，中国人看待自我的心态一直处在失衡的状态中。马克思认为，人是按照自己的内在尺度进行交往的。近代以来，中国一直在向外寻求新的内在尺度以替代原来的尺度，这在五四运动以来那一大批文人身上就有所体现。国际交往格局中，利益是永恒不变的价值导向之一。而随着新中国的成立、改革开放，以及如今中国成为世界第二大经济体，中国的国际话语权也在不断增强，物质的丰盈和国际地位的逐步提升带来了中国人民内心的相对富足。而只有对中国国民内部构建客观的心理标准进行自我审视，以平视作为中国全球交往实践中度己度人度物的标尺，中国国际传播才可能朝着对话更加平等、沟通更加积极的趋势发展。

## 平视：世界与中国的双向心理调适

**张毓强：**回到现实。现代性的全球历史文化所形成的西方中心主义心理虽然正在"大变局"中发生着变化，但世界各个族群长久以来形成的历史文化心理要发生根本性变化尚需时日。这种变化因应现实主义、结构现实主义、新自由主义以及建构主义的多重复杂逻辑，在一个相对长的历史时期逐步得以实现。良性的交流与交往状态需要交流主体间的双向、多向心态调适，在调适过程中也仍然会有交流、交锋甚至是碰撞。在此过程中，全球需要更加开放的而不是保守的、包容的且充满敌意的心态状态。平视世界的中国更需要平视中国的世界。

**何国平：** 就国际传播理论与实践而言，基于平视世界的行为方式是一种理性、健康的国民传播心态。在传播学领域，无论是美国社会学家查尔斯·霍顿·库利的"镜中我"——主体与外部世界交往需要在"他者"参照物中反观自我，还是国际传播中的"中心—边缘"论——在对象性关系中想象与确立相对位置、地位及其相互关系，都无疑存在一个巨大的"视角"预设。如果以平视立场姿态介入或修订自我与他者参照或国际信息流动（information flow）的相对位置，将会释放更多基于理性与智慧的建构主义的贡献。同样，以平视世界作为方法可以破解诸多国际传播中的沉疴顽疾和跨文化传播中的聚讼。国家形象传播中的"妖魔化"或"污名化"效果，基本立场是以俯视的"观法"看待现实中对立或对峙方，刻板化、选择性所建构的扭曲印象。再如，基于偏见认知（biased perception）心态所导致的敌意媒体效应[①]：由于不能平视，即平等、客观看待对象，因而主体对外部世界乃至客观媒体所传播的信息进行选择性接收和预设性解码，形成国际传播和跨文化传播中的敌意媒体感知。

总之，在国际传播领域中平视世界是一种平等尊重、理性健康的国民心态，它可以促进国际传播活动和跨文化交往，使国际传播变得更加友善、富有

---

① Robert P.Vallone,Lee Ross,M.R.Lepper.The Hostile Media Phenomenon:Biased Perception and Perceptions of Media Bias in Coverage of the Beirut Massacre.*Journal of Personality and Social Psychology*,49(1985):577-585.

智慧。以平视世界作为方法论，我们理所当然反对本质上是俯视世界的交往，以及本质上是仰视世界"唯西方马首是瞻"的交往观。同样，中国也需要包括西方在内的外部世界平视中国，即来自"世界的平视"，平等、理性对待中国、尊重中国人民的制度选择与发展权。这样才能确立平等对话、理性交往的国际主体。

我们需要的是，以平视为方法，与世界并肩同行，积极参与全球治理，推进包括全球传播秩序在内的全球秩序朝公正合理的方向发展。

**李宇：**美国跨文化研究学者米尔顿·J.贝内特认为，西方人真心想以自己的价值观作为待人的基础（不需思考不同的价值观），这样做很容易，某种程度上看起来也挺合乎道德。①西方学者在研究西方人非正常情况下的非人性、非理性行为时，将其归因到宗教："如果你真的相信那些不认耶稣是救世主的人将落入炼狱，对不信基督的人施以酷刑，令其醒悟真理，岂不是对他最大的恩惠：几个时辰的痛苦总好过永世的折磨。"②正是基于这种理念，美英两国在全世界展开说教，而且是在犯下战争暴行后理直气壮地说教。一位塞尔维亚学者对此深有体会："每次有什么事情不顺美国人的意，或是他们想随心所欲重塑历史时，轰炸之类的事情就会发生……美国人的轰炸已成为全世界最为盛大的节目，当美国人开始筹划新一次轰炸，这个星球上的所有人都开始警惕地等待着那一声巨响，每到这时，道德就出现了……美国人在电视上曝光自己的军事行动；接着，美国人按照'道德，就是人们不得不做的事儿'这个逻辑为自己辩解：我们当时没有选择，这次轰炸行动是必须的。这样一来，这场军事行动就变成了'道德'的。因为人们不得不做的事儿就是道德的。只要涉及破

---

① ［美］米尔顿·J.贝内特：《跨文化交流的建构与实践》，关世杰、何惺译，北京：北京大学出版社，2012年，第132页。

② ［美］斯蒂芬·平克：《人性中的善良天使：暴力为什么会减少》，安雯译，北京：中信出版集团，2015年，第29页。

坏和轰炸，美国各大电视台都说这是为维护道德与文明的正义行动。"①相比之下，中国文化遵循的规则是"己所不欲，勿施于人"，这样更具人文关怀和道德情怀。也正是基于这种文化价值观，中国民众在对外话语空间中更容易表现得"谦卑""谦和""平和"，而不是趾高气昂、居高临下。

因此，虽然当前中国国民可以平视世界，也越来越被世界所平视，但在对外话语表达方面，仍不会像西方一样习惯于摆出一副俯视或傲视姿态。即使未来中国经济和社会发展程度超越了西方，相信中国民众在国际对话中也不会熏染上欧美国家的那种傲慢习气。

**王洪波：**当代世界早已成为一个你中有我、我中有你的命运共同体，这一历史趋势不是西方社会所能改变的，也不会因为一场百年未有的新冠肺炎疫情而发生转折。面对中国与世界互动中出现的不适、摩擦甚至冲突，中国的国际传播界一直发挥着联结中外、沟通世界、说明中国的积极作用。无论是《毛泽东选集》《邓小平文选》《江泽民文选》《习近平谈治国理政》的对外出版，还是《红星照耀中国》《毛泽东传》《邓小平时代》《论中国》的海外问世，都可以看到，在不同的历史阶段，中国以开放包容、交流互鉴的理念，致力于讲好中国故事、传播好中国声音，向世界展现真实、立体、全面的中国，希望不断扩大我们的国际朋友圈，赢得这个我们已经可以平视的世界的理解和支持。

西方社会也需要慢慢放下数百年来形成的优越、傲慢的心态，放下西方中心论的单一认知框架，从俯视中国转变为正视中国、平视中国。双方应秉持人类命运共同体的理念，树立平等、互鉴、对话、包容的文明观，以尊重世界文明的多样性为基础，在平等对话中寻求广泛共识，在普遍交往中形成共同价

---

① ［塞尔维亚］埃米尔·库斯图里卡:《我身在历史何处》，苑桂冠译，长沙：湖南人民出版社，2017 年，第 362 页。

值，共同消除现实生活中的文化壁垒，共同打破阻碍人类交往的精神隔阂，促进民心相知相通、人类发展进步。只有这样，平视世界的中国才能获得世界的平视，中国民众的自我认知和他者认知才能逐步达成一致，携手共建更加美好的世界。

**尚京华**：事实上，在习近平总书记发出"中国已经可以平视这个世界了"的感慨之前，西方记者已经注意到了中国年轻人对自己的制度更加自信，对于西方并不盲从。在富裕的物质生活中长大的中国青年一代，有机会见识更广阔的世界，对于中国和世界的认识也更加清晰，特别是在经历了2020年新冠肺炎疫情全球大暴发和美国大选之后。尽管西方国家和西方媒体竭力想抹杀中国在疫情应对和经济发展方面的成就，但是中国人自己却看得清清楚楚，不但不会因为西方媒体和政客的各种造谣抹黑就信以为真，反而借此机会看清了西方惯用的污名化中国的套路和伎俩，很多人还积极在各种媒体上对此予以揭露和反驳。不久前的中美高层战略对话中，中方代表的发言大快人心，对于美方颐指气使态度的坚决回应，表现出了中国人的底气。

当然，西方政客和学者中也不乏审时度势、头脑清醒的有识之士。即使目前欧盟和美国在所谓的中国"人权问题"上的结盟，也不是铁板一块。欧盟的一些国家，也在逐渐脱离美国中心的思考模式，独立审视自己与中国的关系。即便是在美国，也有基辛格这样的人在呼吁美国多与中国沟通，正确理解中国。如果这种声音还不算在呼吁西方平视中国，但至少也是在提醒西方正视中国，先正视才有可能平视。虽然同中国友好的国家，其国民看待中国的态度也比较友好，但总的来说，要让西方国家主导的世界平视中国，在短期内是不可能实现的。在国际传播领域，世界各国目前对于传统主流媒体的依赖程度还比较高，主流媒体的观点和意见在很大程度上可以左右受众的意见和观点。要改变哪怕是一个西方媒体记者对中国的傲慢态度，都不是一件容易的事。我们用了100年的时间做到了平视世界，要让世界平视中国，虽然不需要再用100年，但至少也需要再用一两代人的时间。

潘璟玲：习近平总书记所说的"平视世界"应该是以一种平常心来看待中国与世界交往过程中遇到的问题与挑战。在交往过程中交往主体之间的力量差异是客观存在的，今日之中国经济实力的提升确实在一定意义上提高了国民面对世界其他国家的自信心。然而，即使我们的综合国力还未达到发达社会水平，"平视世界"也意味着我们要以更加开放包容的心态来面对中国与世界的差异，以更加平常的心态面对中国社会自身发展的问题。在国际交往过程中，交往双方的力量一定是存在差异的，但是平视要求客观看待彼此之间的差异，以更加包容的心态在平等对话中实现合作共赢。然而我认为想要实现世界平视中国，可能暂时还存在诸多困难，这就要求国际传播以更加坦诚的态度向世界讲好中国故事。平视意味着同时在自我与他者之间保持一定距离，客观审视自身与他者之间的差异，辩证看待自身与他者之间的冲突，积极主动调适自我与他者之间的矛盾。也就是说，当中国能够以平视的角度看待世界时，中国也能够以自信客观的平和心态看待自我，能够自觉清醒地看待中国与世界的方方面面。

（本文发表于2021年4月，略有删改。）

# 国际传播中的媒体倾向、新闻反转与事实真相

——以英国埃塞克斯集装箱事件报道为例

张毓强　中国传媒大学教授

姬德强　中国传媒大学国家传播创新研究中心副研究员

**讨论人：**

张毓强　中国传媒大学教授

任孟山　中国传媒大学传播研究院教授

涂凌波　中国传媒大学电视学院副教授

姬德强　中国传媒大学国家传播创新研究中心副研究员

**策划人：**

吴奇志　《对外传播》主任编辑

近期，英国埃塞克斯集装箱事件引起世界各国媒体和专业同行的深切关注。某些西方媒体随意采用警方提供的案件信息，未经核实就将此事件与中国联系在一起，妄加评论，引发误导性传播效应。比如，美国有线电视新闻网（Cable News Network，CNN）在案件的相关报道中，将警方声明中的猜测语气"believed to be"解读成确定语气"were"，指出警方声称集装箱中的死者为中国人。美联社发表了与CNN观点类似的文章。围绕这一案件，西方媒体基于对中国的刻板印象和主观成见所作的倾向性报道，诱发了国际舆论的连锁反应，

导致真相失色、传播失序，值得国内外新闻机构和新闻从业者反思。

那么，在国际传播中，报道偏好与倾向性是一个永恒的存在吗？它的成因如何？在后真相时代，在国际新闻报道中如何重新建构并强化新闻真实性？当国际舆论斗争的因素与这种偏好杂糅交织后，民族国家与新闻从业者如何面对？中国传媒大学国际传播战略与发展研究中心联合中国外文局当代中国与世界研究院组织专家，就这些问题展开了讨论。

## 先天偏见与报道倾向

**任孟山：** 国际新闻报道中的倾向性，其实是一种偏见（bias），但是，需要申明的是，偏见在传播学意义上不应该被完全理解为贬义，而应该被视为一种中性词。别人看我们有偏见，我们看别人也有偏见。新闻是由具体的人（记者/编辑/总编辑等）来完成的，这些人受制于自己的知识结构、成长经验、人生阅历、社会阶层、世界观、价值观等，最终生产出来的新闻不可避免地带有倾向性，这一点在国际新闻报道中表现得更为明显。

**张毓强：** 从认知心理视角来看，人类的每一个个体以及由这些个体组成的群体观察世界上每一个个体想象时，本身都存在着一种基于其成长的政治、经济、文化环境所形成的看法，我们可以把它称为"意识形态框架"。这种框架在一定程度上限定了其认知框架和认知模式，并最终影响着其作为一个新闻从业者和国际传播实践者的行为结果。然而，新闻传播业本身的专业性训练，其重要目的之一就是尽可能减少这种认知框架所带来的影响，从而使人类的沟通和交流走向理性和建设性。

**姬德强：** "倾向性"是一个容易让人产生误解的词，因为它带有很强的主观意味。也就是说，那些和我们既有的判断和价值相异乃至相左的信息或观点都是有倾向性的。在这个意义上，倾向性报道或者倾向性内容是一直存在的，因为每个个体或机构大都从自我出发去理解和解释外部世界，与此同时，自我的中立化或客观化又让我们坚持认为，其他视角都是有问题的。这也是对国际传播或者跨文化传播而言，主体间性或者他者视角之所以重要的原因。

**任孟山：** 从这次英国埃塞克斯集装箱事件的表现来看，CNN的新闻生产过程明显背离了他们所倡导的新闻专业主义精神，将倾向性注入到新闻生产过程之中，没能遵循事实核查后再行报道的专业流程，将"可能是"换成了"确定是"，确实是很不应该的。从国际新闻生产的专业程序来讲，是报道过程中出现比较低级的错误；从国际新闻生产的宏观结构来讲，结合CNN记者对中国外交部发言人的提问观之，确实存在明显偏见，这种先入为主影响了新闻生产的专业性，无法保证新闻的客观性，最终造成了倾向性报道的笑话。

除此之外，互联网时代带来的时效性压力也是一个原因，为抢时效而没能认真核查事实的报道历来都有，但在互联网时代特别是社交媒体的兴起，使得这个问题更为突出。因为，来自社交媒体的信息更为庞杂，也更为不确定，社交媒体的信息提供者没有核查事实的意识和能力，而这些繁多且实时更新的信息造成了专业新闻生产者更为强烈的时效困境，特别是新闻生产者被社交媒体短时聚集的情绪所裹挟时，就会犯将"李鬼"当"李逵"的错误。

**张毓强：** 单从CNN来看，有很多此类案例可以观察其存在的问题。如前不久，CNN报道称"我国香港警方用汽油弹对抗示威者"。同时，网上也出现了一段宣称是香港警方在向"示威者"投掷汽油弹的视频。我国香港警察公共关系科高级警司江永祥拿出的视频证据显示，这段看似是警方在向"抗议者"投掷汽油弹的视频，其实是经过"示威者"一方的人恶意篡改和剪辑的，实际情况是"示威者"在向警方投掷汽油弹。《环球时报》在场拍摄下的视频同样证实了我国香港警方的说法。在视频中可以清楚地看到是"示威者"在向警方投掷汽油弹后，CNN向我国香港警方发来了道歉信，称他们为犯下这个错误表示歉意，并会调查这个错误发生的原因。类似情况在科索沃战争、伊拉克战争等频频发生。

**姬德强：** 英国埃塞克斯集装箱事件的传播凸显出这一倾向性的谱系。在真相不能完全展开或者采集尽可能多的信息面临技术困难的前提下，为了满足突发事件的国际信息需求，西方媒体率先"炮制"了中国人身份的故事，并借助其在国际信息流动中的优势地位，率先设置了议程，并引发了针对有关中国社会的一系列问题的讨论。一些中国媒体不明就里，也在简单舆论战的思维模式下，加入争论。一波后真相的言论和视角交锋由此展开。可以说，这一现象恰恰凸显了持有不同观点和视角的媒体希望把自身议程写入这一事件的动机。也是由于媒体间不均衡的议程设置能力，CNN的报道瞬间占据众多国际媒体和社交媒体的头条，扮演了带流量和设议程的重要角色。

那么，这种报道倾向性的根源在哪里？我认为，第一，技术或者伦理层面，抓头条、带流量、标题党的操作模式使得将新闻故事简化易读成为操作的第一原则，在简化内容的同时也聚焦了报道方向；第二，西方媒体对中国问题的高度敏感使得任何与中国有关的事情都可能被扯上关系，并加以放大；第三，在中美贸易战和美国国内政治气候变迁的背景下，美国媒体反复关注中国的国内或国际问题，本身就是一种在国际社会或国内选民面前合法化自身立场的工具之一，这已经形成一种习惯。随着更多的真实信息被披露，这一合法性会大打折扣，但我们也要密切关注后真相时代国际社会的遗忘速度。卷土重来的假新闻会不断地冲击真与假的既有边界。

**涂凌波：** 我认为可以从三个方面看待这一问题：一是意识形态偏见、刻板印象；二是为抢时效不顾事实的准确性；三是不确定的媒介环境与社交媒体时代真相的匮乏。

从某些西方媒体关于英国埃塞克斯集装箱事件的报道中，我们可以清晰地看到社交媒体时代令人焦虑的新闻真实问题，以及西方媒体报道中长久存在的倾向性报道和偏见问题。

分析倾向性报道产生的原因：从客观上看，社交媒体时代新闻的时效性被大大压缩，当推特、脸书等社交媒体与传统媒体同步关注重大突发事件时，连续性的、过程性的新闻报道遭遇很大挑战，新闻事实缺乏核实，断言式报道盛行，新闻缺乏完整性和连续性。这就构成了一个信息不确定的传播环境，流言、谣言的传播值得警惕。从主观上看，西方传媒及其新闻工作者，在报道与中国相关的问题时，普遍对中国有着认知偏见或误解，而且往往将这一刻板成见直接或间接地融入新闻报道中。造成的后果就是：推断性事实比证实了的事实更常见诸报道；简单的新闻事实常常被复杂化、政治化、意识形态化；平衡报道常常让位于单方面声音的传播。

## 专业性重构与新闻真相追寻

**任孟山**：所谓后真相时代，一方面提示专业新闻生产者不要被情绪所裹挟，另一方面表明了新闻事实在社会层面上的重要性。在社交媒体的时代背景下，事实稀缺和意见过剩成为基本特征。相对而言，作为事实性信息的新闻求证和生产，更具价值；作为主观性信息的意见的生产和传播，较为廉价。正因如此，作为专业新闻生产机构，更应该注意事实性新闻的生产，不能让政治倾向和偏好影响专业生产，从而保证自身存在的价值与合法性；否则，就会犯CNN这样的错误。专业新闻机构通过日常生产具有公信力的事实性信息，是在突发事件中保证自身权威的最大资本。

**姬德强**：与其说是重建真实性，不如说是重新定义一种真实性。因为所谓"真实"的生产机制恰恰是专业主义话语内新闻媒体制度的核心。然而，随着专业主义自身的商业模式危机和外在的社交媒体等平台化力量的冲击，"生产真相"的机制逐渐式微。人们更愿意从最便捷的渠道获取信息并发表观点，在碎片化、瞬时性的信息消费中积累激进式乃至极端化的表达力量。因此，我们需要思考的是，后真相时代，我们要重建怎样的"真实观"，以及如何在加速的信息产销中保持一种恒定的立场和谨慎的态度。因为，当人们从极速漂流的狂欢后意识到还需要堤岸的时候，哪里是方向、哪里是陆地，才会成为新的关注点。

因此，突发事件的权威阐释者需要做到两个"第一"：第一时间给出最全面的信息，包括信息和观点的来源，占据信息提供的先机，而不是做旁观者；第一时间展示不同立场的交锋，而不是跟着一个或两个议程走，或者进行争辩。在当下的国际舆论环境中，权威的阐释者需要精确把握多种媒体的报道口径，展示媒体景观的复杂性和多样性。这种做法超越了简单的媒体间议程设置，是通过立场后移，帮助受众更好地理解倾向性的光谱。

**涂凌波**：把真实的报道放在政治倾向之上、弄清消息来源，承认消息存在不足、非虚构写作是重构专业性的三个重要方面。

2018年《科学》杂志的一篇论文《网络真假新闻的传播》（*The spread of true and false news online*），通过研究2006年至2017年的12.6万条推特数据发现，在用户人群、传播深度、传播广度、传播层级等方面，假新闻都比真新闻"跑得快"。反观英国埃塞克斯集装箱事件的报道，我们应该如何重建新闻真实，做好突发事件的权威阐释者？

第一，要回到"再现真实"的基本要求。也就是说，事实的准确是第一位的，尤其是核心新闻必须反复核实、进行第三方验证，避免猜测性事实、断言式事实，在报道未证实的事实时必须进行平衡报道与处理。

第二，要引用权威新闻源和多方新闻源，避免单一信源造成的误导。社交媒体时代的假新闻，往往信源单一，而且未经核实就在此基础上"讲故事"，以吸引网络用户的点击和转发。当新闻业越来越多地要求多媒体叙事（multi media storytelling）技巧时，其更需要回到新闻业最基本的专业标准和要求。如果是单一信源时要特别谨慎，为后续的报道留下足够的空间，并承认报道的局限性。

第三，如果首发新闻出现事实偏误，后续报道应及时更正，并作出道歉。在英国埃塞克斯集装箱事件的报道中，我们可以发现，当死难者身份得以证实后，西方媒体几乎没有更正之前的报道，更没有公开道歉。然而这些不准确的、歪曲的报道，已经引起国际舆论的巨大反响。

**张毓强：** 如果我们认可全球媒体有较为统一的专业性规范，并有着为人类沟通与交流提供更为专业性推动力的观点，就需要进一步强化媒介间的交流，以更为专业的眼光与态度，消弭文化间差异，强化文化间的沟通。面对新兴信息传播技术带来的新闻业普遍存在非专业化信息供给危机，我们也应该有着同样的态度，强化内容生产的专业性和权威性。同样，我们应该承认当前国家、民族之间的政治、经济和文化差异，承认全球存在着文明、文化与产业的竞争，本着求同存异的态度，本着竞争有底线的价值遵循，寻求人类的真实的生存面向。我想，不片面、不造假，应该是一个起码的底线。

## 信息竞争与策略选择

**张毓强：** 近代以来的中国与西方、中国与世界的互动关系一直处于变动之中。这种变动在一定程度上影响着我们的自我主体性认知，也影响着全球信息传播领域对中国的认知。在这种复杂的互动关系中，我们必须承认，民族国家作为国际关系主要行为体的时代并没有过去。全球化的推演并未在根本上改变人类不同群体间的信息竞争关系，甚至随着交流的深度和广度的变化，在特定领域出现强化的趋势。在这一背景下，中国的诉求是"全面、客观、立体"地报道中国。这一意愿并未一味强调中国模式的成功与中国社会的发展，而是希望国际媒体看到中国发展的主流。但是，在信息竞争的背景下，这一看似并不高的要求，似乎也在信息的高速流动中被忽略，在信息的竞争中被忘记。强调以开放性的心态，面对这种信息竞争的现实，做好自我，正面批评，高度自信，在努力的沟通中尽力去解决偏见和差异带来的问题，也许是我们争取的选择。

**姬德强**：不可否认，在复杂的国际局势下，舆论战仍然是一个常态。一些政治势力试图通过媒体改变国际舆论走向，通过污名化其他国家或者带来舆论震荡实现自身的政治目的。在这种情况下，中国媒体首先要做到知己知彼，培养自身的洞察力和识别力，而不是跟在国际舆论后面充当救火员；其次，要做到能够有效甄别斗争性信息，中国媒体亟须联合各类智库或者专家，借助媒体之外的政治经济分析，发掘媒体背后的故事和推手，换句话说，媒体自身之力往往难以有效应对舆论斗争的多层面向，尤其是深刻把握背后的政治经济背景；再次，中国媒体需要拥有自信，这种自信不是自大和自说自话，而是在了解对方基础上自信地、从容地而不是同样过激地应对舆论斗争；最后，中国媒体应当更多联合国际上拥有相似发展经历和政治立场的媒体机构，形成合力，共同影响国际舆论的走向。

**涂凌波**：当前国际舆论斗争中，有两点值得中国媒体特别注意：

一是要关注西方媒体特别是美国媒体阵营的变化。美国马上迎来选举年，中美贸易冲突等问题与美国国内政治传播关系密切，一些带有倾向性的报道实际上与美国政治派别的国内政治诉求有关。面对这些报道，应该全面分析美国国内政治观点，策略性地、有针对性地回应。

二是要注意国际舆论中的"算法操纵"问题。推特、脸书等社交媒体平台，当涉及中国议题时，背后的算法黑箱带有鲜明的意识形态倾向，大量不实的、虚假的、倾向性的政治信息被广泛传播，而中国媒体或个人在该平台上的评论则被过滤，无法到达其他用户，因而造成西方媒体单向声音的传播。如何更加有效地利用社交媒体，在国际舆论场中发出自己的声音，是中国媒体应该进一步思考的问题。

**任孟山**：迄今为止，我们还是将和平与发展作为描述世界现状与趋势的主题，我们对外开放、拥抱全球化的步伐从未停止，而且还将会继续。从这个意义上讲，对于外部的世界，我们不能将斗争作为基本姿态，因为他们都是我们的合作者、国际社会的共建者。但是，面对国际舆论场中与中国相关的不客观、不准确的新闻报道，我们要及时开展有事实、有数据、有逻辑、有技巧的国际传播，在国际舆论场中打造"中国版中国故事"，与"西方版中国故事"展开有力竞争，从而说服那些一叶障目的意见偏狭者、戴着意识形态"有色眼镜"者、没有知识更新而对中国形象停留在很久以前的懒惰者。从信息传播的角度来说，国际传播不是输与赢的问题，而是要让世界知道一个全面、真实、立体的中国，这是中国媒体在国际舆论场中应该作出的贡献，也是义务。

（本文发表于2019年12月，略有删改。）

# 真相之辩：国际舆论的生成与构造

## ——以"新疆棉花"事件为例

姬德强　中国传媒大学教授、人类命运共同体研究院副院长

张毓强　中国传媒大学教授、国家传播创新研究中心研究员

**讨论人：**

王维佳　北京大学新闻与传播学院研究员

郑　亮　暨南大学新闻与传播学院教授、副院长

李继东　中国传媒大学教授、传播研究院副院长

袁　剑　盘古智库学术委员、中央民族大学民族学与社会学学院副教授

张毓强　中国传媒大学教授、国家传播创新研究中心研究员

姬德强　中国传媒大学教授、人类命运共同体研究院副院长

由于复杂的地缘政治、多元的媒介体制，以及不断突破国家和文化边界的技术资本力量的影响，国际舆论场往往呈现出一系列矛盾关系：向心力与离心力同在，同质化与异质化并存，全球性与区域性共生。在新冠肺炎疫情的催化下，一系列激化和极化的声音冲破这一矛盾关系，成为国际舆论场跌宕起伏的重要推力。自2021年3月以来，以所谓的"强迫劳动"等借口为由，"新疆棉花"事件成为一个裹挟着经济利益和政治目的的针对中国的国际舆论事件。这一舆论的生成归因于至少如下三股力量：反华智库的故事炮制、传统媒体的推

波助澜，以及社交媒体的意识形态和情感动员。与此相对，中国政府、媒体、智库和专家学者在第一时间进行了有力回击，在充满虚假信息和极化情绪的舆论场中，用丰富的材料还原真相全貌，揭露这一事件的"反真相"本质。在全球疫情持续而不平衡蔓延的当下，这一舆论事件的生成或构造指向一个国际传播的新常态，即由新冠肺炎疫情所加速或加剧的、以"去真相"或"反真相"为特征的国际舆论制造。这也是广义上"信息疫情"（infodemic）的重要组成部分，目的是借助对已有认知偏见的再包装和再强化，以散布"真相"之名行舆论攻击之实，给"后真相"阴影下已然危机重重的国际新闻业带来新的系统性风险。

从国际舆论的生成角度来说，"新疆棉花"事件是如何被制造出来的，背后的构成要素和动力机制该如何理解？此类涉华负面舆论所动员的知识和话语资源都有哪些？如何总结、提炼和评价中方在应对国际舆论尤其是国际舆论危机上的传统经验和当下挑战？随着"去真相"乃至"反真相"现象的发酵，我们又该如何更新对于国际传播理论与实践的认知？是否也同时预示着一个国际舆论秩序的重组以及深度去西方化时代的到来？以"新疆棉花"事件这一国际舆论事件为切入点，中国传媒大学"新时代中国国际传播实践问题与本土化理论创新研究"课题组、人类命运共同体研究院联合中国外文局当代中国与世界研究院组织专家就国际舆论的生成动力和构造特征进行了深入讨论和跨学科对话。

## 国际舆论的生成与制造

**张毓强**：讨论这个问题，其实首先要明确一个基本问题，即是否存在一个总体意义上的"国际舆论"，即使它真的存在，那么"国际"又是一个怎样的或者由什么主导的"国际"；而"舆论"背后的"舆"和"论"又是从哪里来的，由何种思想、知识和价值所主导。如果不回答这个问题，我们就容易落入一个陈旧的、复杂的、变动的知识窠臼中。最终的结果是，辩不清，道不明。

　　**王维佳：**制造国际舆论的背后是长期意识形态教化和短期传播策略综合作用的结果。西方"人权"话语背后有几百年的文明论作为支撑，不管在修辞上如何适应时代的政治正确而嬗变，背后都流淌着殖民主义和种族主义的潜流。这就是西方主流舆论能够在类似事件中保持默契、步调一致、蜂拥而上的原因。与此同时，帝国中枢因时而动、明确敌友、发布号令、调动舆论则构成了当前一系列舆论围攻的短期背景。这与中美两国经济的历史背景有直接关系。所以，从中国的角度来看，不能只有短期的应对和声讨，还必须培植一种清算殖民主义的文化力量。舆论战不只是局部战，它是整体战。

　　**袁剑：**如果对世界棉花市场的历史发展有所了解的话，就会发现，"新疆棉花"事件本身就是一个缺乏历史视野的、充满着偏见和恶意的、被刻意制造出来的国际舆论事件。它旨在通过对特定的、具有悠久经济传统的生产资料的打击，来制造中国内部的所谓边疆争议与问题。总体而言，在当下涉华或一般的国际舆论实践的生成制造中，预先设定议题与立场的现象越来越多，并往往直接以某种负面标签来塑造焦点效应，这种趋向值得我们关注。

　　**李继东：**"新疆棉花"事件不仅是局部的、现实的、利益的，更是一种系统的、历史的和价值观念的反华政商等多元利益团体的共谋概念及其话语实践。

　　首先，瑞士良好棉花发展协会（BCI）及其成员企业只是这场国际舆论建构中的显性、表层和直接的言说者与施动者，而隐形、深层和间接的施动者则是国际政治与资本霸权所主导的全球政治经济文化结构，即以西方与资本为中心的现代文明体系，勾连这两个层面的则是从未平等过的世界信息传播网络。因此，我们要系统地看待这一事件。从话语实践的施动者角度来看，全少包括跨国企业、世界行业协会、非政府组织、智库、知识共同体、传统与新兴媒体、意见领袖、资本集团、政治团体、国家政府等。从话语实践的层次来看，既有"强迫劳动"等人权及道德伦理审判文本，以及赋予这些文本以所谓的专业、权威、公正等意义的多模态叙事，还有行业标准、知识体系、资本和政治集团等权力结构的霸权再现、维护和重构；从概念层面上看，这是一场全球南方和东方与北方和西方价值的博弈，是一场集体主义与个人主义、社会主义与资本主义的角力。

其次，要从全球历史视角来审视这一事件，就当下来看，这是一场中国与西方经济领域的博弈，涉及供应链、产业链、价值链等全方面的斗争，牵动多方位社会领域。而实际上，这是一场由来已久的博弈，近可以追溯到特朗普政府时期中美贸易摩擦、华为事件、我国媒体被列为"外交使团"，奥巴马政府意图构建跨太平洋伙伴关系协定（TPP）等。可以说不论西方哪个总统上台，南方与北方、东方与西方的博弈几乎没多大改观，远可以上溯到世界反帝反资本主义斗争的历史长河中，这从斯文·贝克特的《棉花帝国：一部资本主义全球史》一书中可以清晰地看到，还可以从中华民族抗击"挨饿、挨打、挨骂"的历程中看到。

最后，这是一场观念、话语与利益多重诉求的国际舆论事件。新疆棉花产量之高、质量之优为世界所赞许，由此西方政商基于自身利益共谋蓄意制造这一事件以遏制我们的发展是显而易见的，甚至是必然的，毕竟国际社会无政府文化仍旧处于强调竞争与突出对手关系的洛克文化，甚至有滑落到强调暴力斗争与突出敌我关系的霍布斯文化。然而更为深层次的是价值理念之争，也就是说制造这一事件的缘由不是棉花质量等客观问题，而是所谓"强迫劳动"等生产伦理道德观念问题，并通过虚构事实、组合伪证等话语实践来证实这些观念，将此与西方集体记忆勾连起来，来固化偏见。

**郑亮：**就此次"新疆棉花"事件而言，国际舆论的情感动员，或者更准确地说，情感绑架或情感胁迫，是需要高度关注的。西方媒体对于一些跨国企业的舆论胁迫是这一事件背后的重要动力。这里已经不是动员，因为动员还是有一些主观参与的。另外，舆论事件更多还是媒介事件，媒介事件的概念更能抓住问题的本质。这一媒介事件肯定是被制造出来的。目前来说，涉及新疆的国际舆论生成或者媒介事件制造已经很成熟了。这一生产链的构成很明确：首先是异见分子，即所谓的学者与机构联合炮制报告，随后是西方媒体介入报道，西方政府出来跟进和表态，接下来是西方立法机构对中国进行制裁。这一生产链总体上体现了西方的战略利益。"新疆棉花"事件本质上不是一个人权问题，而是通过制造这一舆论来打击新疆的棉花产业链，服务于与中国经济脱钩的目的。换句话说，这一事件在本质上还是服务于经济目的。国际舆论的这一新趋势或新特征就是一套产业链的形成，是不同的机构和个人联合起来制造的，这不是一个简单的舆论问题。

## 知识工具和话语资源

**张毓强**：理想意义上，知识当然应该是普世的，属于人类所共有的，并由此产生一种乌托邦的话语资源，供大家选取。但现实中，知识必然因时因地进行生产，并依托于一些特定的价值而形成，也因此在人类历史发展进程中有了强烈的工具性。知识、价值的符号依托主要是各种不同形态的话语。其最直接的表象则是媒介所使用的话语以及由此可能形成的舆论。

**袁剑**：概括而言，"新疆棉花"事件主要借用了所谓"强迫劳动"话语、"内部殖民"话语，以及广义上中亚的种群与宗教话语，与其他反华舆论相比，共性在于都服务于反华、遏华的整体目标，特征在于其更有针对性，并能够引起一系列与周边、与域外事务相关的连锁反应。

**郑亮**："新疆棉花"事件中被西方动用的话语资源首先还是人权问题，即所谓因为强迫劳动去摘棉花，从而抵制新疆棉花，也就是劳动自由的权利。这是一种知识上的话语。20世纪70年代后，西方利用人权话语主导着国际舆论乃至世界秩序。有关人权的知识构成特定的霸权式话语，而话语构成了权力。从劳动权利转向人权话语是"新疆棉花"事件的一个重要话语特征。这和其他反华舆论是不一样的。当然，这其中的共性还是信息造假的问题。就棉花采摘而言，新疆已经大量采用机器，那些所谓的指控大多是基于想象。打击新疆的棉花产业链，仅仅动用民族议题是不够的，因此，人权这一比较容易引发国际社会认可的话语就被搬出来，进而形成舆论，最终达成政治结果。因此，不管这是什么样的国际舆论危机，西方媒体所呈现的是对基本事实的歪曲。对中国而言，对事件进行定性的权利一定要抓住，这是最核心的。这不是设置议程，而是设置事件的本质。

**王维佳：**从所用的话语上来说，没有什么区别，新瓶装旧酒而已。从18、19世纪开始，各种类似舆论攻击都是"西方中心"这一单调意识的投射，搞清楚这是一种什么样的思想体系，一切都不难解释。麻烦恰恰在于我们总把某次舆论围剿当成新情况和偶然情况来处理，这样也就没法建设自己一以贯之的文化自信，也没办法从容应对。

**李继东：**过去西方更多运用人权的惯用话语来指责，随后是商业和贸易制裁的话语，相比而言，此次"新疆棉花"事件的特殊性在于多了一些行业话语，也就是全球产业价值链上的话语资源，即所谓的行业标准与规范话语。这可能是一个新的变化。对中国而言，需要培养产业链和价值链中各种标准规范的链主。这些链主是国际舆论中的一个特殊点，涉及产业链条中施动者的价值认同及其背后的知识体系或话语、权力问题。当前国际舆论事件的生成更加体系化，注重价值观念、话语体系、现实利益等多元驱动，需要发挥非政府组织、智库等政商之外的组织的作用，充分利用全媒体诉诸情感、理性等全向度与多模态传播方式来扩大传播效果。由此，应对当前国际舆论危机应该重视舆情形成的价值链建设，增强链主的自主话语权，即争夺关键技术、产业价值链关键节点的权威规则、规范、知识的定义权。

**姬德强：**就国际传播的话语实践而言，目前迫切需要理解的是话语本身的体系性和层级性问题，简单来说就是元话语和具体或操作性话语。元话语是话语体系合法性的基础，具体或操作性话语是实践性的存在。如果我们仅仅关注具体的、操作性的话语，而不去讨论元话语的问题，就会陷入一种舆论的管理或治理术。技巧可以培养和增强，甚至自成体系，但却无法更改基本的话语格局或话语权力等级。因此，面对"新疆棉花"事件，我们一方面需要了解相关的行业知识和具体话语，做好短期应对；另一方面要深入挖掘背后的元话语和元叙事，从而避免长期跟着国际舆论议程走，只扮演一个"救火队员"的角色，失去了主动性和主体性。

### 国际舆论应对的经验与教训

**张毓强：** 如刚才专家指出的，"新疆棉花"事件其实并不孤立，在涉及中国的很多问题上，都会出现类似的问题。我们曾经从特别具有理想主义的善意的视角出发，认为这是"跨文化差异""理解上的问题"，也曾经非常直截了当地认为这就是抹黑中国。其实，其深层次的原因还是西方中心主义价值观带来的"政治正确"在作怪。由此致使西方媒体宁可突破他们所谓的专业性底线来对此进行一种方向性报道。对此，如果我们总是处于敏感的"应对"状态，就会过多耗费我们的资源。当然，对于此类问题，绝不是媒体传播能够解决的，也不可能毕其功于一役。我们需要认识到此类事件的出现和解决都具有其历史性和历时性特征。

**李继东：** 这次事件的应对有不少可圈可点之处，舆论的反击是趋于体系化的，从国内媒体到国际媒体再到国内外的个体，包括国内民众的参与，等等。官方、民间、企业、智库都加入了，凝聚力空前。其中的挑战主要还是全球产业链和价值链条中的知识体系和行业标准话语权问题，我们这一点是缺乏的。未来，一方面需要搭建世界认同的自主行业标准和话语体系，尤其要利用民间力量；另一方面也要对一些国际组织及其发布的报告保持警惕，以及进行祛魅，尤其是对一些数据造假和挪用的技巧有辨识力，从而重新认识这些所谓的专业组织，特别需要审视那些国际影响力大的数据分析公司背后的政治经济力量，并在此基础上阐发自己的专业报告并形成国际权威性和影响力。除此之外，要深入研究产业和企业的国际规范和国际制度，以积极的姿态介入，并进行以我为主的建设。最后还有两点关于具体操作方式的建议：一个是对新兴媒体的把握，社交媒体上的实时和及时反馈能力有待加强；另一个是要了解国际舆论的层次性，对外传播不能以偏概全，需要有的放矢、精耕细作，注意区分具体对象的差异性，特别是要对普通民众予以细分，在话语类型及其抽象程度、情感类别、传播平台等方面予以细化。换言之，要更多从专业和智力的角色、以更加平和的心态予以反击，打一场系统化去知识或话语殖民化的"战争"。

**袁剑：**以"新疆棉花"事件为例，中方为了向外界呈现真相，也花了非常多的精力。但有时候，我们会觉得有理说不出、吃力不讨好，国外公众的认知比较难以扭转。我们需要确立一种向外界公众"讲故事"的能力，这些故事不一定"高大上"，但需要有足够的生活气息、呈现个人的日常体验，这样才能更好地让外界公众所理解。

**王维佳：**必须有长期的文化教育建设。不能把应对舆论战当成一种短期的媒体公关和话术缠斗。能不能发掘和培植有战斗力、有公心的社会力量，多给他们一些空间，不要总是几个外交官和媒体人孤单地站在舞台中心说话，要相信群众。

**姬德强：**此次针对"新疆棉花"事件的国际舆论应对是成体系的，也是有创新的，主要特点在于能够比较清楚地辨明舆论生成和构造的一些基本要素，深入这一故事编织的话语逻辑里，而不是放置在一个简单的指责与反指责、批评与反批评的言语层面的互怼规则中。在这个意义上，了解以及深入研究作为过程和权力的国际舆论，动员专业知识和专业人士进行研究、分析和回应，而不是沿用本质化、简单化乃至标签化的思维，对中国的国际传播而言更加具有现实的迫切性和长远的战略性意义。

## 真相之变与国际舆论秩序的大变局

**张毓强：** 之前我们曾经就如何认知当前的国际传播格局变化，或者说"大变局"做过讨论。我认为，认识这个问题，必须搞清楚认识这个问题的层面，也就是"变局"是何种层次上的"变"，才能看清楚可能出现何种"局"。也许我们可以从人类文明价值的重塑这个层面上理解，也就是说，启蒙运动之后逐步形成的欧美为经验的人类自我认知与治理模式在世界发展现实面前受到了挑战，源自中国的传统价值观在当前的全球现实中有可能成为全球治理的另外一种可能。反映在媒体和信息传播上，一种是本能意义上的危机感带来的"反真相"，另一种则是由此产生的可能知识价值传统的再选择带来的认知变局。

**郑亮：** 就当前的国际舆论实践而言，去西方化变得特别重要。英国广播公司和美国有线电视新闻网涉疆新闻造假的事实再一次提醒我们，把西方媒体当作标杆和灯塔的时间太久了。其实，任何国家的新闻媒体都有自己的意识形态属性和价值观框架，否则无法在各个国家立足。因此，在认识论上要进一步去西方化，认识到媒体的意识形态属性、价值观属性，以及没有纯粹的新闻专业主义。在这个基础上，我们再来看媒体的基础操作，看媒体在维护国家利益和阶级利益过程中的各种理论和实践的探索。当然，我们要意识到，这也不是中国主动去西方化。这轮针对中国的国际舆论，尤其是美国挑头的围堵和打压，让很多人认识到中西关系的本质。所谓的大变局就是这个意涵。国际关系的冲突是必然的，去西方化是必然的，必须探索中国自己的道路。

**王维佳：** 这里根本不是"反真相"和假新闻的问题。某些西方媒体从来就在这个泥潭里，没有出来过，他们就是泥潭的建设者。还是要把注意力集中在文化政治上，而不是专业技术问题上。当然，就目前来看，情况不容乐观。"西方化"是一个漫长的历史过程，它对自主性发展和自主性文化意识的围剿与扼杀从来都是轻车熟路。由于有强大的文化意识体系作为基础，积累了无数的案例经验，又有广大的社会文化力量作为支撑（包括大量非西方国家的文化和媒体舆论力量），这种文化霸权不是能够轻易被反制的。价值观是跨越国界的，帝国主义和殖民力量深知这一点，而"西方化"正是不断调用各种普遍主义的观念来维系和加强自身的文化存在感。而对于中国来说，长期的韬光养晦抑制了普遍主义文化政治的生成力量，使得国际性的文化表达过于官方，也过于集中于特殊性和国家利益。对于舆论战来说，这是一个非常不利的位置，应该谋求改变。国际形势在变，中国的文化建设也应该因时而动、与时俱进、从长计议。文化支配力从来不是自发生成的，而是一种强大的战略协调机制促成的，是从教育体系到媒体体系再到大众文化体系的一个庞大工程。这是对国家能力的考验，更是对政治智慧的考验。谋求转变，路还很长。

**李继东：**上面谈到的问题由来已久，现在之所以出现或者变得更加广泛、激烈、多维，更多还是因为媒介和平台的全球化，使得信息可以瞬间传播，一夜之间遍布整个网络世界。造假手段越来越便捷，越来越难以甄别。这不应是一个"反真相"时代的到来，而是更加需要逼近真相时代的到来。对我们而言，只有在自主知识体系和话语体系建立并强大起来之后，在东西方权力平衡的条件下，才能进入深度去西方化的时代。现在还处于一大变局之际，呈现出一种胶着的状态，我们的很多知识体系还是美国化、西方化的，特别是传播领域，本土的概念和理论，抗争的体系也是西方化的，所以还很难说步入了一个新的秩序状态中。

**袁剑：**"大变局"是全方面的，当然也涉及关于"真相"与"反真相"的博弈问题。国际舆论秩序作为国际秩序的一部分，其重组与去西方化过程，是包括中国在内的广大第三世界国家走向国际舞台、发挥积极作用过程中必然会发生的事情，我们相信未来的走向与世界的变革。

**姬德强：**真相的崩塌，或者更准确地说，真相生产机制的崩塌是国际舆论进入社交化和平台化时代之后的一个新语境，而且在新冠肺炎疫情等全球性公共危机和相应的政治经济利益博弈的催化下，变得愈加紧迫。在这个新语境中，我们需要思考的不仅仅是危机应对的问题，也不是一个不确定的国际信息与传播秩序的转型方向问题，而是如何重建一个共识性的真相观及其相应的信息生产和意见协商机制的问题。在这个意义上，也许我们需要重新思考什么是真相，什么是专业性，什么是媒介的角色等根本性问题。

（本文发表于2021年5月，略有删改。）

# 讨论专家简介

**白文刚**　历史学博士，中国传媒大学政治传播研究所副所长，中国传媒大学政府与公共事务学院政治传播系主任，教授、博导生导师。主要从事政治传播、文明传播研究。

**陈卫星**　中国传媒大学传播研究院教授、博士生导师，中国新闻史学会新闻传播思想史研究委员会创会会长，中国社会科学院新闻与传播研究所学术委员会委员，中山大学特聘教授，西安外国语大学讲座教授。研究领域为传播学历史与理论、媒介学等。

**程曼丽**　北京大学国家战略传播研究院院长，北京大学新闻学研究会执行会长，北京大学新闻与传播学院教授、博士生导师，教育部"长江学者"特岗教授。主要研究领域为新闻传播史、国际传播、国家战略传播。

**单　波**　哲学博士，教授，武汉大学媒体发展研究中心主任，中国新闻史学会副会长，传播思想史研究委员会会长。主要从事跨文化传播研究和比较新闻学研究。

**杜友君** 上海体育学院传媒与艺术学院院长、教授、博士生导师。兼任中国体育科学学会新闻传播分会副会长，中国高校影视学会常务理事和体育影视专业委员会副主任委员、秘书长，上海市新闻传播教学指导委员会委员，上海市艺术教学指导委员会委员，中国体育新闻工作者协会理事等。主要研究方向为体育新闻传播、电子竞技、广播电视新闻。

**范　红** 清华大学国家形象传播研究中心主任，新闻与传播学院教授、博士生导师，清华大学经管学院EMBA企业传播课程教授。兼任国际区域品牌协会常务理事，中国高校公关关系学会副会长，中国国际公关关系协会学术委员会副主任等。

**葛　岩** 上海交通大学媒体与传播学院特聘教授。研究兴趣为使用认知和行为科学范式解释传播和其他社会现象。

**郭　晴** 成都体育学院教授，国际体育传播研究中心主任，四川省学术技术带头人，博士生导师，博士后合作导师，中国体育科学学会体育新闻传播分会秘书长，四川省"体育传播高水平团队"负责人。主要从事体育传播基础理论、体育跨文化传播和体育舆情研究。

**何国平** 广东外语外贸大学新闻与传播学院教授。主要从事国际传播、城市传播、新媒体传播研究。

**洪　宇** 浙江大学传媒与国际文化学院副院长，百人计划文科A类研究员，博士生导师，浙江大学传播研究所所长、浙江大学公共外交与战略传播研究中心副主任。致力于跨文化传播政治经济学方面的前沿研究和教学。研究围绕传播与媒介技术的政策、政治及政治经济学，重点关注数字沟通时代的中国话语权研究。

**胡　钰** 清华大学新闻与传播学院教授、博士生导师，清华大学文化创意发展研究院执行院长。兼任中国新闻史学会副会长，中国特色新闻学研究委员会会长，澳门自强文创智库会长，中央企业媒体联盟学术委员会秘书长。主要研究领域为新闻理论、文化传播、企业传播。

**黄典林** 中国传媒大学传播研究院国际传播研究中心执行主任、副研究员，获中国传媒大学和澳大利亚麦考瑞大学双博士学位。主要研究领域为传播学基础理论、传播思想史、传媒文化、国际传播等。

**姬德强** 中国传媒大学人类命运共同体研究院副院长，教授、博士生导师，媒体融合与传播国家重点实验室（中国传媒大学）研究员。入选"北京市广播电视和网络视听行业青年创新人才"、中国传媒大学首批"青年拔尖人才"。兼任国际媒介与传播研究学会（IAMCR）国际传播分会副主席，德国文明对话研究院（DOC）程序委员会委员，中国科技新闻学会数字传播伦理专业委员会秘书长，数字伦理研究所研究员等。

**纪　莉** 武汉大学新闻与传播学院教授、博士生导师，美国杜克大学桑福德公共政策学院访问教授，重庆市巴渝学者，武汉大学"70后团队"传播学理论创新团队负责人，武汉大学媒体发展研究中心科学与环境传播中心主任，中国新闻史学会全球传播与公共外交学会副会长，中国新闻史学会外国新闻史学会副会长，中国新闻史学会外国新闻史学会传播思想史学会常务理事。专注环境传播、国际传播研究。

**姜　飞** 北京外国语大学国际新闻与传播学院院长，教授、博士生导师，中国新闻史学会外国新闻传播专业委员会会长，全球传播与公共外交委员会副会长。

**雷建军** 清华大学新闻与传播学院教授、博士。研究方向为纪录片研究。2006年创建清影工作室，2009年创建清影放映。

**雷蔚真** 中国人民大学公共外交研究院副院长，院聘教授、博士生导师，中国新闻史学会全球传播与公共外交学会常务副会长。研究方向为公共外交与跨文化传播、新媒体与社会变迁、跨媒体与媒体融合生产机制、电视传播。

**李海青** 中共中央党校马克思主义学院马克思主义中国化研究所所长，教授、博士生导师，中央党校创新工程首席专家。主要从事当代中国改革、中国特色社会主义理论、马克思主义使命型政党研究。

**李继东** 中国传媒大学传播研究院副院长，研究员、博士生导师。主要研究领域为传播理论、国际传播、传播政策、话语研究、营销传播等。

**李 岚** 国家广电总局发展研究中心信息所所长，全国"十佳"广播电视理论人才。兼任全国广播影视职业教育教学指导委员会委员，北京电视艺术家协会理事，清华大学中国经济社会数据研究中心特聘专家，中国人民大学新闻与社会发展研究中心兼职研究员，中国社会科学院新闻与传播研究所特约研究员，长江商学院特聘教授等。主要研究领域为媒体融合发展、国际传播发展战略、视听媒体经营管理与品牌评估。

**李　缅**　曾就职于五洲传播出版社，后为对外传播中心主任一直从事外宣影视制作、传播业务。

**李晓明**　资深科学媒体人，现任《知识分子》《赛先生》编辑总监、智识学研社联合秘书长。社会兼职有中国科技新闻学会理事，北京市科技记者编辑协会理事。曾任《中国科学报》新闻中心主任，《科学新闻》执行总编辑，科学网常务副总编辑。

**李　宇**　中央广播电视总台国际传播规划局高级编辑，北京大学传播学博士，全国广播电视"十佳百优"理论人才，"全国广播电视和网络视听行业领军人才"。主要研究方向为国际传播和跨文化传播。

**刘建平**　中国传媒大学教授，北京大学与早稻田大学联合培养国际政治学博士课程毕业，中华日本学会理事，早稻田大学现代中国研究所和中央大学政策文化综合研究所客座研究员。曾在中央文献研究室工作。研究领域为战后中日关系、中国政治外交、东亚地区政治、国际传播学。

**刘 俊** 中国传媒大学副研究员、硕士生导师，《现代传播（中国传媒大学学报）》编辑部主任，中国传媒大学首批"青年拔尖人才"，中国传媒大学传媒艺术与文化研究中心副主任。研究领域为传媒艺术、融媒文化、国际传播、网络舆情、网络文艺等。

**刘 朋** 中国传媒大学广告学院公共关系系副主任，副教授。主要研究领域为国际传播、政治传播、公共关系等。

**刘 滢** 北京外国语大学国际新闻与传播学院副院长，副教授。研究兴趣包括国际传播、跨文化传播和新媒体传播。

**龙小农** 中国传媒大学图书馆馆长，教授、博士生导师。主要研究领域为全球传播与国际关系、传播与国家治理。近年来主要致力于中国对非洲传播、金砖国家与全球传播秩序、媒体融合与社会治理等具体研究方向。

**潘璟玲**　中国传媒大学传播研究院2020级传播学博士研究生，研究兴趣主要集中于国际传播、技术哲学相关理论。

**任孟山**　中国传媒大学研究生院副院长，中国传媒大学传播研究院国际传播研究中心主任，教授、博士生导师，美国宾夕法尼亚大学访问学者，中国教育三十人论坛副秘书长，中央电视台栏目顾问与策划，资深新闻评论员，专栏作家。研究方向为国际传播、政治传播、新闻评论。

**尚京华**　中国传媒大学电视学院教师，国际新闻专业博士在读。致力于国际新闻理论与实践研究。

**沈　斌**　现任中国日报社总编室副主任，兼国际传播研究室和新媒体实验室主任，主任编辑，入选中宣部与教育部高等学校与新闻单位从业人员互聘"千人计划"。牵头负责中国日报社国际传播视野下的海外涉华舆情研究、海外媒体大数据分析研究及国际传播融合策略研究等。

**盛　阳**　北京外国语大学国际新闻与传播学院讲师、硕士生导师，中信改革发展研究基金会青年学会研究员、清华大学伊斯雷尔·爱泼斯坦对外传播研究中心研究员。研究方向为跨文化传播、中国共产党新闻理论、传播政治经济学。

**史安斌**　清华大学新闻与传播学院副院长，教授、博士生导师，清华大学伊斯雷尔·爱泼斯坦对外传播研究中心执行主任。入选国家哲学社科万人领军人才，享受国务院特殊津贴的有贡献专家（2021），中宣部全国"文化名家"和"四个一批"人才（2017），教育部首批青年长江学者（2015），北京市宣传文化系统"四个一批"人才（2014）。兼任中国新闻史学会常务理事，中国人权研究会常务理事，联合国教科文组织新闻教育与文明对话专家委员会委员等。

**宋友文**　中国人民大学马克思主义学院教授、博士生导师，中央马克思主义理论研究和建设工程专家组成员。兼任中国人民大学习近平新时代中国特色社会主义思想研究院研究员，北京高校思想政治理论课高精尖创新中心研究员。首批北京高校思想政治理论课特级教师，首批北京高校青年英才支持计划入选者，中国人民大学杰出学者"青年学者"入选者。主要从事马克思主义基本理论、中国特色社会主义文化建设等问题研究。

 **唐佳梅**　广东外语外贸大学新闻与传播学院教授，武汉大学媒体发展研究中心研究员，广东外语外贸大学高级翻译学院翻译与国际传播研究中心研究员，广州国际城市创新传播研究中心研究员。广东省新闻学会会刊《岭南传媒探索》副主编。致力于国际新闻、跨文化传播、传媒伦理、健康传播等领域研究。

 **唐润华**　大连外国语大学特聘教授、中华文化海外传播研究中心首席研究员。曾任新华社新闻研究所国际传播研究中心主任，中国新闻奖审核委员会委员等。被评为国务院特殊津贴专家、全国新闻出版行业领军人才（学术类）。

 **涂凌波**　中国传媒大学电视学院教授、硕士生导师，中国传媒大学广播电视学系主任。入选第九批"北京市优秀青年人才"，北京市广电和网络视听青年创新人才，中国传媒大学"青年拔尖人才"。担任媒体融合与传播国家重点实验室（中国传媒大学）研究员，CSSCI集刊《中国新闻传播研究》编委会成员等。研究领域为新闻理论、马克思主义新闻观、政治传播等。

 **王冠群**　江苏师范大学马克思主义学院副院长、副教授，江苏高校共青团"青智库"顾问，徐州市青年联合会委员，徐州市哲学学会秘书长。主要从事政治学理论和当代中国政治研究。

**王洪波** 中国外文局当代中国与世界研究院重大专项办公室主任、研究员，美国蒙特雷国际研究院访问学者。主要研究方向为国际传播、政治传播。

**王洪喆** 北京大学新闻与传播学院长聘副教授研究员、博士生导师、博雅博士后合作导师。研究兴趣涉及媒介史、冷战史、信息社会与新媒介研究等。

**王维佳** 北京大学新闻与传播学院研究员、博士生导师。北京大学国家战略传播研究院常务副院长。国家万人计划哲学社会科学领军人才，全国文化名家暨四个一批人才。

**韦 路** 浙江大学传媒与国际文化学院院长，党委副书记，教授、博士生导师，浙江大学融媒体研究中心主任，教育部青年长江学者，教育部新世纪优秀人才，入选国家百千万人才工程，被授予"有突出贡献中青年专家"荣誉称号，享受国务院政府特殊津贴，浙江省"万人计划"人文社科领军人才，浙江省有突出贡献中青年专家。兼任教育部新闻传播学类专业教学指导委员会委员，中国新闻史学会网络传播史委员会会长，政协第十二届浙江省委员会委员。主要研究领域为新媒体传播、国际传播、政治传播等。

 **魏　伟**　北京外国语大学国际新闻与传播学院教授、博士生导师。国际体育传播与外交研究中心主任。中国新闻史学会符号传播学研究委员会常务理事，中国中外文艺理论学会文化与传播符号学分会常务理事，中国高校影视学会媒介文化专业委员会理事，中国广播影视百优理论人才。研究方向涉及新闻传播学、社会学、文化研究、符号学、叙事学、现象学、广播电视学、体育文化与外交等领域。

 **吴　飞**　浙江大学公共外交与战略传播研究中心主任，浙江大学学位委员会委员，浙江大学文科咨询委员会委员，国务院学位办新闻与传播专业学位研究生教育指导委员会、教育部新闻学教学指委委员（2010—2014），中国新闻史学会全球传播与公共外交专业委员会会长，中国传播学会副会长，中国对外传播专家组成员，浙江省学位办人文学科组组长，浙江省传播学会会长，浙江省第十四届政协委员。

 **吴　钢**　曾就读于华中科技大学英语系和中国新闻学院国际新闻专业。2000年毕业后主要供职英文传媒，先后任中国日报时政新闻部记者，环球时报英文版时政要闻部副主任，财新传媒英文版副主编和中央广播电视总台旗下的中国环球电视网（CGTN）新媒体部主编。

 **吴奇志**　中国外文局当代中国与世界研究院《对外传播》高级编辑。1996年进入中国外文局《编译参考》编辑部从事新闻编辑工作，2008年至今担任《对外传播》责任编辑。

**相德宝** 上海外国语大学新闻传播学院教授、博士生导师，上海市浦江人才。担任上海外国语大学校学术委员会委员，中国新闻史学会计算传播学研究委员会常务理事。主要研究领域为新媒体、国际传播、国际舆情、计算传播。

**肖　珺** 武汉大学新闻与传播学院教授，武汉大学媒体发展研究中心（教育部人文社会科学重点研究基地）副主任、研究员，跨文化传播研究中心主任。兼任中国新闻史学会舆论学研究委员会常务理事等。主要研究领域为跨文化传播、网络传播。

**杨新华** 中国互联网新闻中心副总编辑，"习近平外交思想和新时代中国外交"专题网站常务副总编辑，高级编辑。中宣部媒体融合专家组成员，中国记协新媒体专业委员会委员，"讲好中国故事"创意传播大赛执行秘书长。长期从事互联网新闻传播实践，负责全国两会、党代会等重大时政领域报道。主要研究方向为媒体融合、国际传播、习近平外交思想对外传播、"讲好中国故事"实践研究。

**尹海涛** 上海交通大学安泰经济与管理学院副院长，教授、博士生导师。入选中组部青年拔尖人才支持计划、教育部新世纪优秀人才支持计划、上海市浦江人才支持计划。主要从事环境经济与政策、能源经济与政策的研究。

**于淑婧**　中国传媒大学政府与公共事务学院、政治传播研究所师资博士后。研究领域为中国政治传播、网络政治传播等。

**于运全**　当代中国与世界研究院院长，研究员、高级编辑，《对外传播》《当代中国与世界》杂志主编。兼任中国新闻史学会全球传播与公共外交委员会副会长，中国翻译协会对外话语建设委员会副主任。全国新闻出版行业领军人才（学术类）、文化名家暨"四个一批"人才。主要研究方向为国际传播、文化软实力、一带一路、对外话语体系研究。

**袁　剑**　中央民族大学民族学与社会学学院副教授，（教育部基地）中国少数民族研究中心边疆民族研究所所长，中央民族大学国际合作处副处长。主要从事边疆民族问题研究。

**张　磊**　中国传媒大学国家传播创新研究中心副主任，研究员、博士生导师。兼任中外人文交流宣传研究中心执行主任。主要研究领域为文化研究、媒体人类学、媒体物质性研究、传播学理论、国际传播等。兼任《国际传播》期刊编辑，*Global Media and China*期刊的总编助理。

**张明新**　华中科技大学新闻与信息传播学院院长，教授、博士生导师，学院学位委员会主任，教学指导委员会主任。学校人文社会科学重大学科平台智能媒体与传播科学研究中心负责人。国家"万人计划"青年拔尖人才支持计划入选者。兼任国务院学位委员会新闻传播学科评议组成员，教育部高等学校新闻传播学类专业教学指导委员会委员，国家广播电视总局媒体融合发展专家库专家。主要研究领域为政治传播、国家传播战略、新媒体传播；研究成果多次获得官方和民间机构奖励。

**张毓强**　中国传媒大学教授、博士生导师，国家传播创新研究中心研究员。清华大学国家形象研究中心、武汉大学媒体发展研究中心、河北大学跨文化传播研究中心特聘研究员。入选教育部"新世纪优秀人才支持计划"、北京市宣传思想文化系统"四个一批"人才项目。主要研究领域为国际传播理论与实践、国际传播思想史。

**张志华**　中国传媒大学新闻学院传播系副主任，副教授，中国传媒大学拉美传播研究中心负责人。主要研究领域为传播政治经济学、国际传播、乡村传播。

**章晓英**　北京外国语大学国际新闻与传播学院教授，阿尔巴尼亚地拉那大学孔子学院中方院长。研究兴趣包括英国研究、国际传播、跨文化传播。

**赵　洁**　中国传媒大学政治传播研究所博士。研究领域为中国政治传播、政党政治传播等。

**赵瑞琦**　中国传媒大学马克思主义学院教授、博士生导师，清华大学社会治理与发展研究院研究员。主要从事网络安全、国际传播和国际关系研究。

**赵永华**　中国人民大学新闻学院教授、博士生导师，中国人民大学新闻与社会发展研究中心研究员。兼任外国新闻史研究会副会长，教育部"中俄新闻教育高校联盟"召集人，中国应急管理学会舆情专委会副主任，莫斯科大学新闻系访问学者，俄罗斯人民友谊大学新闻系访问学者。研究兴趣主要在以下领域：国际传播与跨文化传播、俄罗斯东欧中亚媒体研究、世界新闻传播史等。

**赵月枝**　加拿大皇家学会院士，西门菲莎大学全球传播政治经济学加拿大国家特聘教授，清华大学新闻与传播学院卓越访问教授，浙江省缙云县河阳乡村研究院执行院长。主要研究成果涉及传播理论、社会主义跨文化传播政治经济学、信息技术与全球媒体治理、东西方关系与城乡关系视野下的文化、传播与社会转型、乡土文化与乡村振兴等领域。

**郑　亮**　暨南大学新闻与传播学院副院长，教授、博士生导师，暨南大学传播与边疆治理研究院院长，国家话语体系研究中心（广东省社会科学重点研究基地）副主任。入选第三批国家"万人计划"青年拔尖人才。主要研究领域为全球传播（国际传播）；传播与边疆治理；民族、宗教和反恐怖主义；世界人权话语体系重构等。

**钟　新**　中国人民大学新闻学院教授、博士生导师，中国人民大学公共外交研究院副院长，中国人民大学新闻学院国际新闻与传播硕士项目创始负责人，"一带一路"国家记者培训项目创始负责人。研究领域为国际传播、公共外交、视听传播、危机传播。

**周庆安**　清华大学新闻与传播学院副院长，教授、博士生导师。兼任清华大学伊斯雷尔·爱泼斯坦对外传播研究中心常务副主任，中宣部/国务院新闻办全国新闻发布学术评估组组长，中国公共关系协会学术委员会副主任、中国公共外交协会媒体专门委员会委员等。曾获得全国宣传思想文化系统"四个一批"人才青年英才，北京市宣传思想文化系统"四个一批"人才、北京市青年教学名师。主要从事国际传播、政治传播、新闻评论等领域研究。

**周　亭**　中国传媒大学政府与公共事务学院副院长，教授、博士生导师。兼任中国传媒大学国际中文教育传播研究中心副主任。受聘教育部中外语言交流合作中心公共形象咨询专家和国际中文教育基金会舆情应对特聘专家。长期为中宣部、国家发改委、外交部、文旅部、教育部、孔子学院提供舆情和国际传播咨询服务。研究领域为大数据舆情分析、国际传播、新媒体等。

# 后　记

2021年11月11日，党的十九届六中全会通过了《中共中央关于党的百年奋斗重大成就和历史经验的决议》（以下简称《决议》）。《决议》第四部分"开创中国特色社会主义新时代"指出："加快国际传播能力建设，向世界讲好中国故事、中国共产党故事，传播好中国声音，促进人类文明交流互鉴，国家文化软实力、中华文化影响力明显提升。"在党的重大的决议的高度肯定了近年来我国加强国际传播能力建设的成就，振奋了国际传播实践的士气，对国际传播研究具有重要的方向和指引意义。

哲学社会科学意义上的"国际传播"，是一个外来概念，因此其在中国本土化的经验性范畴指向上，有着不同的内涵和外延，并因媒介技术环境的变化而产生多种面向和指向的变动。在"我国处于近代以来最好的发展时期，世界处于百年未有之大变局"总体逻辑判断中，要寻找其"元问题"，也就是在底层逻辑意义上说清楚相关的问题域、研究清楚实践和理论的脉络和规律，并非易事。

本书集合了全国国际传播领域学者就二十余个国际传播领域的关键问题、相关概念、典型案例展开的开放性讨论的成果，是全国国际传播研究学者共同智慧的结晶。学者们从各个角度深入分析了当代中国与世界沟通和交流的若干问题，关注到国际传播成功助推中国在国际上大国形象的建立，中国的国家传播能力有了显著提升，也关注到国际传播实践中遇到的问题；关注到世界全球化和"逆全球化"的总体背景，也关注到"人类命运共同体"理念和"一带一路"倡议总体效用；关注到国家事权层面国际传播能力建设的加快推进，也关注到全民介入的力量的重要变化；关注到国内外理论与概念的历史渊源，也关注到这些理论与概念在中国本土化实践中的变化；关注到经典理论与概念的元问题意识，也充分关注到中国本土化的理论建构的问题。

系列讨论有两个基本的缘起：一是当代中国与世界研究院的《对外传播》杂志提出建立一个对话性的栏目，希望大家能够畅所欲言，在对话中辨析一些问题；二是中国传媒大学国家社科基金重点项目"新时代中国国际传播实践问题与本土化理论创新研究"课题组试图组织若干的"焦点对话"，以更加清晰的问题意识推动中国国际传播协同性研究的深入。讨论遵循着开放性沟通这一总原则，协同全国国际传播、跨文化传播、对外宣传、软实力等研究领域的机构与学者，大家以主持者、倡导者、研究者、对话者等不同姿态加入到对话中来。开放性沟通的原则也贯穿问题意识和学科壁垒的打破中，哲学、社会学、文学、历史学以及实践领域的学者也加入进来，丰富了对话的学术视野，形成了更加丰润的对话成果。

目前，收入本书的对话和讨论在长线逻辑上是首先回过头去看过去五年来中国与世界的沟通，评价过去五年中国在国际传播能力建设、讲述中国故事方面的努力，再论及未来五年技术将如何赋能中国与世界的沟通，中国如何以更加自信客观的态度应对百年未有之大变局，建构相互尊重、平等协商、友爱互助的全球交往格局。从传播内容角度看，学者们关注信息生产、信息在场与信息的有效沟通问题。国家形象是在中国社会已经讨论了近三十年的话题，中国的客观存在是"形"，中国形象的主观认知是"象"，如何看待"形"与"象"之间的关系？以及"形"与"象"之间的关系是如何变化的？在国际政治传播方面，学者们围绕全球传播话语权力转移的可能和趋向、人类命运共同体的话语创新与传播、媒体在话语权力转移中的角色、国际传播话语权与社交媒体这几个议题展开讨论。在发言权和话语权的问题上，学者们认为媒介技术的变迁影响了发言权的实践，由于发言权与话语权之间有着紧密的联系，所以如何嫁接好发言能力与话语影响力是国际媒体建设的重点。话语即权力，中国需要对所有来自西方的概念作知识考古，并结合中国的社会语境做好本土化处理工作，疏通整合中国国内的知识体系。在这个过程中，释义和创新话语概念是非常重要的。比如关于女性称谓的变化，从"妇女"到"女神"称谓的变化，既反映出社会不同性别对自身和其他性别的定位，也展现出自身的定位确定的过程，以及将这种社会变化用中国话语传播出去的过程。还有中国为全面建成小康社会开展的"脱贫攻坚"工作，"脱贫攻坚"是国际传播中一个具有高度沟通性的话题，但仍然遭受西方媒体的质疑，我们应该如何在伦理道德层面向国际社会呈现我国政府的"脱贫攻坚"工作是如何惠及千万百姓的？拿出实实在在的成果做好国内传播，国内的民生百态是最好的国际传播实践素材。

针对国际传播的政策与战略，我们也展开了多维度的探讨。中共中央政治局5月31日下午就加强我国国际传播能力建设进行第三十次集体学习。中共中央总书记习近平在主持学习时强调，讲好中国故事，传播好中国声音，展示真实、立体、全面的中国，是加强我国国际传播能力建设的重要任务。首要的是如何在学术视野下讲好中国故事，中国故事是真实的、生动的、富有情感的，如何让国外受众共情？在具有争议性的领域该如何设置议题，如科技中国故事？如何在全球议题设置中合理平衡科技中国强与弱的话语和叙事资源？萨米尔·亨廷顿在其著作《文明的冲突和世界秩序的重建》一书中提到："人类社会主要的冲突已经不再是地缘的冲突、意识形态的冲突、利益的冲突，而是逐渐地成为不同文明、不同文化圈的冲突。"冲突在所难免，所以要尝试通过跨文化传播理解和消除世界范围内的不安全、不稳定。在理解的基础上，尊重多元文化，挖掘文化间的可沟通性。

影视文化产品在跨文化传播的过程中发挥了重要的作用，第一是动画类影片，如《哪吒之魔童降世》。这类影片在创制的过程中如何平衡国际化元素和本土元素？哪吒是非常经典的活在中国传统文化中的形象，和中国国内受众有着天然的接近性，而对国外一般受众来讲，哪吒角色的角色属性处理不好会非常突兀，从而造成受众的理解障碍，最终造成受众流失。影片的制作者如果不珍视每一次进入国际市场的尝试，带来精良的作品，长此以往会使中国动画的评价标签化甚至刻板化。第二是宏大主题影视作品，如《红海行动》、《我和我的祖国》。这类影片应该以怎样的叙事方式、怎样的切口来满足"四个自信"语境下国家主体性认同的需求，同时又能适应国际传播的市场需求，在国内国际市场取得良好的传播效果？技术对跨文化传播的影响不仅仅体现在文化的呈现形式上，如文字小说、影视作品、动画作品，等等。还体现在传播主体上，跨文化传播进入了全民传播时代，普通的个体可以通过国际社交媒体呈现中国，比如近几年大火的李子柒的生活化慢节奏的视频，视频语言的意义占比较大，一定程度上克服了语言壁垒，收获了大量国外粉丝。同时也要看到对于有资本介入的品牌传播行为，国家在其中应该扮演怎样的角色？

有两件重要的国际新闻事件引发了深层次的讨论，一则是英国埃塞克斯集装箱事件，某些西方媒体随意采用警方提供的案件信息，未经核实就将此事件与中国联系在一起，妄加评论集装箱内是中国人，引发误导性传播效应。学者透过该现象案例研究在国际传播中，报道偏好与倾向性是一个永恒的存在吗？它的成因如何？在后真相时代，在国际新闻报道中如何重新建构并强化新闻真实性？当国际舆论斗争的因素与这种偏好杂糅交织后，民族国家与新闻从业者如何面对？另一则是中国国际电视台主播刘欣和美国福克斯商业频道主播翠西·里根的隔空对话事件，此次事件让学者们看到了宏观层面的问题，我们如何看待全球传播同族群间文化与文明的碰撞与融合问题？如何看待人类沟通的开放性问题？中国国际传播的事件又应以何种心态面对日益增多的沟通与碰撞？

需要说明的是，本书结集的内容只是系列讨论的一部分。相关话题的讨论仍然在进行中，并将一直进行下去。讨论也会更加聚焦于本土化的问题并以更加开放性的姿态展开。本书编者也是讨论的组织者，借此结集出版之际，向所有参与、支持、关注和帮助这一开放性讨论的领导、专家、学者、国家传播的实践者表达我们由衷的谢意和感激，正是大家的共同付出，国际传播的这一"圆桌"才得以展开并取得较为理想的效果。希望我们持续不断的开放性讨论和对话，能够有助于国际传播理论讨论，能够使得我们国际传播的实践更好助力于中华民族伟大复兴的大业。

编 者

2021年12月于北京